개신교신학 입문

Karl Barth   Einführung in die evangelische Theologie

칼　　바르트

개신교신학　입문

칼 바르트 지음 | **신준호** 옮김

복 있는 사람

칼 바르트 개신교신학 입문

2014년 10월 15일 초판 1쇄 발행
2023년 9월 26일 초판 7쇄 발행

지은이 칼 바르트
옮긴이 신준호
펴낸이 박종현

(주) 복 있는 사람
주소 서울특별시 마포구 연남동 246-21(성미산로23길 26-6)
전화 02-723-7183(편집), 7734(영업·마케팅) 팩스 02-723-7184
이메일 hismessage@naver.com
등록 1998년 1월 19일 제1-2280호

ISBN 979-11-7083-019-1 03230

이 도서의 국립중앙도서관 출판시도서목록(CIP)은
서지정보유통지원시스템 홈페이지(http://seoji.nl.go.kr)와 국가자료공동목록시스템
(http://www.nl.go.kr/kolisnet)에서 이용하실 수 있습니다. (CIP 제어번호: 2014028144)

Einführung in die evangelische Theologie
by Karl Barth

머리말 | 006

01 '개신교신학'이란 무엇인가? | 008

I 신학의 자리
02 말씀 | 020
03 증인들 | 032
04 공동체 | 044
05 성령 | 056

II 신학적 실존
06 놀람 | 070
07 당황 | 082
08 의무 | 094
09 믿음 | 106

III 신학의 위기
10 고독 | 120
11 의심 | 132
12 시험 | 145
13 희망 | 158

IV 신학적 작업
14 기도 | 172
15 연구 | 184
16 봉사 | 197
17 사랑 | 209

주 | 221
옮긴이의 글 | 225

머리말

대학 교수직에서 은퇴한 직후인 1961-1962년 겨울학기에, 내가 은퇴
이전의 나 자신을 대신해 그리고 아직 베일에 가려져 있는 나의 후임
을 대신해 또다시 세미나와 토론 수업과 강의를 맡게 되는 일이 벌어
졌다. 이 작은 책의 내용은 그해 겨울학기 강의의 원고다. 『교회교의
학』 전집이 너무 두껍다고 불평했던 많은 사람 중에, 바라건대 이제
는 아무도 내가 여기서 너무 짧게 압축해서 표현했다고 불평하지 않기
를! 교회교의학을 주당 1시간 강의에 맞출 수는 없었기 때문에, 나는
이 '백조의 노래'[1]에 착수했으며, 나 자신과 동시대인들에게 다음을 간
략하게 해명할 기회를 갖게 되었다. 이것은 내가 개신교신학의 영역에
서 5년간 학생으로, 12년간 목사로, 그 후 40년간 신학 교수로 온갖 여
정과 우여곡절을 겪으며 오늘에 이르기까지 근본적으로 추구했고 배
웠고 주장했던 것에 대한 숙고다. 어쩌면 나는 오늘의 젊은 세대에게
(아브라함 칼로브[2]가 옛날에 만들어 낸 단어인) '철학과 혼합된 신학'[3]에

대한 나의 대안을 개관하려는 숨은 의도를 가지고 있었는지도 모르겠다. 그 신학은 요즘 많은 사람에게 마치 새로움 중 가장 새로운 것처럼 강력하게 등장하는 것으로 보인다. 그러나 나는 이 강의를 어떤 "신조"의 연속, 혹은 "개요" 혹은 비슷한 "총론"의 형식에 맞추지 않았다. 오히려 나는 안내하는 "입문"의 형태를 택했는데, 이것은 우리 바젤 신학부에서는 이미 오래전에 사라진 교수법이다. 수강한 학생 수가 적었던 것에 대해 나는 크게 괘념치 않는다. 그리고 3월 1일 "사랑"에 대한 마지막 강의에 이어 대강당에서 상연된 짧은 드라마 혹은 단막극도 나의 내적 평안에 큰 불편을 끼치지는 않았다. 나는 대학에서의 마지막 세미나였던 이 시간을 언제나 즐겨 회상하게 될 것 같다. 그러나 나는 『교회교의학』을 계속 집필하기 위해 (때로는 고통스러웠지만 그러나 또한 나의 내면을 치유했던, 학생들이 기다리는 강의실의 압박을 뒤로한 채) 필요한 일을 어떻게든 해보려고 한다.

바젤, 1962년 3월

머리말

일러두기

1 본문 속의 〔〕표시는 독자들의 이해를 돕기 위해 옮긴이가 임의로 보충한 삽입구를 뜻한다.

2 모든 주는 옮긴이의 주이다.

01

'개신교신학'이란 무엇인가?

신학이란 예로부터 "학문"이라 불러 온 인간적 시도들 중의 하나다. 신학은 한 특정한 대상 혹은 그 대상의 영역을 대상 자체가 지시하는 방법을 통해 먼저 현상적으로 인지하고 그 의미를 이해한 후, 그 대상의 존재적 영향력을 언어로 표현하려고 시도한다. 그리고 "신학"이라는 단어는 자신의 주요 과제가 "하나님"이라는 대상을 인지하고 이해하고 언어로 표현하는 것임을 나타낸다. 그래서 신학은 특수한 (그것도 대단히 특수한!) 학문이다.

그러나 "하나님"이라는 단어는 다양한 의미를 가질 수 있으며, 그래서 신학에도 여러 종류가 있다. 의식적·무의식적으로 (혹은 반쯤 의식하면서) 자신의 신 혹은 신들을 갖지 않은 사람은 없으며, 그 점에서 이미 신학자가 아닌 사람은 없다. 그러한 신들은 흔히 인간의 끝없는 욕망이나 신뢰의 대상이 되며, 인간의 깊은 내면에 속박이나 의무를 부과하는 근거가 된다. 그리고 어떤 종교, 어떤 철학, 어떤 세계관 중에서 (스위스 국가國歌에 반영된 것까지 포함해서) 근원적으로나 피상적으로나 어떻게든 해석되고 묘사된 '신성'을 향하지 않은 것은 없으며, 그 점에서 이미 신학이 아닌 것도 없다. 이 사실은 어떤 '신성'이란 것이 긍정되는 곳에도 또 부정되는 곳에도 모두 해당한다. 보통 '신성'이란 어떤 최고 원칙이 지닌 진리 혹은 권능의 총괄개념으로서 긍정적으로 인정된다. 그러나 다음은 '신성'이 암묵적으로 부정되는 경우다. 사람들은 신성의 가치와 기능을 말하자면 "자연"에게, 어떤 무의식적이고 무형태적인 생의 충동에게, 혹은 "이성"에게, 진보 혹은 진보적으로 사고하고 행동하는 인간에게, 또 인간적 규정성의 근거라는 어떤 구속하는 무Nichts에게 위임한다. 이때의 신학들이란 얼핏 보기에도 "무신론적인" 이데올로기들이다.

이 강의의 목적은 그러한 많은 신학의 세계로 들어가서 그 안의 많은 신들을 역사적으로 비교하고 비판적·사변적으로 소개하는 것이 아니며, 그다음 그 많은 신들 중 하나를 선택해서 다른 모든 신들과 구분되는 이름과 지위를 부여하고, 마지막으로 다른 모든 신들을 그 선택된 하나의 신에 종속 혹은 병렬시키는 것이 아니다. 그 많은, 소위 신학들은 우리가 여기서 전개하려는 신학과 본질적으로 다르다. 그러한 신학들을 우리의 신학과 연결시킨다는 것 자체가 이미 끔찍한 일이다. 그러한 신학들에게는 그들이 각각 지향하는 신들의 특징을 조명하는 공통점이 하나 있다. 그러한 신학들 제각각이 비록 자기가 유일하게 올바르다고 주장하지는 않지만, 그러나 자신이 그중 최고이며 가장 올바르다고 여기고 그렇게 주장한다는 사실이다. 우리는 레싱Gotthold Ephraim Lessing의 '반지의 우화'[1]로부터—물론 우리는 레싱의 해석을 능가해야 하지만—그러한 헛된 경쟁에 참여하지 말아야 한다는 경고를 받는다. 물론 한분이시며 홀로 참되고 현실적이시며 가장 높으신 하나님에 대한 최선의 신학, 다시 말해 유일하게 올바른 신학은 반드시 자신만이 올바르다고 여기고 그렇게 주장해야 한다. 그리고 그 올바른 신학은—이 점에서 레싱은 근본적으로 옳았다—그 유일무이한 올바름을 증명해 주는 영과 영적 능력의 인도하심을 받으면서 자신의 그러함을 반드시 확증해야 한다. 그러나 만일 그 신학이 그 자격을 스스로 사칭하고 또 선포하려고 한다면, 바로 그 점에서 자신이 그 유일무이하게 올바른 신학은 아니라고 폭로하는 셈이 된다.

여기서 그러한 많은 신학들을 멀리하거나 혹은 그 신학들과 결합하려는 어떤 만남이나 평가는 없다. 여기서는 다음과 같이 제시하는 것으로 충분하다. 우리가 소개하려는 신학은 **"개신교신학"***die evangelische Theologie*2이다. "개신교적" 혹은 "복음적"이라는 두 가지 의미를 지닌 "evangelisch"라는 독일어 형용사는 신약성서와 16세기 종교개혁을 생각나게 한다. 그래서 여기서 전개될 '개신교(복음적)신학'과 관련해 다음 두 가지가 고백된다. 첫째, 그 신학의 근원은 먼저 이스라엘의 역사 안에 은폐되어 있었다가 신약성서의 저자들, 사도들, 예언자들의 문서 안에서 명확하고 밝게 드러났다. 둘째, 그 근원은 그 후 16세기의 종교개혁에서 재발견되고 재수용되었다. 그러므로 "개신교적"(복음적)이라는 표현은 어느 한 교파만을 배타적으로 지칭할 수 없고, 그래서도 안 된다. 왜냐하면 그 표현은 모든 교단이 어떤 방식으로든 존중하는 성서를 우선적·결정적으로 가리키기 때문이다. 물론 모든 "프로테스탄트*protestantisch* 신학"이 복음적인 개신교신학인 것은 아니다. 또한 로마교회의 영역에도, 동방 정교회의 영역에도, 그리고 종교개혁적 새 명제가 변주되고 더 나아가 변질된 훨씬 후대의 영역에도 복음적 신학은 존재할 수 있다. 여기서 내적으로 "보편적"(가톨릭적)이라는 의미는 "복음적"(개신교적)이라는 의미와 함께 모든 신학들의 연속성과 통일성을 가리킬 수도 있다. 그러나 그것은 '공의회적'이 아니라 '교회일치적'이라는 의미에서 그러하다. 이제 우리의 "개신교신학"을 다른 많은 종류의 신학들 한가운데서 그것들로부터 (아직 어떤 확정적인 가치판단은 없이) 구분하는 것은 다음에 달려 있다. 개신교신학은 **복음의 하나님**을, 즉 복음 안에서 스스로를 알리시고 인간에게 말씀하시며 인간들 사이에서 인간에게 행동하시는 하나님을 (바로 그 하나님이 지시하시는 방법에 의해!) 인지하고 이해하고 언어로 표현한다. 바로 그 하나님이 인간적 학문의 대상이 되시는 곳, 바로 그분이 그 신학의 근원과 규범이 되시는 사건이 발생하는 곳, 그곳에 개신교신학은 존재한다.

이제 개신교신학의 사건을 서술해 보자. 우선 서곡으로 개신교신학의 대단히 중요한 네 가지 특징을 숙고하면서, 대상에 의해 규정되는 이 신학의 성격을 명확하게 밝힐 것이다. 물론 그 특징 중에서 약간 수정해서 다른 학문의 특징도 될 수 없는 것은 없다. 그러나 여기서는 그런 학문들 사이의 공통적 특성을 추구하지는 않는다. 여기서는 **신학적** 학문의 특성만 서술한다.

1. 신학은 다른 학문과의 관계에서 스스로를 찬양하거나 어떤 신학 형태를 취한 후 자기가 신적 지혜와 가르침이라고 말해서는 안 된다. 레싱 때문에 이것을 금지하는 것은 아니다. 오히려 복음 안에서 자신을 알리시는 하나님을 향할 때, 신학은 하나님과 동등해지려는 그런 일을 도무지 주장할 수 없게 된다. 복음의 하나님은 모든 인간의 삶과

신학을 긍휼히 여기며 마주 바라보는 분이시다. 그 하나님은 모든 인간적 시도보다 또 개신교신학보다 우월하시다. 그분은 항상 새롭게 자신을 열어 보이시며, 그래서 항상 새롭게 발견되어야 하는 하나님이시다. 신학은 그분을 좌지우지할 수 있는 권한을 갖지 못한다. 한분 참되신 하나님으로서 자신을 다른 신들로부터 탁월하게 구분하는 것, 그것은 언제나 오직 그분의 일이다. 어떤 인간적 학문도—또 그분을 향하는 신학도—그 일을 행할 수 없다. 바로 이 점에서 참 하나님은 다른 신들과는 대단히 다른 분이시다. 다른 신들은 자신을 향한 여러 신학들의 공명심을 막지 못한다. 다시 말해 자기가 가장 옳으며 더 나아가 유일하게 옳다는 공명심을 막지 못하며, 오히려 그러한 공명심으로 인도하는 것처럼 보인다. 그러나 개신교신학은 하나님 자신이 그분의 영예를 다른 모든 신들 앞에서 밝게 드러내시는 저 신적 결단과 행동으로부터 사고하고 진술한다. 개신교신학은 그렇게 할 수 있으며 또 반드시 그래야 한다. 만일 개신교신학이 다른 신학들처럼 자기 명예를 스스로 취하려고 한다면, 그때 개신교신학은 하나님의 저 결단과 행동으로부터 사고하고 진술하지 않는 셈이 된다. 개신교신학은 좋든 싫든 다른 신학들의 길과는 근본적으로 다른 길, 자신만의 고유한 길을 가야 한다. 그러나 개신교신학은 자신이 다른 신학들과 동류로 취급되고 이해되는 일은 수용할 수밖에 없다. 물론 그러한 동급화의 시도에 스스로 나서서 참여할 수는 없지만, "종교철학"이라는 제목 아래 다른 신학들과 함께 놓이고 비교되는 일은 수용해야 한다. 이 상황에서 개신교신학은 오직 하나님께서 개신교신학의 의로움을 세워 주실 것을 기대한다. 개신교신학은 자기 자신이 아니라 오직 그분께 영광을 올려 드린다. 이와 같이 개신교신학은 바로 자신의 대상에 의해 규정되는 **겸손**

한 학문이다.

　2. 개신교신학은 인간의 실존, 믿음, 이성이라는 세 가지 하위 전제와 함께 작업하며, 이 세 가지가 개신교신학에 전제된다. 첫째, 일반적으로 실존이 전제된다. 복음의 하나님의 '자기 알림'과 대면할 때, 인간 실존이 풀릴 수 없는 변증법 안에 놓이게 되는 사건이 발생한다. 둘째, 특수하게 믿음이 전제된다. 믿음은 하나님의 그러한 '자기 알림'이 다른 누구도 아닌 바로 자기 자신을 위해 일어났다고 승인하고 인식하고 고백하는 것이다. 그러한 믿음은 오직 하나님으로부터 주어진다. 마지막으로 이성이 일반적이면서 또한 특수하게 전제된다. 이성은 신학이 복음 안에서 자신을 알리는 하나님을 인식하는 일에 능동적으로 참여하는 것을 기술적으로 가능하게 해준다. 즉 이성의 전제란 모든 인간 그리고 믿는 인간의 인지적 능력, 판단력, 언어 능력의 전제를 뜻한다. 그러나 이 세 가지 전제들은 잘못 이해되어서는 안 된다. 다시 말해 개신교신학이 하나님의 자리에서 인간적 실존 혹은 믿음 혹은 정신적 활동 능력을 (비록 이것이 종교적 능력, 더 나아가 종교적 선험성이라고 해도) 자신의 대상이나 주된 주제로 삼은 후에, 그것들을 전개하는 중에 "하나님"이라는 항목을 추가적·부차적으로 취급할 수 있는 것처럼 이해되어서는 안 된다. 그때 "하나님"이란 영국의 왕관과 같은 상징에 불과할 것이며, 언어적 장식에 불과하다는 의혹을 받게 될 것이다. 오히려 개신교신학은 다음을 잘 알아야 한다. 복음의 하나님께서는 실제로 인간 '실존'과 관계하시며, 실제로 하나님 자신에 대한 '믿음'을 인간에게 깨우고 부르시며, 그와 함께 실제로 인간의 '정신'적인 (그리고 또한 다른) 활동 능력을 총체적으로 요청하시고 움직이신다. 개

신교신학이 실존, 믿음, 이성에 관심을 갖는 것은, 우선적이고도 포괄적으로 **하나님 자신**에 관심을 갖기 때문이다. 개신교신학은 먼저 하나님의 존재와 주권성의 예시라는 상위 전제 아래서 사고하고 진술한다. 이 순서가 거꾸로 된다면—인간을 하나님께 예속시키는 것이 아니라 하나님을 인간에게 예속시킨다면—그때 개신교신학은 어떤 인간론 혹은 존재론 혹은 정신론에 굴복한 포로, 다시 말해 인간의 실존, 믿음, 정신적 능력에 대한 어떤 앞서간 해석에 굴복한 바벨론 포로가 될 것이다. 개신교신학은 그렇게 하라고 강요받지 않으며, 그렇게 할 능력도 없다. 오히려 개신교신학은 인간의 실존, 믿음, 정신적 능력이—인간의 자기존재와 자기이해가—인간보다 앞서시는 복음의 하나님과의 대면 안에서 스스로 서술되기를 기다리며, 하나님에 대한 신뢰 안에서 그 서술이 저절로 발생하도록 한다. 개신교신학은 실존, 믿음, 이성이라는 저 하위 전제들에 관련해서도 큰 겸손 안에서 **자유로운**frei 학문이다. 다시 말해 자기 자신을 대상에게 일임하며frei gebend, 그 결과 대상에 의해서 (저 하위 전제와의 관계에서) 언제나 **자유로워지는**befreit 학문이다.

3. 개신교신학의 대상은 역사 안에서 행동하시는 하나님이다. 역사 안에서 하나님은 자신을 알리신다. 역사 안에서 하나님은 하나님으로서 존재하신다. 역사 안에서 하나님은 자신의 존재Existenz 그리고 본질Essenz을 동시에 소유하고 예시하신다. 둘 중 하나가 다른 것에 앞서는 일 없이 그렇게 하신다! 그분 곧 복음의 하나님은 사물 혹은 물건이 아니시다. 그분은 어떤 객체, 이념, 원칙이 아니시며, 어떤 진리 혹은 많은 진리들의 총합이나 그 총합의 인격적 지표도 아니시다. 오히려 그리스어 *aletheia*에 해당하는 "진리"라는 단어 아래서 우리는 탈脫

은폐의 역사 안에 계신 그분의 존재를 이해해야 한다. 다시 말해 그분의 존재는 역사 안에서 그분이 모든 주님들의 주님으로서 영광의 빛을 발하실 때, 그분의 이름이 거룩히 여김을 받으실 때, 그분의 나라가 도래할 때, 그리고 그분의 뜻이 역사적 행동으로 발생할 때 드러난다. 그리고 "진리들"이라는 말에서는 그분 존재의 개별요소들이 역사적 맥락 안에서 연결되는 '연속'이 이해되어야 한다. 이 개별요소들은 각각 특수하지만 고립되지는 않으며, 오히려 역사적으로 연결된 맥락으로 관찰되고 확정된다. 그분은 그렇게 역사 안에서 행동하시면서 인간을 조명하신다. 여기서 조심할 것이 있다. 개신교신학은 하나님이 하나님으로서 존재하시는 바탕인 그 역사를 반복할 수 없으며, 현재화할 수 없으며, 선취할 수 없다. 개신교신학은 그 역사를 자신의 고유한 사역에 의해서 등장시키려고 해서는 안 된다. 물론 개신교신학은 그 역사를 직관적·개념적·언어적으로 숙고해야 한다. 그러나 그 숙고를 적절한 방식으로 행해야 한다. 다시 말해 하나님께서 역사 과정^{Vorgang} 안에서 하나님으로서 존재하실 때, 개신교신학은 그 '앞서 가는 과정'^{Vorgang} 안에서 살아 계신 하나님을 뒤따라야 하며, 자신의 인지, 숙고, 진술 안에서 자기 자신도 살아 있는 역사 과정^{Vorgang}의 특성을 가져야 한다. 개신교신학이 만일 저 신적인 '앞선 과정' 중 어떤 계기를 역동적 맥락에서가 아니라 정적인 것으로—장대 위에 앉은 새가 아니라 새장에 갇힌 새로—보고 이해하고 표현하려고 한다면, 만일 개신교신학이 "하나님의 위대하신 행동들"을 설명하기를 그치고 어떤 물적인 신 혹은 신적 사물을 확정하고 선포하려고 한다면, 그때 그 신학은 자신의 대상을 상실하고, 그 결과 자신을 포기하는 셈이 될 것이다. 그러한 확정과 선포는 다른 신학들의 신들과는 어떻게 관계되기는 하겠지만,

복음의 하나님은 그 의미에서 이러저러하게 경직된 신학을 회피하신다. 복음적 개신교신학은 복음의 하나님을 바라볼 때, 오직 생동하는 운동성 안에서만 존재하고 머물 수 있다. 개신교신학은 옛것과 새것 사이에서—전자를 멸시하거나 후자를 두려워함 없이—언제나 또다시 스스로를 구분해야 한다. 또 어제, 오늘, 내일 사이에서 그것들의 통일성을 시야에서 잃어버리는 일 없이, 자신의 유일한 현재와 행위를 언제나 또다시 구분해야 한다. 개신교신학은 바로 이 관점에서 현저하게 **비판적인** 학문이다. 다시 말해 자신의 대상으로부터 주어지는 위기에 지속적으로 노출되는 학문, 결코 그 위기로부터 벗어날 수 없는 학문이다.

4. 복음의 하나님은 스스로 만족하고 자신 안에 폐쇄된 어떤 고독한 신이 아니시며, 어떤 "절대적인"(자기가 아닌 모든 타자로부터 분리된) 신이 아니시다. 물론 복음의 하나님은 자신과 비슷한 어떤 것을 곁에 갖지 않으시며, 그것에 의해 제한되거나 제약되지 않으신다. 그분은 자신의 영예 안에 갇힌 분이 아니시며, 어떤 "전적 타자"의 인격 혹은 사물도 아니시다. 슐라이어마허의 하나님은 긍휼히 여기지 못한다. 그러나 복음의 하나님은 긍휼히 여기실 수 있으며, 실제로 긍휼히 여기신다. 그분이 성부, 성자, 성령으로서의 신적 생명의 단일성 안에서 한 분이신 것과 같이, 그분은 그분과 구분되는 현실성에 대한 관계에서도 원칙적·사실적으로 자유로우시며, 이 자유 안에서 그분은 다만 인간 옆에neben 혹은 위에 계신 것만이 아니라, 오히려 인간 곁에bei 그리고 인간과 함께 계시는 하나님, 무엇보다도 인간을 위한 하나님이 되신다. 인간의 주님으로서만이 아니라, 또한 인간의 아버지, 형제, 친구로서 인간의 하나님이 되시는데, 이것은 그분의 신적 본질의 감소나 폐

기를 뜻하기는커녕, 오히려 그 본질의 확증을 뜻한다. "내가 높고 거룩한 곳에 있으며 또한 통회하고 마음이 겸손한 자와 함께 있나니"(사 57:15). 그분은 바로 이것을 [높은 곳에 계시지만 또한 낮은 곳에도 계시는 것을] 행동의 역사 안에서 실행하신다. 인간성 없는 신성 안에서 다만 높이, 멀리 낯설게 인간과 대면하는 어떤 신은 (그럼에도 불구하고 어떻게 해서든지 인간이 자신을 알아차리도록 만든다고 해도) 인간과 분리된Dysangelion 신일 뿐이며, 멸시하고 심판하며 죽이는 부정의 신일 뿐이다. 인간은 그 부정을 두려워하며, 그 부정으로부터 할 수만 있다면 도망하며, 그 부정을 다만 멀리서라도 충족할 수 없기 때문에 그런 신을 차라리 알지 않으려고 한다. 많은 다른 신학들은 다만 높기만 한 신들, 인간보다 우위에 있고 비인간적인 신들과 관계되는데, 이 신들은 다양한 비복음의 신들일 뿐이다. 저 신격화된 진보가―혹은 진보한다는 인간성 자체가―그러한 신인 듯하다. 개신교신학의 대상이신 하나님은 높이 계시지만 또한 낮아지신다. 그분은 바로 비천함 가운데서 높으시다. 또 인간에 대한 그분의 회피될 수 없는 부정Nein은 그분의 긍정Ja 안에 포함된다. 마찬가지로 그분이 인간을 위해 그리고 인간과 함께, 같은 의지를 품고 행동하시는 것은, 도움을 주고 치료하고 올바르게 만들고 그래서 평화와 기쁨을 가져오는 사역이다. 그래서 그분은 참으로 복음Euangelion의 하나님이시며, 인간에게 좋으신 하나님, 은혜의 말씀의 하나님이시다. 복음적인 개신교신학은 그분의 이러한 은혜로운 긍정 그리고 인간에게 친근하신 하나님의 '자기 알림'에 힘써 대답한다. 개신교신학은 바로 '인간의 하나님'이신 하나님과 관계하며, 그렇게 해서 '하나님의 인간'인 인간과 관계한다. 개신교신학에게 인간은 "인간이 스스로 극복해야 할 그 무엇"이 결코 아니며, 오히려 정반대로 하나님에 의해 "자기극복"으로 규정되는 존재다. 그래서 "신학" 이라는 단어는 (정확하게 말하자면) 표현하고자 의도하는 바에 충분하지 못하다. 왜냐하면 그 단어는 신학의 대상의 그러한 결정적 차원을 보여주지 못하기 때문이다. 그 차원은 자유로운 사랑을 일깨우는 하나님의 자유로운 사랑이며, 감사eucharistia를 부르는 은혜charis다. "신인학"Theanthropologie이라는 표기가 그런 분이 누구신지, 그리고 여기서 문제되는 핵심이 무엇인지를 더 잘 말해 주는 것처럼 생각될 수도 있다. 그러나 그것은 2번에서 언급되었던 "인간학적 신학"Anthropotheologie과의 혼동을 피할 수가 없다! 그래서 우리는 "신학"이라는 표기를 그냥 사용하기로 한다. 다만 우리의 경우에 불가결한 설명이었던 **복음적 신학**"이라는 (마지막에 암시되었던) 특별한 의미를 잊지 말고 강조해야 한다. 개신교신학은 복음적 신학이며, 어떤 비인간적인 신을 향한, 그래서 율법적인 신학이 아니다! 복음적 신학은 임마누엘 즉 '우리와 함께 하시는 하나님!'에 관계된다. 개신교신학이 이 대상으로부터 시작한다면, 어떻게 감사하는 학문, 그래서 기뻐하는 학문이 되지 않을 수 있겠는가?

"입문"Einführung이라는 단어의 설명은 생략하기로 한다. 우리의 과제와 동일하거나 혹은 비슷한 것을 슐라이어마허는 "신학적 연구의 짧은 서술"3이라고 했고, 또 다른 사람들은 "신학적 백과사전"이라고 하기도 했는데(때로는 신神-논리학Theologik이라는 이상한 제목을 달기도 했다), 이런 문제를 놓고 씨름하는 일은 그것이 논쟁적인 것이든 평화로운 것이든 생략하고자 한다. 개신교신학 안으로 어떻게 안내("입문") 되는가 하는 것은 앞으로 전개될 내용이 스스로 말할 것이다.

I

신학의 자리

02

말씀

우리는 이번 강의, 그리고 그 후에 이어질 세 번의 강의에서 신학의 특수한 **자리**ᵒʳᵗ를 규정할 것이다. 우리의 신학은 앞에서 설명한 대로 '개신교신학'이다. 그러나 개신교신학은 문화 현상들 혹은 특별히 대학의 학문들 사이에서 당연히 한자리를 차지할 권리나 가능성을 갖고 있지 않으며, 신학 밖의 일반적·인간적 학문들과의 관계에서도 마찬가지다. 학문의 왕이라는 허황된 중세기적 광채가 끝난 후 특별히 19세기에 이르러, 신학은 일반 학문이라는 햇빛 아래 자기도 적합한 한 작은 자리를 확보해서 실존적 입지를 해결해 보려고 많이 애써 왔다. 그러나 그렇게 얻어진 자리는 신학 자체의 고유한 작업에는 오히려 해가 되었다. 신학은 그곳에서 이웃을 넓게 곁눈질하며 비틀거리게 되었다. 그 자리가 신학에게 벌어 준 것은 보잘것없고 실속 없는 명예뿐이었다. 이제 대단히 흥미롭게도 사태는 다음과 같이 역전되었다. 신학이 자리확보를 위한 모든 변증론을, 다시 말해 외부에 자기 자리를 마련하려는 노력을 잠정적으로 중단하고 신학 자체의 고유한 중심 문제를 숙고하며 그것에 집중했을 때, 바로 그 순간 신학의 주변 세계 는 신학을 다시 한 번 진지하게 (대부분의 경우 약간 찡그리기는 했지만) 주목하기 시작했던 것이다. 그러므로 신학은 자신을 길게 설명하거나 변명하려고 하지 않고, 자기가 걸어야 할 길을 법칙Gesetz대로 행하고 걸을 때, 외부를 향해 자기를 가장 확실하게 주장하는 셈이 된다. 그러 나 오늘의 신학은 이 길을 오래전부터 싫증 내지 않고 즐겁게 행하지 는 않고 있다. (폴 틸리히의 문화신학 등을 암시한다―옮긴이.) 도대체 "문 화"란 무엇이며, "일반 학문"이란 무엇인가? 이 개념들은 지난 50년 동안 낯설게 변화하지 않았으며, 지금 우리가 집중하기에는 어쨌든 너 무 큰 문제가 있지 않은가? 어떻든 '신학 밖의 단과대학들이 신학을 어떻게 여기며, 어떤 근거와 정당성에서 저 겸손하고 자유롭고 비판적 이고 기쁨에 찬 학문인 신학을 나름대로 독특한 자격을 지닌 학문으로 서 대학에 속하도록 허용하는가?'라는 질문은 물론 무시할 만한 질문 은 아니다. 그러나 이 질문은 아직은 '좀 늦춰도 되는 치료'일 수 있다. 더 긴급한 다른 질문과 비교했을 때 그러하다. 나는 그 질문의 명확한 대답을―누가 알겠는가?―21세기 이후에 신학과 주변 학문에게 일어 날 수도 있을 어떤 깨달음에 맡기려고 한다.

신학의 "자리"는 여기서는 단순히 신학에게 내부로부터 지시되고 신학의 대상에 의해 필연적으로 지정되는 출발점〔말씀〕을 뜻한다. 신 학 그리고 신학의 모든 각론은―성서신학, 역사신학, 조직신학, 실천신학 등은―바로 그 출발점으로부터 앞으로 나아가야 한다. 그 자리는 신학 이 언제나 걸어야 할 길의 '법칙'이며, 군대식으로 말하자면 신학자가 (신학자 자신 혹은 동료에게 어울리든지 아니든지) 반드시 이동해야 하는

21

진지陣地이며, 그리고 (그가 즉시 포로가 되지 않으려면) 대학에 있든지 어떤 카타콤에 있든지 관계없이 어떤 상황에서도 사수해야 하는 진지다.

"신학"이라는 단어는 "말씀"Logos, 로고스의 개념을 포함한다. 신학은 우선적으로 신Theos에 의해 가능해지고 규정되는 말, 논리, 논리체계Logia, Logik, Logistik다. 로고스는 말 또는 말씀을 뜻하는데, 괴테의 파우스트는 그 '말씀'이란 것을 그렇게 높이 평가할 수는 없다는 의견이었다.[1] 그러나 말씀이 신학의 자리를 규정하는 유일한 것은 아니라고 해도, 필연적 규정 요소들 가운데 첫째라는 것은 피할 수 없는 사실이다. 신학은 그 자체가 말, 즉 인간적 대답이다. 그러나 신학 자체의 대답하는 말이 신학을 신학으로 만드는 것이 아니라, 오히려 신학을 듣게 하고 대답하게 하는 말씀이 그렇게 만든다. 신학은 말씀과 함께 서고 넘어진다. 그것은 신학 자체의 말보다 앞서는 말씀이며, 이 말씀을 통해 신학은 창조되고 깨워지고 도전을 받는다. 만일 신학의 인간적 사고와 진술이 바로 그 말씀에 대답하는 행동이 아닌 다소 다른 어떤 것이라면, 그런 사고와 진술은 공허하고 무의미하며 헛된 것이다. 말씀이 신학 안에서 인지되고 신학이 그 말씀에 대답할 때, 신학은 우리가 첫째 강의의 1번과 2번에서 설명했던 것과 같이 겸손하고 자유로운 학문이 된다. 신학은 **겸손한** 학문이다. 이것은 신학의 말 전체가 저 말씀과의 관계 안에서 다만 인간적 '유비의 말'Ana-Logie에 지나지 않으며, 신학의 조명 전체가 다만 인간적 반사(말씀의 신적인 빛에 대한 인간의 수동적 반사—옮긴이)에 지나지 않으며, 신학의 생산품 전체가 이차적 가공에 지나지 않는다는 점에서 그러하다. 짧게 말해 신학은 어떤 창조 행위가 아니라, 창조자와 그분의 창조에 가장 성실하게 응답하는 찬양일 뿐이다. 그리고 신학은 **자유로운** 학문이다. 이것은 신학이 저 말씀에 의해 그러한 유비, 숙고, 가공생산으로, 짧게 말해 창조자에 대한 그러한 찬양으로 나아가도록 요구받을 뿐만 아니라, 이에 더해 또한 나아갈 능력을 갖출 만큼 자유롭게 되고 위임을 받고 힘을 얻고 움직이게 된다는 점에서 그러하다. 이제 신학의 사고와 진술은 그 말씀에 의해 인도되며, 그 말씀을 뒤따라가며, 그 말씀에 비추어 자신을 평가한다. 그러나 신학에는 겸손과 자유 이상의 것이 문제가 된다. 물론 겸손과 자유도 필요하다. 그것은 말씀과 증인들의 관계에는 대단히 적합한 개념이다. (증인들은 다음 강의의 주제다.) 그러나 신학적 사고와 진술의 말씀에 대한 근원적 관계에서 그 두 개념은 아직 허약하다. 즉 여기서 사태는 어떤 인간적 사고와 진술이 말씀에 대답함으로써 (예를 들어 그 말씀의 적절한 해석에 몰두함으로써) 말씀으로부터 주어지는 규칙을 자명하게 필요로 하게 되어, 그 결과 그 규칙에 굴복하게 되는 것이 아니다. 오히려 사태는 다음과 같다. 말씀에 대답하는 인간적 사고와 진술 자체가 그 말씀의 창조 행위를 통해 비로소 불러내어지고 존재하게 되고 활동적으로 된다. 말씀의 앞서감Vorgang이 없다면 어떤 정규 신학도 없으며, 개신교신학은 더욱 있을 수 없다. 이제 신학은 그 말씀을 해석하거나 해설하거나 이해시킬 필요가 전혀 없다. 이 일은 신학이 말씀의 증인들과 관계할 때 행하게 된다. 그러나 말씀 자체와의 관계에서 신학은 아무것도 해석할 필요가 없다. 여기서 신학의 대답은 오직 말씀이 모든 해석들보다 앞서면서, 스스로를 말씀되고 인지된 것으로 확증하고 공표하는 데 놓여 있다. 여기서 중요한 것은 이후의 모든 것을 자체 안에 포괄하면서 시작하는 신학의 근본행위〔순종〕다. "모든 올바른 신 인식은 순종으로부터 태어난다"(칼뱅). 말씀은 신학에 규칙을 준

뒤 그다음에 신학에 의해 해석되는 것이 아니다. 오히려 하나님의 말씀은 가장 처음에 신학의 근거를 놓고 건립하고, 그 신학을 무로부터 존재로, 죽음으로부터 생명으로 부르신다. 신학의 자리는 바로 그 말씀 앞에 위치한다. 신학은 그 자리에 놓인 자신을 발견하며, 언제나 또다시 자신을 그 자리에 위치시켜야 한다.

하나님의 말씀은 하나님께서 인간성의 한가운데서 (듣든지 안 듣든지 간에) 모든 인간을 향해 말하셨고 말하시고 말하실 말씀이다. 그것은 인간에게 와 닿는, 인간을 위한, 인간과 함께 하는 말씀, 곧 그분의 **행동**의 말씀이다. 그분의 행동은 무언無言의 행동이 아니라, 오히려 그 자체가 말씀하는 행동이다. 하나님께서는 다만 행하고자 하시는 그것을 행하기만 하면, 말하고자 하시는 그것을 말씀하게 되신다. 그분의 행동은—다수의 형태 안에서 근원으로부터 목적을 향해 가면서—분열된 것이 아니라 하나이기 때문에, 또한 그분의 말씀도 대단히 흥분케 하는 풍요로움 속에서도 하나다. 즉 애매한 것이 아니라 명백하며, 어두운 것이 아니라 분명하며, 그래서 가장 지혜로운 자와 가장 어리석은 자 모두에게 대단히 잘 이해될 수 있다. 하나님은 일하신다. 일하심으로써 또한 말씀하신다. 그분의 말씀은 선포된다. 그 말씀은 사실상 간과될 수 있으나, 원칙상 간과될 수는 없다. 우리는 복음의 하나님에 대해, 그분의 행동과 사역에 대해, 그리고 복음에 대해 말하고 있다. 복음 안에서 그분의 행동과 사역은 그 자체가 그분의 언어이며, 바로 그분의 말씀 곧 로고스다. 로고스 안에서 신학의 말, 논리, 논리체계는 창조적 근거와 생명을 갖는다.

하나님의 말씀은 복음이며, 좋으신 말씀이다. 왜냐하면 그것은 하

나님의 좋으신 행동이며, 그 행동 안에서 외부로 말해지고 외부에 도
달하는 말씀이기 때문이다. 우리는 첫 강의의 마지막 4번에서 말했던
것을 기억한다. 말씀 안에서 하나님께서는 자신의 행동을, 즉 인간과
맺은 계약의 행동을, 또 그 계약을 수립하고 유지하고 실행하고 완성
하시는 '역사' 안의 행동을 열어 보이신다. 바로 그렇게 해서 하나님
께서는 자기 자신을 열어 보이신다. 그분의 거룩성을, 아버지, 형제자
매, 친구로서의 자비를, 인간의 소유자와 심판자로서의 권능과 주권성
을, 그리고 계약의 우선적 파트너이신 하나님 자신을, 즉 인간의 하나
님이신 자기 자신을 열어 보여주신다. 말씀 안에서 하나님께서는 인간
이 피조물임을 열어 보이시며, 인간이 하나님께 대해 지불 불능의 빚
진 자이며, 심판 안에서 잃어버린 자이지만 그러나 그분의 은혜를 통
해 유지되고 구원을 받은 자이며, 하나님을 향해 자유롭게 된 자이며,
그분에 의해 봉사와 의무 안으로 취해진 자임을 열어 보여주신다. 바
로 그러한 인간이 그분의 아들이고 종이며, 하나님의 사랑을 받는 자
이며, 저 계약의 상대편 파트너임을, 짧게 말해 인간이 **하나님의** 인간
임을 열어 보이신다. 하나님의 말씀의 핵심은 바로 이러한 이중적 계
시다. 하나님이 인간의 하나님이 되시고 인간이 하나님의 인간이 되
는 계약, 그러한 역사 바로 그러한 사역이 하나님의 **말씀**의 진술이다.
이것이 하나님의 말씀을 다른 모든 소위 말씀들로부터 구분한다. 바로
그 말씀Logos이 신학의 창조자이시다. 이 말씀을 통해 신학에게 자리가
지정되며, 과제가 부여된다. 개신교신학은 하나님의 은혜와 평화의 계
약에 관한 말씀에 봉사할 때, 존재할 수 있다.

　우리는 다음에서 다른 어떤 것이 아니라 구체적인 똑같은 것을 말
한다. 하나님께서는 이스라엘의 역사를 완결하는 예수 그리스도의 역

사 안에서—혹은 거꾸로 말하면 예수 그리스도의 역사에서 목적에 도달하는 이스라엘의 역사 안에서—말씀하셨고 아직도 말씀하시고 재차 말씀하실 것이다. 개신교신학은 그 말씀에 응답한다. 이스라엘은 예수 그리스도를 향하고, 예수 그리스도는 이스라엘로부터 유래하신다. 이와 함께 하나님의 복음은 이스라엘이라는 특수성 안에서 보편적으로 선포된다. 그 복음은 하나님께서 수립하고 유지하고 실행하고 완성하시는 은혜와 평화의 계약의 말씀이며, 그분과 인간들 사이의 친근한 교제의 말씀이다. 그러므로 하나님의 말씀은 그 계약과 교제에 관한 어떤 이념적 현상이 아니다. 오히려 하나님의 말씀은 **역사**의 로고스이며, 다시 말해 아브라함, 이삭, 야곱(이들은 예수 그리스도의 직접적 조상이다)의 하나님이신 분의 말씀이다. 이 말씀, 곧 '역사의 말씀'을 개신교신학은 언제나 새롭게 인식해야 하고, 언제나 새롭게 이해해야 하며, 언제나 새롭게 진술해야 한다. 이제 이 역사가 말하는 바를 짧게 개관하기로 한다.

계약의 역사는 어떤 하나님에 관해 말한다. 그 하나님은 한 인간 종족을—인류 전체를 위한 모범으로 삼아—다음과 같이 그분의 백성으로 만드신다. 즉 그분은 그들의 하나님으로서 그들에게 행동하고 말씀하시며, 그들을 그분의 백성으로 취급하고 말을 건네신다. 그분은 바로 야훼이시다. 야훼라는 이름의 뜻은 "나는 장차 되어질 바로서 존재한다" 혹은 "나는 지금 존재하는 바로서 존재하게 될 것이다" 혹은 "나는 장차 되어질 바로서 존재하게 될 것이다"라고 한다.[2] 그 백성은 이스라엘이다. 그 백성은 하나님을 위해서가 아니라 오히려 하나님께 맞서서 "싸우는 자"다. 계약은 바로 그 하나님 그리고 바로 그 백

성의 '함께함'Zusammensein이며, 양자의 공통된 역사 안에서의 '함께함'
이다. 기이하고 모순에 차 있지만, 그러나 그 역사는 거룩하고 신실하
신 하나님과 속되고 불충실한 백성 사이의 끊임없는 만남, 대화, 연합
Gemeinschaft에 관해 명확하게 말한다. 그 역사는 결코 단념하지 않는 신
적 파트너의 '현재' 그리고 인간적 파트너의 '거절'을 동시에 말한다.
인간적 파트너는 그분과 같은 형상이며, 그분의 거룩하심에 마찬가지
의 거룩함으로 상응해야 하며, 그분의 신실하심에 마찬가지의 신실함
으로 대응해야 하는 파트너다. 그 역사는 하나님 편에서의 계약의 성
취를 말하지만 인간 편에서의 성취는 말하지 않으며, 그래서 아직은
계약의 완전한 형태를 말하지 못한다. 따라서 그 역사는 자신을 넘어
서는 저 완성을 가리킨다. 완성은 바로 그 역사 자체 안에서 사건으로
발생하려고 내몰리고 있지만, 그러나 아직 발생하지 않는다.

여기서 예수 그리스도의 역사가 돌입한다. 예수 그리스도의 역사
안에서 (자기 백성과의 계약 관계 안에 계신) 이스라엘의 하나님의 행위
와 말씀이 그치는 것이 아니라, 오히려 목적점에 도달한다. 예수 그리
스도 안에서 옛날 아브라함과 맺었던, 모세가 선포했던, 다윗이 확증
했던 계약은 새로운 계약이 된다. 다시 말해 거룩하시고 신실하신 이
스라엘의 하나님께서 이제 자신의 거룩하고 신실한 인간적 파트너를
등장시키신다. 하나님께서 이 한분을 그 백성의 한가운데서 인간이 되
도록 하셨고, 바로 그 한 인간을 하나님 자신에게로 완전히 수용하셨
으며, 아버지가 아들과 결합하듯이 그 인간과 결합하셨고, 하나님의
신적 자아가 바로 그 인간과 동일하게 예시되도록 일치시키셨다. 그러
므로 나사렛 예수의 실존과 등장, 사역과 말씀 안에서 완성된 것은 하
나님과 이스라엘의, 이스라엘과 하나님의 역사다. 그러나 그 역사는

그것이 계속 진행되며 하나님께서 어떤 새로운 모세, 더 많은 예언자들, 더 많은 영웅들을 깨워서 부르신다는 점에서 완성된 것이 아니다. 오히려 하나님 자신이 바로 이 인간 안에서 거주하시고 행동하시고 말씀하셨다는 점에서—이보다 적은 어떤 것은 계약의 완성을 위한 공백을 채우기에 부족하다—완성되었다. 바로 그렇게 해서 이스라엘의 하나님께서 자신의 백성과 맺은 계약에 완성된 형태를 주셨다는 것, 바로 이것을 예수 그리스도의 역사는 이스라엘의 역사의 종점에서 말한다. 예수 그리스도의 역사는 이스라엘의 역사 안에 깊이 뿌리를 내리고 있지만, 그러나 이스라엘 역사를 훨씬 넘어서면서 한 사건에 관해 말한다. 그것은 인간과의 연합으로 낮아지신 그리고 바로 그러한 자유 안에서 은혜로우신 참 하나님과, 이 하나님과의 연합 안으로 고양된 그리고 바로 그러한 자유 안에서 그분에게 감사하는 참 인간 사이의 **합일**Einheit의 사건이다. 그와 같이 "하나님께서 그리스도 안에 계셨다." 그와 같이 이 한분은 이스라엘과 맺은 하나님의 계약 안에서 기대된 자, 약속된 자, 그러나 아직 오지 않으신 자이시다. 그와 같이 하나님의 말씀은 (이스라엘의 역사 안에서는 다만 예고만 되었던 말씀의 완전한 형태 안에서) 바로 그 한분 안에서 **육신**이 되신 말씀이었고 또 말씀이다.

예수 그리스도의 역사는 무엇보다도 우선 이스라엘에게 유익이 된다. 그분의 역사 안에서 목적에 도달한 것은 하나님께서 이스라엘과 맺으셨던 계약이다. 예수 그리스도의 역사 안에서 말해진 말씀, 그분 안에서 육신이 되신 하나님의 말씀은—우리는 이것을 결코 잊지 말아야 할 것이다!—무엇보다도 우선적으로 이스라엘을 종결하는 말씀이었고 또 말씀이다. 그러나 이제 이스라엘과 맺은 계약의 의미는 이스라엘을 모든 민족들의 중재자로 파송하는 것이었고 지금도 그러하다. 이제 이스라엘의 메시아(그리스도) 안에 계셔서 세상을 자신과 화해시키셨던 하나님이 그리스도 안에 계셨고 또 계신다. 이스라엘 안에서 이스라엘과 맞닿으면서 발생한 이 사역이 말하는 하나님의 말씀은 (말씀의 완전한 형태 안에서) 이제는 한분 하나님의 아들의 모든 인간적 형제자매를 향한 (위로하고 돌이킴과 믿음으로 부르는) '말 건넴'Anrede이며, 모든 시대들과 공간들 안의 모든 민족들을 향한 선하신 말씀이며, 피조물 전체의 중심에서 피조물 전체를 위한 하나님의 행동의 말씀이다. 개신교신학의 과제는 내용적·외형적으로 완전한 형태의 이 말씀을 은혜와 평화의 계약으로 인지하고 이해하고 진술하는 것이다. 그 말씀은 특수하게partikular 이스라엘의 한분 그리스도 안에서 육신이 되신 말씀이며, 그리고 바로 그분 안에서 세상의 구원자로서 보편적으로universal 모든 인간에게 향해진 하나님의 말씀이다.

　　개신교신학이 들어야 하고 응답해야 하는 것은 바로 이 **전체**의 말씀이다. 전체의 말씀은 예수 그리스도의 역사와 결합된 이스라엘의 역사 안에서, 혹은 이스라엘의 역사와 결합된 예수 그리스도의 역사 안에서 말해진 하나님의 말씀이며, 하나님을 외면한 인간, 그러나 (그를 위한 하나님의 개입에 힘입어) 다시 하나님을 향하게 된 인간과 맺은 계약의 말씀이다. 만일 개신교신학이 한편으로 하나님의 신실하심과 인간의 불충 사이의 갈등에만 관심에 두고 제한적으로 진술한다면, 그때 신학은 전체로서의 하나님의 말씀에 응답하지 못하는 셈이 될 것이며, 말씀의 진리는 그 신학을 비켜 가게 될 것이다. 물론 그 갈등은 이스라엘 역사 자체의 특징이다. 그러나 고립된 이스라엘 역사 자체라는 것은 존재하지 않는다. 오히려 이스라엘의 역사는 근원적으로 (하나님의 선하신 의지 안에서) 하나님과 투쟁하는 자인 이스라엘을 극복하면서, (계약의 하나님께 유일하게 신실했던 인간적 파트너의 인도하심 아래서) 목적점을 향해 나아간다. 즉 이스라엘의 역사는 예수 그리스도의 역사를 향해 나아간다. 그러므로 이스라엘 역사가 전하는 소식 중에서, 즉 그 역사 안에서 행동하시는 신적 파트너의 말씀 중에서 그 역사 자체를 넘어서는 먼 곳을 가리키지 않는 말씀이란 없으며, 예수 그리스도의 역사의 소식 안에 있는 그것의 완전한 형태를 힘써 추구하지 않는 말씀이란 없고, 그 완전한 형태를 이미 비밀리에 자신 안에 포함하고 있지 않은 말씀이란 없으며, 그 점에서 그 자체가 이미 복음이 아닌 말씀은 없다. 다른 한편으로 만일 개신교신학이 추상적 사고에 빠져서 어떤 고립된 '육신이 되신 말씀' 그 자체에만, 그래서 다만 세상과 하나님 사이의 화해 사건으로서의 예수 그리스도의 역사 그 자체만 말하고 표현하려고 한다면, 그때 그 신학은 전체로서의 하나님의 말씀에 응답하지 못하게 될 것이며, 말씀의 진리를 놓친 셈이 될 것이다. 신학이 예수 그리스도의 역사 안에서 발생한 것—하나님께서 말씀하신 것—을 인지하고 재현하려고 한다면, 그때 신학은 다음에 항상 열려 있어야 한다. 그것은 한분 신실하신 하나님의 의지, 즉 옛날에는 지치지 않고 투쟁했지만 그러나 이제는 굴복한 '하나님과 투쟁하는 자'를 하나님 자신과의 **화해**로 인도하시려는 의지다. 하나님의 말씀이 세상 전체에 선포되는 것은 바로 유대적 육체 안에서 발생했다. "구원이 유대인에게서 남이라"(요 4:22). 하나님께서 인간과 맺으신 계약은 이쪽 혹은 저쪽에만 해당하지 않는다. 오히려 하나님의 행동하시는 역사인 그 계약은 그 양쪽 형태의 연속성과 통일성 안에 있다. 계약에 대한 하나님의 말씀은 그러한 통일성 안에서 말해진 말씀, 다시 말해 이스라엘의 역사 안에서 그리고 예수 그리스도의 역사 안에서 말해진 한분 하나님의 말씀이다. 양자의 연속성과 통일성 안에서 그 말씀은 로고스다. 신학은 그 로고스를 들어야 하며, 그것에 관해 진술해야 한다. 신학이 그것을 행할 때, 자신의 저 진지로 이동해서 그것을 지키는 셈이 될 것이다. 그때 신학은, 아니 신학만 홀로 그렇게 되는 것이 아니라 특수한 사명을 갖는 지체인 신학도 (롬 12:1에서 바울의 주목할 만한 표현을 빌리자면) "합당한 예배"가 된다.

03

증인들

하나님의 말씀과 관련해서 유일무이하고 탁월한 지위를 갖는 한 그룹의 사람들이 있다. 이들은 비록 통계적으로 확정될 수는 없다고 해도 개신교신학의 자리를 계속해서 논의하려면 분명하게 이해되어야 한다. 그들의 지위가 탁월한 것은 하나님의 말씀에 대한 숙고와 행위에 관련해 그들이 특별히 유능했기 때문이 아니다. 혹은 하나님의 말씀이 그들에게 특별한 호의, 영예, 후광을 선사해 주었기 때문도 아니다. 그들의 탁월함은 하나님의 말씀에 대한 그들의 특수한 역사적 정황 때문이며, 그들이 부르심을 받고 전투적으로 대비했던 특수한 봉사 때문이다. 그들은 말씀의 **증인들**이다. 좀 더 상세히 말하자면 그들은 최초의primär 증인들이다. 그들은 말씀 자체를 통해 그 말씀의 직접적 인지로 부르심을 받았고, 다른 사람들 사이에서 그 말씀을 확증하도록 파송되었던 증인들이었다. 우리는 말씀의 성서적 증인들, 즉 구약성서의 예언자들과 신약성서의 사도들에 대해 말하고 있다. 그들은 (하나님께서 인간과의 계약을 수립하시고 그렇게 해서 그분의 말씀을 인간들에게 전하셨던) 저 역사의 동시대적 증인들이었으며, 그것에 더해 그 역사를 눈으로 보고 귀로 들었던 증인들이었다. 물론 다른 사람들 중에도 그 역사에 동시대적이고 눈과 귀로 인지했던 사람들이 있었다. 그러나 예언자들과 사도들은 자신의 힘에 의해서가 아니라, 행동하시고 말씀하시는 하나님에 의해 다음과 같이 규정, 선택, 선별되었다. 즉 그들은 그들의 시대에 발생한 하나님의 행동을 **보는 자** 그리고 그 역사 안에서 말해진 하나님의 말씀을 **듣는 자**가 되었으며, 그들이 보았고 들었던 바로 그분에 의해 이제는 **말하**라고 부르심을 받고 능력을 얻었다. 그들은 이러한 특수한 의미에서 그곳에 있었던 자들로서 말한다. 개신교신학은 구체적으로 말하자면 그들의 증거 안에서 만나는 하나님의 말씀을 취급한다. 개신교신학은 말씀의 직접적 지식을 얻지는 못한다. 그러나 증인들을 크게 신뢰하면서 간접적 지식을 얻는다.

　구약성서의 예언자들은 야훼 하나님의 아버지 같고 왕과 같은 행동, 율법을 부여하고 그리고 심판하는 행동을 이스라엘의 역사 안에서 보았다. 그 행동은 이스라엘 백성을 선택하고 부르시는 중에 나타나는 자유로운, 건립하는, 그러나 또한 소멸시키는 사랑이었으며, 그 백성을 인도하고 다스리는 중에 나타나는 호의의, 그러나 또한 엄격한 진노의 사랑이었다. 그리고 그 행동은 도무지 개선의 여지 없이 하나님과 투쟁하는 자의 거동에 대한 그분의 지치지 않는 반박과 반격의 은혜였다. 이 역사가 증인들에게 말했다. 증인들은 그 역사 안에서 야훼의 많은 서로 다른 형식의 약속들을 들었으며, 또한 그분의 계명, 판결, 위협들을 들었다. 그들이 자신의 종교적·도덕적 혹은 정치적인, 때로는 낙관적이고 때로는 비관적인 생각, 의견, 명제들을 말했던 것은 아니었다. 오히려 그들은 "주님께서 이렇게 말씀하신다!"를 외쳤다. 그것은 불충한 인간적 파트너에 대해 지속적으로 신실하셨던 **계약의 하나님**의 우월한 음성이었다. 바로 이 "주님께서 이렇게 말씀하신다!"에 대해 증인들은 메아리를 줄 수 있었고, 마땅히 또 필연적으로 그렇게 해야만 했다. 그들이 좁은 의미에서의 예언자들이든지 예언자적 이야기꾼이든지 또는 율법학자이든지, 또는 예언자적 문학가 혹은 현자이든지 관계없이 메아리로 응답했다. 그들 모두는 선행자의 음성을 들었으며, 선행자의 대답을 어떻게든 체득해서 자신의 고유한 대답 안에 병합시켰다. 증인들은 이스라엘과 함께하는 역사 안에서 말씀하신 바로 그 야훼의 말씀을—각각 자신의 시대적 문제 그리고 자신의 교육과 언어의 지평 안에서—그 백성에게 살아 있는 음성으로 들려지도록 만들었으며, 이어지는 세대들의 기억 안에 문서로 남기거나 남기도록 시켰다. 구약성서적 정경은 그러한 종류의 문서들이 후대에 모아진 것인데, 그 문서들은 회당 안에서 그 내용에 의해 하나님의 말씀에 대한 권위 있고 믿을 수 있고 표준적인 증거로 인정되고 승인되었다. 개신교신학은 그 문서들의 증거를 듣는다. 다만 신약성서적 증거의 서곡에 불과하다고 흘려듣는 것이 아니라, 오히려 대단히 진지하게 듣는다. 왜냐하면 '신약은 구약 안에 잠재해 있고, 구약은 신약 안에서 공개되기 때문이다.' 이 인식을 소홀히 하는, 그래서 공허한 공간 안에서 다만 신약성서 쪽으로만 향하는 어떤 신학은 언제나 "골격위축" 질병의 위협을 받게 된다.

　신학이 주목해야 할 초점은 물론 신약성서의 사도들이 증거하는 예수 그리스도의 역사다. 이 역사가 이스라엘 역사의 목적이며, 그리고 이스라엘 역사 안에서 말해진 하나님의 말씀의 목적이다. 사도들이 보았고 들었고 만졌던 것은 '계약의 완성'이었으며, 이것은 하나님께 순종하는 유일한 인간적 파트너의 실존과 등장 안에서 완성되었다. 그 인간적 파트너는 주님이셨으며, 불순종하는 자의 자리에서 종으로서 사셨고 고난당하셨고 죽으셨으며, 인간들의 모독 행위를 폭로하셨지만 그러나 또한 덮으셨으며, 그들의 죄를 짊어지심으로써 제거하셨으며, 인간들을 신적 파트너와의 결합으로 인도하시고 그분과 화해시키셨다. 사도들은 그분의 죽음 안에서 하나님을 **거역하는** 옛 투쟁이 극복되고 제거된 것을 보았으며, 그분의 생명 안에서 한 새로운 인간 즉 하나님을 **위한** 새로운 투쟁자가 등장하는 것을 보았다. 그와 함께 하나님의 이름이 거룩히 여김을 받으시는 것, 나라가 임하시는 것, 뜻이 땅 위에서 이루어지는 것을 보았다. 사도들에게는 "육체" 안에서 발생한 하나님의 말씀을 시간과 공간 안에서 그 영광 가운데 인식하는 일이 허락되었다. 그 말씀은 이스라엘과 함께 모든 인간에 도달하는 확언, 약속, 권고, 위로의 말씀이었다. 그리고 사도들은 예수께서 파송되신 것처럼 세상 안으로 파송되었다. 그것은 모든 인간에게 바로 그 **하나님의 말씀**이신 예수 그리스도를 증거하기 위함이었다. 여기서도 마찬가지로 그들의 파송의 주제와 능력은 그분으로부터 받은 그들의 인상이 아니었으며, 그분의 인격과 사역에 대한 그들의 판단이 아니었으며, 그분에 대한 그들의 믿음도 아니었고, 오히려 그분을 죽은 자들로부터 깨우시고 그분의 삶과 죽음을 영원하게 만드시는 하나님의 권능의 말씀이었다. 그렇게 직접적으로 조명되고 가르침을 받은 자들로서—예수의 빈 무덤을 뒤로하고 살아 계신 예수를 앞에 두고서—사도들은 말했고 설명했고 그분에 관해 글을 썼고 그분을 선포했다. 사도들에게 예수의 역사는 오직 하나님의 화해의 행동의 역사 그리고 그 행동을 계시하시는 **권능의 말씀**의 역사였다는 점을 유의해야 한다. 이 관점이 아닌 다른 어떤 관점에서의 관심, 그분의 역사의 소위 어떤 특별한 현실성의 관심이란 사도들에게는 전혀 존재하지 않았다. 그런 어떤 역사가 예수의 구속사와 계시사를 앞선다는 것은 생각될 수 없었다. 그러한 역사란 존재하지도 않는다. 사도들은 그러한 역사를 알지도 못했고, 그것은 고려의 대상도 아니었다. 참으로 예수 그리스도의 역사는 사도들에게는 오직 구원의 역사 그리고 계시의 역사였다. 그리고 사도들에게 예수는 오직 그분 자신의 자기선포에 근거해서 주님으로, 하나님의 아들 및 사람의 아들로 선포되신 분이었다. 사도들은 "역사적 예수"도 알지 못했고, "신앙의 예수"도 알지 못했다. 그들은 그 둘을 말하지 않았다. 다시 말해 사도들은 그들이 아직 믿지 않았던 때의 어떤 추상적 예수도 알지 못했고, 마찬가지로 그들이 나중에 믿게 된 후의 추상적인 어떤 예수도 알지 못했다. 그들이 구체적으로 알고 말했던 것은 한분 예수 그리스도이신데, 그분은 사도들이 아직 그분을 믿지 않았을 때에도 그분 자신으로서 만나셨고, 그 결과 그들이 그분을 알아볼 수 있도록 만드신 분이다. 그러므로 소위 부활절 이전의 예수와 부활절 이후의 예수라는 어떤 이중적 예수를 신약의 문서들로부터 읽으려는 사람은 먼저 그러한 예수를 그 문서들 안에 자의적으로 써넣은 후에야 그렇게 읽을 수 있을 것인데, 이것은 바로 "역사비평학"적으로도 심각하게 우려할 만한 작업 오류임이 틀림없다. 신약성서적 증거의 근원, 대상, 내용은 예수 그리스도 안에서 발생한 하나님의 행동과 말씀의 하나의 역사, 즉 구원과 계시의 역사였고 지금도 그러하다. 신약성서의 증인들에게 이 역사의 앞과 뒤에는 오직 이스라엘의 역사 안에서 그 시작이 있을 뿐이며, 이것은 구약성서가 그 증인들에게 증거해 준 것이다. 그렇기 때문에 신약의 증인들은 이스라엘의 역사와 지속적으로 관계를 맺고 질문하고 관찰할 수 있었다. 신약성서적 정경은 예수 그리스도의 역사에 대해 문서적으로 고정되고 전승된 증거들의 모음이다. 이 증거들은 많은 유사한 문헌들과는 구분되면서, 부활의 증인들이 보고 듣고 말한 권위 있는 문서들이 되어 첫 세기의 공동체들에 의해 예증되었다. 그리고 우선 그 공동체들에 의해 하나님의 유일한 말씀의 진정하고 표준적인 문서들로 승인되었다. 놀랍게도 그 문서들은 당연한 것처럼, 전승된 구약성서적 정경들과 함께 회당에 의해 승인되었다.

이제 우리는 개신교신학이 (하나님의 말씀의 그와 같은) 성서적 증거에 대해 갖는 관계를 간략하게 설명하기로 한다.

1. 신학은 예언자직 그리고 사도직과 공통점을 갖는다. 그것은 전자나 후자나 하나님의 말씀에 대한 **인간적** 응답에 관계된다는 것이다. 예언자들과 사도들은 하나님의 말씀을 직접 인지했고, 그 말씀을 인간적으로 즉 시간적·공간적으로 제약된 그들의 직관과 사고방식 안에서 인간적 언어로 증거했던 사람들이었으며, 신학자들도 (동일한 대상에 대한 동일한 방향성 안에서도 대단히 상이한 신학자들이 있겠지만) 마찬가지로 신구약성서를 증거하는 증인들이었다. 개신교신학의 의도는 그들의 의도 이상도 이하도 아니며, 그와 다른 것도 아니다. 개신교신학은 저 문서들의 연구에서 다름이 아니라 하나님의 말씀에 향해진 인간적 사고와 진술의 방법을 배워야 한다.

2. 그러나 신학은 예언직도 아니고 사도직도 아니다. 신학의 하나

님의 말씀에 대한 관계는 성서적 증인들의 그 말씀에 대한 관계와 비교될 수 없다. 왜냐하면 신학은 하나님의 말씀을 다만 이차적으로, 다만 성서적 증거의 반사와 반향 안에서만 알 수 있기 때문이다. 그러므로 신학의 자리는 저 최초의 증인들 옆의 어떤 동일한 혹은 비슷한 높이에 위치할 수 없다. 신학은 하나님의 말씀에 대한 인간적 응답을, 그 응답이 실천적으로 언제나 말씀에 대한 질문에 놓여 있다고는 해도, 말씀에 대한 직접성 안에서 수행하려고 해서는 안 된다. 신학은 말씀의 '현재'가 발생했던 그곳에 있지 않았다.

3. 신학의 자리가 성서적 증인들의 자리보다 높이 위치한다는 것은 더욱 있을 수 없다. 신학자는 성서적 증인들보다 천문학, 지리학, 동물학, 심리학, 생리학 등에 대해서는 더 많이 알지도 모른다. 그러나 신학자는 하나님의 말씀에 대해 성서적 증인들보다 더 많이 알고 있는 것처럼 행동해서는 안 된다. 신학자는 예언자들과 사도들에게 마치 자신의 동료인 것처럼 말을 건다거나, 마음에 안 들면 감히 그들을 회피할 수도 있는 어떤 대단한 사람vir spectabilis이 아니다. 또 예언자들과 사도들이 마치 학생인 것처럼 선의로 혹은 싫증 내면서 어깨너머로 보며, 그들의 공책을 수정하고 그들에게 상중하의 점수를 줄 권한을 가진 어떤 사명을 지닌 선생님은 더욱 아니다. 저 최초의 증인들 중에서 가장 작은 사람, 가장 이상하게 보이는 사람, 가장 단순한 사람, 가장 모호한 사람이라고 해도, 그 사람은 가장 경건하고 학식이 많고 날카로운 감각의 후대의 신학자가 결코 따라잡을 수 없는 높은 우위에 있다. 성서적 증인은 자신의 특수한 시각에서 자신만의 특수한 방법으로 동일한 대상과 직접적으로 대면하는 중에 사고하고 말하고 저술했다.

후대의 공동체 전체와 또한 후대의 모든 신학은 결코 그 자리에 위치할 수 없다.

4. 마지막으로 신학의 자리는 성서의 자리보다 **낮은 곳에** 있다. 신학은 자신이 성서에 관계되고 있음을 잘 알고 또 숙고한다. 성서는 물론 인간적이고 또 인간적 제약 아래 있지만, 그러나 하나님의 사역 및 말씀과의 직접적 관계 때문에 거룩하며, 다시 말해 선별되고 탁월한 방식으로 존경과 주목을 받을 가치가 있고 또 그러한 것을 요청하는 문서들이다. 신학은 예언자와 사도들의 학교에서—단호히 오직 그들 곁에서 그리고 그들 곁에서 언제나 새롭게—이러저러한 어떤 올바름 혹은 중요성이 아니라, 오직 핵심이 되는 한 가지만을 배워야 한다. 신학은 오히려 증인들이 신학자의 어깨너머로 보며 신학자의 공책을 수정하는 것을 즐겁게 수용해야 한다. 왜냐하면 증인들이 성서의 핵심이 되는 바로 그 한분에 관련해서는 신학자들보다 **더 잘** 알기 때문이다.

5. 핵심이 되는 그 한 가지는 다른 모든 신학의 신들과는 경이롭게도 구분되는 **복음의 하나님**을 '친숙하게 아는 것'이다. 그분은 인간의 하나님, 임마누엘의 하나님이시다. 그 앎은 결코 자명하지 않으며, 이미 현존하지도 않으며, 어떤 신학자의 어떤 정신적 혹은 영적 가방 안에 담겨진 적도 없다. 그 앎은 하나님께서 인간을 친숙하게 아는 것을 자체 안에 포함하고 있다. 신학은 성서로부터 유래하고, 언제나 새롭게 성서로 나아갈 때 그러한 자신의 대상을 얻는다. "이 성경이 곧 내게 대하여 증거하는 것이니라"(요 5:39). 복음적 신학인 개신교신학은 예언자적·사도적 말씀의 반사와 반향 안에 있다. 그 안에서 복음

의 하나님이 또한 그 신학도 만나 주실 때, 개신교신학은 가능해지고 현실적이 된다. 마찬가지로 J문서 저자와 E문서 저자, 이사야와 예레미야, 마태, 바울, 요한, 그리고 또 사도행전은 복음의 하나님의 사역과 말씀을 보았고 들었다. 이제 그들 모두가 증거할 때, 또한 개신교신학도 복음의 하나님의 사역과 말씀을 인식할 수 있게 되며, 그 사역과 말씀은 또한 개신교신학의 사고와 진술의 주제와 중심 문제가 된다. 이때 개신교신학은 가능해지고 현실적이 된다. 고대와 근대의 도처에서의 많은 새로운 문헌들이 신학에게 훨씬 다른 것, 의심의 여지 없이 매우 흥미로운 것, 심미적인 것, 선한 것, 참된 것 등을 전달하고 열어 줄지도 모른다. 그러나 신학을 신학적 학문으로 만드는 주제와 중심 문제에 관련해서 신학은 좋든 싫든 이 문서들 즉 성서를 굳게 붙들어야 한다.

6. 신학은 성서 안에서 하나님의 사역과 말씀에 대한, 단음이 아니라 오히려 대단히 많은 **다성의** 증거를 듣는다. 그곳에서 인지되어야 하는 모든 것은 서로 다르다. 구약과 신약성서의 소리만 그런 것이 아니라, 또한 구약과 신약의 내부에서 울리는 소리들도 그러하다. 이러한 차이의 원인은 물론 성서적 증인들의 다양성, 즉 그들의 관심사, 관점, 언어, 각각의 특수한 신학 등이 지닌 그렇게도 다양한 심리적·사회적·문화적 제약조건들에 놓여 있지만, 그러나 이것은 부차적인 것에 불과하며, 일차적·본질적인 것은 아니라는 점을 유의해야 한다. 차이의 원인은 객관적인 다채로움, 즉 그들이 증거하는 바로 그 대상의 서로 대비되는 성격에 놓여 있다. 다시 말해 차이의 원인은 계약의 역사 안의 다수의 소리들 모두가 세부적인 것 그리고 가장 세부적인 것에 이르기까지 무한히 운동하는 데 놓여 있다. 그 다수의 소리들은

하나님과 인간 사이의 계약, 교제, 대립, 연합의 역사 안에서 다양한 소식을 전한다. 증인들의 학교[성서]에서 신학은 물론 한분 하나님을 만나지만, 그러나 그분의 존재, 행동, 계시의 풍요로움 안에서 만난다. 증인들의 학교에서 신학은 단일화될 수 없으며, 한 사람 혹은 한 목소리가 될 수 없으며, 그래서 전혀 지루해질 수가 없다. 신학은 자신의 주의력을 이것저것 혹은 다른 것 위에 고정시키거나 한정시킬 수 없다. 증인들의 학교에서 신학 자신의 이해, 사고, 진술은 불가피하게 지엽적이 된다. 하나님의 사역과 말씀의 서로 구분되는 진술들의 생동하는 연속을 뒤따를 때 그렇게 된다. 증인들의 학교에서 신학은 언제나 동일한 것을 숙고하면서도 불가피하게 방랑Wandern하게 된다. 구약에서 신약으로 갔다가 다시 되돌아오며, J문서에서 P문서로, 다윗의 시편에서 솔로몬의 잠언으로, 요한복음에서 공관복음으로, 갈라디아서에서 소위 "지푸라기 서신"인 야고보서로 갔다가 되돌아오며 방랑한다. 또 이 모든 성경들 각각의 내부에서도 그 안에 현존하는 혹은 다소간의 근거에서 현존한다고 추정되는 전승의 층들 사이에서 이리저리 방랑한다. 이러한 관점에서 본다면 신학 작업은 지치지 않고 '돌아다니기'Umschreiten다. 그것은 하나의 동일한 형태, 그러나 사실상 가장 상이한 형태들 안에서 존재하고 자신을 드러내는 높은 산 등반에 비유될 수 있다. 개신교신학은 "영원히 풍요로우신" 하나님의 앎이며, 그분의 계획들, 길들, 판단들의 넘쳐흐르는 **충만함** 속에 있는 그분의 오직 하나의 비밀을 알아간다.

7. 개신교신학은 하나님의 말씀Logos을 성서적 증거 안에서 언제나 새롭게 인지하고 언제나 새롭게 언어로 표현하려는 시도를 통해 그

말씀에 응답한다. 개신교신학은 성서 안에서 연구하며, 본문들이 어떤 점에서 하나님의 말씀을 증거하는지 질문한다. 본문들이 전적인 인간성 안에서도 하나님의 말씀의 반사와 반향이라는 것은 어디서도 미리 알려져 있지는 않다. 오히려 그것은 언제나 새롭게 제시되고 들려지고자 하며, 언제나 새롭게 밝혀져야 한다. 이같이 솔직하고 개방적인 질문과 함께 신학은 성서에 다가간다. 신학은 다른 모든 질문들을 바로 이 질문에 예속시킨다. 그래서 다른 모든 질문들은 다만 그 질문의 대답을 기술적으로 돕는 데 그친다. 우리는 오늘날 주석신학의 과제가 성서적 진술들을 과거 언어로부터 현대인의 언어로 번역하는 데 있다는 이야기를 자주 듣는다. 이것은 마치 성서적 진술의 내용, 의미, 의도가 쉽게 탐지될 수도 있고, 그다음에는 어떻게든 알려질 수도 있다고 전제하는 듯하다. 또 마치 주석신학의 중심 문제가 어떤 언어적 만능열쇠를 손에 넣어 성서적 내용, 의미, 의도를 이해시키고("우리 아이한테 그것을 어떻게 설명하지?"), 또 그 이해가 현대 세계 안에서 반복 가능하도록 만드는 일인 것처럼 들린다. 그러나 실상은 다음과 같다. 성서적 진술 자체는, 다시 말해 성서가 증거하는 하나님의 말씀은 저 문서들의 어떤 장 혹은 절에서도 결코 쉽게 손에 잡히지 않으며, 그래서 위에서와 같이 유유자적하게 전제될 수 없다. 오히려 그 말씀을—가장 깊이 놓인 단순한 그 말씀을—질문하기 위해서는 사용 가능한 모든 문헌학적 비평과 역사적 비평과 분석수단들이 동원되어야 하며, 가깝고 먼 맥락에 연관된 본문들이 조심스럽게 평가되어야 하며, 그리고 바라건대 아마도 아직 현존해 있는 모든 예언적인divinatorisch 환상도 투입되어야 할 것이다. 우리가 성서 저자들과 본문들의 의도에 상응해서 바른 평가를 내리게 되는 것은 오직 그렇게 질문할 때이며, 오직 그때

뿐이다. 만일 어떤 현대인이 진지하게 성서에 관심을 가진다면, 성경의 언어를 현대인들 제각각의 고유하고 난해한 말로 번역하는 것은 그에게도 부차적인 것이 아닌가? 오히려 그는 성경의 중심에 놓인 것에 더 가까이 접근하려고 노력하지 않겠는가? 신학은 그러한 현대인과 또 성서 자체에 이 노력을 빚지고 있다. "중심에 놓인 것"은—말하자면 그 책의 본문들 안에 놓인 것은—**하나님의 말씀**의 증거이며, 그 **증거** 안에 있는 하나님의 말씀이다. 어떤 점에서 하나님의 말씀이 '그 본문 안에 있는가?' 하는 것은 계속 또 계속해서 발견되고 해석되고 인식되어야 하며, 그러한 노력이 없이는 결코 나타나지 않을 바로 그것이 탐구되어야 한다. 성서적 증인들은 그러한 연구의 대상으로서 신학을 만나며, 그때 성서가 신학을 만난다.

04

공동체

하나님의 말씀 그리고 그 말씀의 증인들을 향한 신학의 자리는 어떤 공허한 공간 안이 아니라, 대단히 구체적으로 **공동체**^{Gemeinde} 안에 위치한다. 우리가 "교회"^{die Kirche}라는 어둡고 짐이 되는 단어를 아주 회피할 수는 없겠지만, 그 단어를 즉시 일관성 있게 "공동체"라는 단어로 해석하는 것이 신학적으로 바람직하다. 우리가 흔히 "교회"라고 부르는 것은, 루터가 말했던 것처럼 하나님의 말씀에 의해 모이고 근거를 얻고 질서를 갖춘 공적 단체^{Gemeinwesen}, 곧 "성도들의 공동체"다. 성도들은 예언자들과 사도들의 근원적인 증거를 통해 하나님의 말씀이 도달하고 적중해서 그 말씀의 진술과 부르심을 더 이상 벗어날 수 없게 되었고 더 나아가 그 말씀을 수용할 수 있는 능력, 의지, 자유를 획득한 사람들이며, 자신들의 삶, 사고, 언어가 '이차적 지위'의 증인들로 사용되도록 자신을 하나님의 말씀에 위탁한 사람들이다. 말씀은 믿어지고 인식되고 신뢰되면서, 순종 가운데서 알려지려고 사람들을 부른다. 여기서 말씀은 자기 목적적이지 않다. 오히려 말씀이 부르실 때, 저 '일차적 지위'의 증인들의 합창이 부른다. 그 말씀은 세상을 향한 것이며, 세상에 전해져야 한다고 외쳐 부른다. 말씀에 대한 믿음으로 그리고 그와 함께 즉시―이차적 지위의 증인들로서―세상 안에서의 말씀의 증거로 부르심을 받고 깨워진 사람들이 공동체다. 신학의 자리는 바로 이 공동체의 특수한 기능 안에 위치한다.

"내가 믿었으므로 말하였다"(고후 4:13). 우리는 바울이 수용했던 시편(시 116:10) 기자의 이 말이 하나님의 말씀에 대한 공동체의 특징적 상황을 나타낸다고 본다. 그것은 전체로서의 공동체의 상황일 수도 있고, 각각의 지체들의 상황일 수도 있다. 공동체는 "성도들의 공동체"communio sanctorum다. 그것은 또한 '믿음의 단체' 그리고 '증인들의 결속단체'이기도 하다. 공동체는 믿기 때문에 말할 수 있고, 또 말해야 한다. 공동체는 말로만 말하는 것이 아니다. 공동체는 세상 안에서 자신의 실존을 통해서도―특별히 세상의 문제들에 대한 특징적인 태도로도―말한다. 그 태도는 세상 안의 모든 억압당하는 자들, 약자들, 궁핍한 자들을 위한 침묵의 봉사를 뜻한다. 마지막으로 공동체는 세상을 위해 기도함을 통해서도 또한 말한다. 공동체가 그렇게 말하는 것은 하나님의 말씀을 통해 그렇게 하도록 부르심을 받았기 때문이며, 공동체가 믿을 때 그렇게 하지 않을 수 없기 때문이다. 그러나 공동체는 물론 문장과 글로도 말한다. 글 안에서 공동체는 하나님의 말씀에 상응하면서 자신의 믿음이 들려지도록 시도한다. 그때 공동체의 사역은 구두의 말이나 문서적 말들에 의해서 행해진다. 그 말들은 설교, 가르침, 목회적 대화 등의 형태로 공동체에게 사명으로 맡겨진 삶의 진술들이다. 여기서 공동체의 한 특수한 봉사가 등장한다. 그것은 '신학'이라는 특수한 기능이다.

공동체의 믿음과 말함 사이에서 (그 믿음의 근거가 되는) 말씀에 대한 올바른 이해와 올바른 사고 그리고 그 말씀을 말로 표현하는 올바른 방법의 문제가 생긴다. 여기서 "올바른"이란 경건하거나 교훈적인 것, 영감을 받거나 혹은 주는 것을 뜻하지 않으며, 또 공동체의 주변 세계에 대한 이해, 사고, 표현방식의 관점에서 획득되지도 않는다. 그러한 속성들은 물론 공동체의 말함과 어느 정도 연관되어 있지만, 그러나 공동체가 마땅히 수행해야 하는 일에 대해서는 어떤 결정적 의미도 갖지 못한다. 여기서 중요한 것은 **진리 질문**이다. 진리 질문은 근세에 널리 추정되었던 것처럼 외부로부터 공동체에게 주어지지 않는다는 사실에 유의해야 한다. 다시 말해 어떤 일반적인 내지는 일반적으로 유효하다고 말해지는 진리 기준의 이름과 권위와 함께 제기되지 않는다. 오히려 진리 질문은 내부로부터, 더 나아가 위로부터, 공동체와 믿음의 근거가 되는 하나님의 말씀으로부터 제기된다. 진리 질문은 '하나님이 존재한다는 것은 사실인가?', '인간과 맺은 하나님의 계약이란 것이 정당성을 가질 수 있는가?', '이스라엘이 정말로 하나님께서 선택하신 민족인가?', '예수 그리스도는 실제로 우리의 죄를 위해 죽으셨고, 실제로 우리의 의를 위해 죽은 자들로부터 부활하셨고, 실제로 주님이신가?' 등의 질문이 아니다. 어리석은 자는 마음속으로 그렇게 질문하곤 한다. 우리 모두도 언제나 또다시 그런 어리석은 자가 되곤 한다. 그러나 진리 질문은 다음과 같다. '공동체는 위의 사건들 전체와 함께 말해진 말씀이 진리라는 것을 올바르게 언어로 표현했는가?' 다시 말해 '공동체는 그 말씀을 순수성 안에서, 그 말씀에 적절한 정직함 안에서 이해했으며, 근본적으로 철저히 사고하고 분명한 개념들로 표현했는가? 그래서 공동체는 이차적 지위의 증거라는 책임을 선한 양심으로 수행할 수 있었는가?' 이렇게 제기되는 진리 질문에 대한 긍정적 대답은 어디서도 결코 자명하지 않다. 왜냐하면 그 질문은 (전체 세상 안에서가 아니라—옮긴이) 하나님의 백성 안에서만 불붙는 형태이기 때문이다. 그리고 가장 생동하는 믿음의 가장 유능한 말이라고 해도 결국은 인간적 행위다. 즉 공동체는 하나님의 말씀의 선포, 성서적 증거의 해석, 그리고 자신의 고유한 믿음에 있어서 반쯤 혹은 그 이상 잘못된 이해를 하거나, 편향되고 곡해된 사고 혹은 지나치게 과장되거나 우둔한 주장에 빠질 수 있다. 그때 공동체는 세상 안에서의 하나님의 일에 도움이 되기는커녕 방해만 하게 될 것이다. 이런 일이 일어나지 않도록 공동체는 매일 깨어 기도해야 하며, 가장 진지한 작업Arbeit과 함께 자신의 몫을 행해야 한다. 이 작업은 바로 신학적 작업이다.

이제 다음이 불가피해진다. 신학은 그 자체로써 근본적으로 공동체에게, 더 나아가 그리스도교 전체에게 필연적 사명으로 부과된 작업이다. 공동체가 참되게 말하는지의 여부는 한편으로 공동체 전체에게, 다른 한편으로 공동체 각각의 지체들에게 주어지는 질문이다. 이 질문은 좁은 의미에서 공동체의 진술에만 해당되는 것이 아니라, 또한 (주변 세계 안에서 진실이든 거짓이든 말하고 있는) 공동체의 실존, (주변 세계의 정치적·사회적·문화적 문제들에 대한) 공동체의 대응방식, 공동체 내부의 "교회법"적인 질서, 공동체의 무언의 그러나 실제로는 전혀 침묵하는 것이 아닌 사회적 봉사활동 등에도 해당된다. 그 질문은 각각의 그리스도인들 모두에게도 해당된다. 그들 각자의 삶이 의식적으로나 무의식적으로나 또한 '증거'라는 점에서 그러하다. 각각의 그리스도인은 증언에 관련해 저 진리 질문의 책임을 지기 때문에, 그들 각각은 이미 신학자로 부르심을 받고 있다. 그렇다면 공동체 안에서 말씀의 저 좁은 의미의 진술[설교]을 통해 증거하는 특별한 봉사의 사명을 받은 사람들은 얼마나 더 많이 그러하겠는가! 예를 들어 어떤 교회 지도자가 (주교의 권위를 나타내는 십자가를 목에 걸었든 아니든) 혹은 어떤 불붙는 복음주의자나 설교가가, 혹은 이러저러한 실천적·기독교적 관심사를 지닌 선한 의도의 투쟁자가, 신학은 이제 자기 일이 아니라는 투로 내뱉듯이 다음과 같이 확언하는 것은 대단히 유감스런 일이다. "나는 신학자가 아니며, 관리자일 뿐이다!" 다음도 마찬가지로 나쁜 일이다. 적지 않은 목사들이 공부를 마치고 틀에 짜인 실천적 업무들로 넘어갔을 때, 마치 나비가 고치의 껍데기를 벗어 버리듯이 신학을 이미 끝난 수고로 여기며 뒤로 던져 버린다. 일이 이렇게 진행되어서는 안 된다. 언제나 새롭게 진리를 향한 질문이라는 시험하는 불로부터 유래하지 않는 그리스도교적 증거는 어떤 경우에도 어떤 시대에도 어떤 인물의 어떤 입에서도 신뢰할 수 있고 살아 있는 증거가 될 수 없으며, 그래서 실질적이고 책임 있는 증거가 될 수도 없다. 신학은 하나님의 말씀의 담당부서에 속한 어떤 직분자가 때때로 안심하고—마치 그것이 대단히 관심이 있고 재능이 있는 몇몇 사람의 취미인 것처럼—어떤 다른 사람에게 양도할 수 있는 것이 아니다. 오히려 세상 안에서 깨어 있어 자신의 사명과 과제를 의식하는 공동체는 필연적으로 신학에 **관심을 가진** 공동체가 된다. 공동체의 지체들 중에서 특별한 사명을 지닌 사람들에게 신학이 그보다 더 높은 관심사여야 하는 것은 두말할 필요도 없다.

이제 공동체 안에는 신학적 학문, 연구, 학설이 마땅히 및 반드시 존재해야 한다. 이것은 공동체 안의 다른 공동적 기능들의 질서와 마찬가지로 존재하는 **특수한** 활동이다. 또 이것은 어느 정도 공동체를 대리해 수행되며, 공동체의 행위 전체를 진리 질문에 비추어 직업적으로 시험하려는 활동이다. 여기서 바로 우리가 몰두하는 형태의 신학이 공동체와 믿음에 대해 갖는 관계는 (필요한 변경을 가한다면) 법학이 국가와 국법에 대해 갖는 관계와 비슷하다. 다시 말해 신학적 연구와 학설은 자기 목적적이 아니라 오히려 공동체의 기능이며, 특별히 하나님의 말씀에 대한 봉사^{ministerium Verbi Divini}다. 신학적 연구와 학설은 공동체 안에서 특별히 설교, 가르침, 목회 등을 책임지는 지체들에게 봉사해야 한다. 신학적 연구와 학설은 지체들의 인간적인 말이 그 말의 근원, 대상, 내용인 하나님의 말씀과 올바른 관계 안에 있는지에 대해 그들이 언제나 새롭게, 심층적으로, 스스로 질문하도록 자극하고 인도해야 하며, 지체들이 바로 그 진리 질문을 바르게 취급하도록 훈련시켜야 하고, 지체들에게 이 문제의 올바른 이해, 사고, 진술을 예시하고 각인시켜야 하며, 또 다음을 숙지시켜야 한다. 즉 여기서 자명한 것은 아무것도 없으며, 이 문제에 있어서는 기도하면서 작업하는 수밖에 없다. 신학적 연구와 학설은 마지막으로 공동체의 지체들에게 신학 작업의 전반적 노선도 제시해 주어야 한다. 만일 신학이 어떤 높은 신분으로서 하나님, 세계, 인간, 그리고 어떤 다른 것, 예를 들어 역사학적 관심사 등에 몰두하려고 한다면, 그 신학은 신학이기를 포기한 셈이 될 것이다. 또 신학이 가장 명확한 의미에서—여기서 불명확함은 시간이 맞지 않는 시계에 비교될 수 있다—공동체를 위한 신학이려고 하지 않을 때도 마찬가지다. 그런 신학은 공동체와 지체들 그리고 특별히 책임이 있는 지체들에게 그들의 상황과 과제의 심각성을 환기시키지 못할 것이며, 그래서 그들이 그 봉사하는 일로부터 자유와 기쁨을 얻도록 도와줄 수 없을 것이다.

신학이 오늘의 공동체에게 그리고 하나님의 말씀에 대한 오늘 그
들의 증거, 오늘 그들의 믿음에 봉사해야 한다면, 그 신학은 고대와 근
세의 전승으로부터 유래해야 한다. 왜냐하면 오늘의 공동체는 어제의
그리고 그 이전의 공동체로부터 유래했으며, 과거 그들로부터의 전승
이 오늘의 공동체의 진술들을 우선적으로 규정하기 때문이다. 전승의
지반 위에서 신학은 연구하고 가르치며, 그곳으로부터 오는 과제를 완
성하며, 그래서 마치 교회사가 오늘 시작하는 것처럼 전승 안에 있지
않은 어떤 다른 곳에서 과제를 완성하지 않는다. 그러나 신학의 특수
한 과제는 바로 그 전승에 대한 비판적 과제다. 신학은 전승에 의해 규
정된 공동체의 선포를 진리 질문이라는 시험하는 불에 노출시켜야 한
다. 신학은 전승의 신앙고백을 수용한 다음, 그것을 성서가 증거하는
하나님의 말씀의 근거, 대상, 내용에 의해 시험하고 새롭게 성찰해야
한다. 공동체의 신앙은 맹목적 동의와는 다른 "지성을 찾는 신앙"fides
quarens intellectum의 특성을 갖고 살아가야 한다. 그렇게 만드는 것이 또
한 신학의 과제다. 물론 그렇게 할 때 신학은 어제와 그 이전의 공동체
가 어느 정도 올바른 길 위에 있었으며, 혹은 최소한 완전히 도착된 길
에는 있지 않았음을 전제한다. 신학은 오늘의 공동체를 규정하는 전승
을 근본적으로 불신하지 않으며, 우선은 근본적으로 신뢰한다. 공동체
가 자신을 규정하는 전승을 대상으로 질문하고 답변해야 할 때, 신학
은 공동체에게 독재자처럼 달려드는 것이 아니라 오히려 심사숙고된
도움말을 선사할 수 있어야 한다. 그리고 신학 자체도 어떤 교회적 권
위 혹은 그 밖의 교회 중심부로부터 오는 아마도 겁주는 목소리에 의

해 방해를 받아서는 안 될 것이며, 그럼에도 불구하고 자신의 비판적 과제를 정직하게 수행해야 하며, 그 권력자들에게 공동체에서 과거로부터 전승되어 온 진술에 근접하는 숙고 혹은 때로는 개선하는 제안들을 공개적으로 알려 주어야 한다. 신학은 오늘의 공동체 그리고 그 조상들과 함께 "나는 믿는다"*credo*를 말한다. 그러나 신학은—이것을 위해 공동체 안의 신학에게는 신학 자체의 고유한 구원을 위한 공간이 주어져야 한다—또한 말한다. "나는 알기 위해 믿는다."*credo, ut intelligam* 이것은 세 가지 요점에서 중요하다.

1. 지난번 셋째 강의는 하나님의 말씀의 직접적 증인들에 대한 것이었다. 직접적 증인들은 공동체와 공동체적 봉사의 척도가 된다. 그런데 이 강의에는 암묵적으로 다음이 전제되었다. 그것은 "**누가** 그 증인들이며 그 증인들은 어떤 문서들을 '성서'로 읽고 해석하고 그리고 그들의 규범으로 승인하고 존경했는가?" 하는 것이 공동체와 신학에게 알려져 있다는 전제였다. 신학이 공동체 안에서의 공동체를 위한 봉사라는 점에서 신학도 또한 그 전승으로부터 유래하며, 신학은 이것을 실제로 잘 알고 있다. 신학은 이 문제에 있어서 교회의 모든 신앙고백들 가운데 가장 중대한 결과를 가져왔던 '성서'를 계승한다. 성서는 1세기의 공동체가 그들에게 예언자적·사도적 증거들로 주어졌던 많은 문서들 중에서 최종적 합의에 의해 완성되고 분류된 문서들이다. 이 문서들이 바로 '성서'라는 사실, 이것을 조상들은 그때로부터 하나님의 말씀의 믿음 안에서 (바로 그 말씀의 반사와 반향을 그 문서들 안에서 읽었기 때문에) 인식하고 고백했으며, 이후 수백 년의 공동체는 그 인식과 고백을 오늘까지 계승했으며, 공동체는 그 인식과 고백에 관해

대체적으로 좋은 경험을 해왔다. 바로 이 전승된 정경이 신학이 우선 단순하게 감행하는 작업가설이다. 그 결정적 이유는 신학은 공동체 안에서 행해지는 공동체를 위한 봉사로서 저 조상들의 믿음의 행위를 함께 수행하지 않을 수 없기 때문이다. 그러나 이제 신학은 "알기 위해 믿는다." 신학은 자신의 특수한 봉사를 수행하는 중에, 그 당시 및 이후에 정경으로 승인된 모음이 어떤 점에서 참으로 성서인가 하는 것을 통찰하고 이해하려고 한다. 그 문서들을 정경으로 승인했던 전승의 앞선 결정을 신학적으로 수용하려는 결정은 저 문서들의 내용을 인식할 때 내려질 수 있다. 내용의 인식은 저 작업가설의 실행, 다시 말해 어떤 점에서 하나님의 말씀의 권위적authentisch 증거가 신구약성서의 본문 안에서 실제로 인지될 수 있는지를 본문에 **질문**하는 것을 뜻한다. 그러므로 성서적 전승을 신학이 수용하는 결정은 그 질문 안에서, 그리고 그 질문에 이어지는 본문들의 연구 즉 본문의 이해에 불가피한 해석학적 순환의 길 안에서 내려져야 한다. 신학의 결정은 본문들의 권위 자체가 스스로 말하는 사건을 선취하는 것이 아니라, 오히려 기대하면서 내려져야 한다. 그 사건을 바라보면서 신학은, 물론 한 걸음씩, 여러 갈래로, 부분적으로는 확실하지만 또한 여전히 어둠 속을 더듬으면서, 그러나 어떻든 "전체를 이루는 부분들 안에서"*in parte pro toto* 다음을 알게 된다. 하나님의 말씀에 대한 권위적 증거를 다른 어떤 곳이 아닌 바로 전승된 정경 안에서, 바로 여기서 공개적으로 진지하게 질문하는 것은 타당한 일이라는 것을.

2. 공동체의 생각과 말은 여러 갈래로 뒤얽힌 길고 혼란한 역사를 뒤에 두고 있다. 공동체가 신구약성서의 목소리 그리고 그것이 증거

하는 하나님의 말씀을 항상 정직하고 정확하게 주목했던 것은 아니었
다. 공동체가 온갖 종류의 낯선 목소리에—때로는 거의 전적으로—이끌
리는 유혹을 언제나 물리쳤던 것은 아니었다. 그러한 유혹을 거부하고
새롭게 근원으로 되돌아왔던 문서들이 공동체의 교리들, 신조들, 신앙
고백들이었다. 이것들은 온갖 불신앙, 미신, 잘못된 믿음들과 정면대
립했다. 만일 공동체가 그러한 투쟁의 문서들의 전승을 진지하게 수용
하지 않는다면, 다만 **오늘의** 진리 질문에 집착해서 그 전승을 주목하
고 존경하고 배우려고 하지 않는다면, 신학은 더 이상 공동체를 위해
봉사하지 않는 셈이 될 것이다. 그런 일은 '위대한 일치'*magno consensu*라
는 그리스도교적 증거의 암흑시대에 교부들이 이것은 올바르다고 정
의한 뒤 선포하고 저것은 올바르지 않다고 파문시켰을 때 종종 일어
났다. 그러는 중에도 신학은 이미 자신의 시대에 대해, 더 나아가 깊
은 의미에서 모든 시대에 대해 바른 결정을 내렸던 과거 믿음의 문서
들의 지혜와 결단력에 깜짝 놀라게 되는 기회를 자주 가질 수 있었다.
그러나 그 문서들조차도 이해하기는 쉽지 않았고, 쉬운 이해가 기대
될 수도 없었다. "나는 믿는다." 맞다! 그러나 "나는 이해하기 위해 믿
는다!" 신학은 앞선 시대 교회의 어떤 교의도 어떤 고백문도 검증하지
않고서는, 다시 말해 성서와 하나님의 말씀에 비추어 '근원적으로'*ab ovo*
측정하지 않고서는 수용할 수 없고 또 수용해서는 안 된다. 그와 같이
진지하게 진리를 질문하는 신학은 어떤 축조된 신조들을 (예를 들어 그
것이 오래되고 널리 알려져 있고 유명하다고 해서) 모든 상황에 적용하려고
해서는 안 되며, 소위 전승에 충실하다는 어떤 완고한 "정통주의"의 명
성을 추구해서도 안 된다. 그와 같은 정통주의보다 더 나쁜 이단은 없
다! 개신교신학은 오직 한 가지의 충실함만 알고 행사한다. 이 충실함

은 믿음의 지성*intellectus fidei*에 근거한 고대교회 그리고 종교개혁의 신앙고백에 대한 충실함이다. 그것에 충실할 때, 그 충실함은 공동체의 미래의 넓은 여정에서 과거와 마찬가지로 유익하게 작용할 것이다.

3. 공동체를 규정하는 전승에 **신학의 역사**도 속한다는 사실이 마지막으로 짧게 언급되어야 한다. 여기서도 전제는 당연히 그리고 마땅히 성도들의 공동체*communio sanctorum*인데, 이것은 여기서 실행되기 항상 쉽지만은 않은 가설이다! 그러나 이 가설은 감행되어야 한다. 이 사실은 특별히 어제의 신학, 또 50년 전 혹은 100년 전에 강력했던 신학에 각각 해당된다. 각각의 시대에 공동체는 보통은 대단히 근본주의적으로 어제의 그리스도교적 앎 즉 어제의 공동체 안에서 말해졌던 것에 상응해서 살아가곤 했다. 그러나 신학은 그사이에 자기가 바라던 대로 어느 정도 발전했으며, 그래서 오늘날 신학이 안다고 생각하고 말하고 주장하는 것은 조상들이 (바로 저 직접적 증인들이!) 생각하고 말했던 것과 두말할 필요도 없이 일치하는 경우는 드물어졌고, 더나아가 아주 자신 있게*lebhaft* 그것과 달라졌다. 신학이 살아 있는*lebendig* 학문이기 때문에 그러한 활동이 어느 정도 허용될 수 있다고 해도, 그래도 신학은—왜냐하면 공동체는 행운이든 불운이든 저 어제의 신학들로부터 유래하고 또 무엇보다도 신학 자체도 그러하기 때문에—어제의 신학과의 접촉을 유지하는 것이 좋다. 다시 말해 신학은 **이해하기 위해** 믿으면서, 어제의 조상들의 음성들을 특별히 주의해서 듣고, 그중 "좋은 것"(눅 10:42)*optimam partem*을 해석하고, 바로 그 음성들의 문제점을 지나치는 것이 아니라 오히려 계속 추적하고, 그 음성들의 의문들을 언제나 또다시 숙고하고 고려하며, 그다음에야 비로소 새롭게 수용하고

바르게 정립해 나가야 한다. 그렇지 않으면 오늘의 아들딸들이 내일은 열광적 재해석자가 될 수도 있고, 또 아마도 역으로 선배들을 징벌하는 자가 될 수도 있다. 그때 마치 선배들의 약점과 오류를 극복한 것처럼 보이는 그들의 저작은 다시 한 번 처음부터 시작하지 않을 수 없게 될 것이다. "그런 일로부터 저희를 지켜 주소서. 사랑하는 주님, 하나님이시여!"

05

성 령

우리는 신학의 '무전제성'의 문제를 덮어 두고 넘어갈 수 없다. 앞의 세 강의에서 개신교신학의 자리를 규정하기 위해 살펴보았던 명제들은 대단히 특별한 것이었다. 그 명제들은 그 자체로는 매우 명확하고 이해될 만하며, 또한 함께 연관되면서 서로를 확증해 주지만, 그럼에도 불구하고 전체로나 세부적으로나 **무전제**의 명제들이었다. 그 명제들은 내부적 현실성과 진리의 바깥에 있는 어떤 점으로부터는 유도될 수가 없다. 또 그 명제들은 자연과 인간을, 혹은 인간 정신과 역사를 지향하는 어떤 일반적 학문의 결과들을 전면에 갖지 않으며, 배후에 어떤 철학적 기초도 갖지 않는다. 그 명제들 각각 또는 전체는 히브리서의 멜기세덱처럼 "아버지도 없고 어머니도 없고 족보도 없"다(히 7:3). 그럼에도 불구하고 우리는 그 명제들을 감행했다. 그렇다면 도대체 어떤 엄청난 권능^{Macht}이 그 명제들 안에 숨어 있으며, 그래서 그 명제들을 다만 내부로부터 근거하고 조명하는가? 우리는 그 권능에게 어떤 공간을 허락한 셈인가? 다른 말로 하자면 어떻게 해서 신학은 그 명제들이 서술하는 자리, 외부로부터 보기에는 다만 공중에 뜬 것으로 보이는 자리로 이주하고, 그 자리를 지키려고 하는가?

신학의 이러한 상황을 좀 더 날카롭게 드러내기 위해 짧게 요약해 보겠다. 둘째 강의('말씀')에서 우리는 다음 명제를 감행했다. 이스라엘 역사 안에서 시작되고 예수 그리스도의 역사 안에서 목적에 도달하는 임마누엘의 역사 그 자체는 모든 시대와 장소의 인간들에게 말해진 하나님의 말씀이다. 도대체 어떤 말씀이며, 무슨 말씀인가! 어떤 권능에 의해 그러한 역사가 있으며, 그 안에 그러한 계시가 존재하는가? 셋째 강의('증인들')에서는 다음 명제를 감행했다. 성서적 예언자들 그리고 사도들이라는 한 특정한 그룹의 사람들이 있고, 이들은 저 역사의 말씀을 직접 인지했으며, 그래서 (마찬가지로 모든 시대와 장소의 사람들을 향해) 그 말씀의 확증적이고 권위적인 증인들로 부르심을 받았다. 다른 모든 사람들과 똑같지만, 그러나 탁월하게도 그러한 인지와 그러한 선포로 부르심을 받는다! 도대체 어떤 권능 안에서? 넷째 강의('공동체') 안에서는 다음 명제를 감행했다. 저 최초의 증인들의 입에 놓인 말씀의 능력 안에서 한 백성이 생성되었으며, 그들은 **둘째 지위의** 증인들로서 세상 안에서 하나님의 말씀과 사역을 선포하라는 부르심과 능력을 받은 공동체다. 이러한 특성의 한 인간적 백성이라니! 그 민족의 존재와 행위는 도대체 어떤 권능 안에 있는가? 순전히 개신교신학의 자리를 서술하기 위해 감행된 그 명제들은 모두 순수하게 신학적 내용만을 가지며, 오직 신학적으로만 보증될 수 있으며, 오직 신학적으로만 주장되고 이해될 수 있다. 신학이란 무엇인가? 지금까지 신학의 자리를 서술했던 명제들에 따르면, 신학은 오직 신학적으로만 정의

될 수 있다. 신학은 하나님의 사역 안에서 선포된 저 하나님의 말씀을 인식하려는 학문이며, 하나님의 말씀을 증거하는 성서적 학교의 학문이자, 하나님의 말씀에 의해 부르심을 받은 공동체에게 피할 수 없이 주어지는 진리 질문을 힘써 추구하는 학문이다. 오직 그러한 학문으로서 신학은—어쨌든 정말로 아무런 전제도 없이—신적 로고스에 대한 인간적 논리인 자신의 개념들을 완성한다. 오직 그러한 학문으로서 신학은—비록 외부로부터 볼 때는 허공을 떠도는 것처럼 보이지만—자신의 근거, 정당성, 목적을 갖는다. 신학적 실존의 권능은 저 명제들 안에 **은폐**되어 있는 권능이다.

우리는 잘못해서 그 권능이 (신학의 자리에 대한 우리의 신학적 명제들 안에서는) 우리 자신에 의해 전제되는 권능, 그리고 (이후의 신학공리들 안에서는) 신학 자체에 의해 전제되는 권능이라고 말하지 않도록 조심해야 한다. 만일 그렇게 말한다면 모든 것이 어긋나고 틀리게 될 것이다. 신학은 자신의 명제들의 근거, 정당성, 목적 설정을 위해 전혀 아무것도 전제할 필요가 없다. 외부를 향해서도, 마찬가지로 내부로부터도 그러하다. 신학이 자신의 명제들에게—마치 이후의 신학공리들에 대해서 어떤 기계적 신*deus ex machina*을 이끌어 와 [기계적으로 적용해서]—전제를 부여하려고 한다면, 그것은 신학이 스스로 그 명제들을, 자기 자신을, 자신의 작업을 **보증**하려고 의도하며, 그렇게 보증할 능력과 필연성을 갖고 있음을 뜻하게 된다. 그렇게 할 때 신학은 자신의 장자권을 팥죽 한 그릇에 팔아 버리는 셈이 된다. 신학은 자신의 작업을 행할 수는 있으나, 그러나 어떤 의미에서도 그것을 보증하려고 해서는 안 된다. 오히려 모든 외적 혹은 내적 보증의 전제들을 포기하는 것이 신학으로서는 잘하는 셈이 된다. 사람이 자신의 힘으로 전제할 수 있는 것은 사람에 의해 쉽게 처치될 수 있는 것이다. 만일 신학이 (수학이 수학적 정리들을 전제하듯이) 저 명제들과 신학 자체를 떠받치는 어떤 권세를 스스로 전제한다면, 그때 신학은 저 권세를 지배해서 스스로 사용할 수 있게 되는 셈이며, 그 권세를 자기 자신의 보증을 위해 소환하거나 혹은 보초를 서도록 명령할 수 있게 되는 셈이다. 그러나 신학이 좌지우지할 수 있는 권세는 신학과 신학적 명제들을 떠받칠 수 있는 권능이 아닐 것이며, 늪에 빠진 자신을 건지기 위해 자신의 땋은 머리를 잡아당기는 뮌히하우젠Münchhausen, 가공 모험담 작가의 우화와 같이 될 것이다. 그때 신학이 실제로 필요로 해서 찾는 그것은, 그런 모든 자의적인 전제들 때문에 이러저러하게 틀림없이 신학을 비껴가게 될 것이다.

그러므로 우리는 저 명제들 안에 은폐되어 있는 권능, 주변 세계뿐만 아니라 공동체와 공동체에 봉사하는 신학에게도 은폐되고 파악되지 않으며 처치 불가능한 권능에 대해 말할 때 신중해야 한다. 그 권능은 신학적 명제들이 말하는 것 안에서, 구속사와 계시사 안에서, 성서적 증인들의 들음과 말함 안에서, 그들을 통해 부르심을 받은 공동체의 존재와 행동 안에서, 그리고 신학이 그것[권능]에 대해 말한다는 점에서 또한 신학 작업 안에서도 **현재**하고 **작용**하는 권능이며, 신학보다는 철두철미 우월한 권능이다. 그 권능이 위로는 임마누엘의 역사로부터 아래로 작은 역사들에 이르기까지의 저 전체를 지탱하고 운동시킨다. 최종적으로 신학은 그 작은 역사들을 이야기하는 가운데, 자신의 실존을 얻고 활동한다. 그 권능은 신학이 그 작은 역사들의 이야기 중에 저 어리석은 전제에 도달하지 않도록, 특별히 그 전제의 객체가 잘못해서 하필이면 자신[권능]이 되지 않도록 막아 주고 금지한다. 그 권능은 모든 자의적인 전제들을 쓸데없는 것으로 만든다. 왜냐하면 그 권능은 다른 모든 인간적 보증들의 자리에서 확실성을 창조하는 권능이기 때문이다. 그 권능은 바로 **창조적** 권능이기 때문에 다음과 같이 작용한다. 즉 어떤 위대한 신학의 대가라도 그 권능에 손댈 수 없다. 마치 그 권능이 자기가 아는 어떤 잠재력을 가진, 그래서 자기가 이용할 수 있는 가장 강력한 체스 말 중의 하나(예를 들어 여왕 말)인 것처럼, 그래서 자기는 그 힘의 근원, 도달 영역, 한계를 훤히 들여다보고 있는 것처럼, 그렇게 손댈 수 없다. 그는 그 권능을 붙잡을 수 없다. 그 권능은 신학 내부의 어떤 신학공리가 아니며, 그가 필요해서 혹은 좋아해서 붙잡거나 혹은 놓아 버릴 수 있거나 이러저러하게 관계할 수 있는 어떤 것이 아니다. 만일 신학자가 자신의 신학 작업의 알을 품으면서 그 권능의 바람 소리를 듣는다면, 자신의 명제들이 그 권능에 의해 결정되고 통치되고 통제되는 것을 발견한다면, 그는 축복을 받은 셈이다! 그러나 그는 그 권능이 "어디서 와서 어디로 가는지"(요 3:8) 알지 못한다. 그는 그 권능의 사역을 다만 뒤따를 수 있을 뿐이며, 앞서지는 못한다. 그는 자신의 생각과 말이 다만 그 권능에 의해 통제되도록 하지만, 역은 성립하지 않는다. 그 권능은 임마누엘 역사의 발생 안에서, 예언자와 사도들 안에서, 공동체의 모음, 건립, 파송 안에서, 주권적으로 일했고 또 지금도 일하고 있다. 그 권능은 그렇게도 주권적인 권능이며, 우리가 앞의 세 강의에서 감행했던 모든 것을 서술하고 설명하는 신학적 명제들 안에 은폐되어 있는 권능이다. 그 권능이 외부로부터 볼 때는 아마도 확실한 보증을 외치고 요구하면서 공중에 떠 있는 것같이 보이는 것은 놀라운 일은 아니다.

외부로부터 볼 때만 그러한가? 또 겉으로 보기에만 공중에 떠 있

는 것 같은가? 여기서 바로 그 주권적인 권능의 이름을 부르려고 할
때, 우리는 이 문제를 계속 숙고해야 한다. 그것이 다만 외관에 그치고
다만 가상으로만 다가오는 것이어서, 신학은 어떤 나쁜 일을 말하듯이
서둘러 "공중에 떠 있는"이라고 말해야 하는가? 그러나 공중freie Luft, 자
유로운 공기이란 운동하는 신선하고 건강한 공기를 우선적으로 뜻한다.
그것은 정지해 있고 무해하지만 숨 막히고 밀폐된 공기와는 정반대다.
이러한 신선한 공기(공중)에 떠 있다는 것은 어떤 확실성의 보증에 의
해서도 방해받지 않은 채, 바로 그 운동하는 공기 자체에 의해 지탱되
고 추진됨을 뜻한다. 이와 다르게 이해할 수 있는가? 힘차게 운동하고
또 운동시키는 공기에 의해 지탱되고 추진되는 것, 즉 최종적·결정적
으로 바로 그 공기 안에 근원적인 자리를 취하면서 실존하는 것, 바로
이것이 신학에게 주어질 수 있는 이유는 다음과 같다. 왜냐하면 그러한
자유로운 움직임과 움직여짐이 하나님의 말씀으로부터 살아가는 공동
체의 자리이기 때문이며, 더 높이 올라가면 하나님의 말씀을 직접적으
로 인지하고 전했던 증인들의 자리이기 때문이며, 더욱 높이 올라가면
하나님의 사역인 임마누엘 역사가 하나님의 말씀이 되는 자리이기 때
문이다. 이 모든 것이 자유롭게 운동하고 운동시키는 저 공기, 부드럽
지만 때로는 휘몰아치는 공기의 영역 안에서 발생한다. 그 공기는 성경
에 따르면 하나님께서 일하시는 권능인 영의 발현spirare과 고취inspirare
다. 이 영이 자기 자신을 인간에게 자유롭게 열어 보이시며, 인간이 영
을 향해 열리도록 하시며, 영을 향해 자유롭게 되도록 만드신다.

그와 같이 주권적으로 작용하는 권능의 성서적 이름은 루아흐
Ruach, 숨, 호흡, 프뉴마Pneuma, 영다. 양자 모두는 움직이는 그리고 움직이게
만드는 공기, 숨, 바람, 또한 폭풍 등을 뜻한다. 이 뜻은 라틴어 Spiritus

와 프랑스어 Ésprit에서는 명확하게 인식된다. 그러나 영어의 Ghost에서는 (끔찍하게도 "유령"이라는 뜻과 비슷해지면서) 도무지 재현되지 않는다! 마찬가지로 독일어의 Geist도 성서적 단어의 역동적인 의미를 전혀 드러내지 못한다. 우리는 이 단어를 이런 의미에서 수용한다. "주의 영이 계신 곳에는 **자유**가 있느니라"(고후 3:17). 그것은 인간에게 하나님 자신을 열어 보이시고, 인간을 하나님을 향해 개방시키시고, 그렇게 해서 인간이 하나님을 향해 자유롭게 되도록 만드시는 하나님의 자유다. 성령이신 주 하나님께서 그것을 행하신다. 물론 다른 영들도 많이 있다. 하나님께서 선하게 창조하신 영들도 있고, 인간에게 자연적인 영도 있으며, 악마적이고 혼동시키고 미혹시키는 그래서 오직 축출될 수밖에 없는 무das Nichtige의 영들도 있다. 그것들 모두는 저 주권적 권능이 아니다. 그것들 중 어떤 것도, 그중 가장 선한 것이라고 해도, 그것이 있는 곳에 자유가 있다고 말해질 수는 없다. 그것들 모두의 부는 방향 또 위로부터 혹은 아래로부터의 기원은 검증되어야 하며, 무엇보다도 저 신적 자유 안에서 일하시고 인간의 자유를 생성시키시는 성령과는 언제나 또다시 구분되어야 한다. 니케아 신조는 말한다. 이 영은 "거룩하신 영, 주님, 생명을 창조하시는 분"이시다. 계속해서 "아버지 그리고 아들로부터 나오시며, 아버지 그리고 아들과 함께 경배와 찬양을 받으셔야 한다." 그 영 자신도 하나님이시며, 아버지 그리고 아들이신 동일하신 한분 하나님이시라고 말해야 할 것이다. 영이신 그 하나님은 창조자로서 또 화해자로서, 계약의 주님으로서 행동하신다. 그러나 그 하나님은 이제 바로 그 〔창조, 화해, 계약의〕 신적 행동을 조명하는 권능 안에서 주님이시며, 인간들 사이에서뿐만 아니라 인간들 안에 거주하시며 거주하셨으며 또 거주하실 것이다. 그분은 저 운동하게 하는 공기^Luft 그리고 움직여진 대기^Atmosphäre 이시며, 그분 안에서 인간은 그분에 의해 인식된 자 그리고 그분을 인식하시는 자로서, 그분에 의해 부르심을 받은 자 그리고 그분에게 순종하는 자로서, 말씀에 의해 탄생한 그분의 자녀들로서, (어떻든 철두철미 아무런 전제도 없이) 살아가고 생각하고 말할 수 있게 된다. 그 영은, 다시 니케아 신조에 의하면, 바로 그렇게 "예언자들을 통해 말씀하셨다." 세례 요한은 요단강에서 바로 그 영이 모든 죄인들과 함께 몸소 세례를 받으신 저 한분 위에 강림하시는 것을 보았다. 그 영은 인간 세상 안의 바로 그 한 아들의 존재적 근원이셨으며(성령으로 잉태되어), 그 한분을 선포하는 사도직과 그분의 공동체의 근원이셨다. 사도행전은 말한다. "홀연히 하늘로부터 급하고 강한 바람 같은 소리가 있어 그들이 앉은 온 집에 가득하며"(행 2:2). 그 결과는 다음과 같다. 제자들은 말할 수 있었는데, 즉 여러 다른 나라들로부터 와서 참석했던 이방인들이 "하나님의 큰 일〔부활〕"(2:11)을 〔통역 없이〕 직접 이해하도록 말할 수 있었다. 그것은 겉으로 보기에는 술 취한 사람을 생각나게 했지만, 이러한 영의 발현^spirare과 고취^inspirare의 결과, 3천 명의 사람들이 말씀을 받아들였다. 바로 이 성령은,─성령 하나님, 주님이신 영은─그 영의 돌입과 추진은, "하나님 안에 있는 것" 그리고 "하나님께서 우리에게 선사하신 것"에 대한 그 영의 증거는, 그리고 "예수는 주님이시다!"의 고백을 일깨우고 생성시키시는 그 영의 권능은, 다음 사건으로 이어진다. 그 영, 곧 성령의 존재와 행위는 세상 안의 그리스도교를, 또 믿고 사랑하고 희망하는 말씀의 증인들인 각각의 그리스도인들을 가능하게 하고 현실적으로 만들었으며, 또 오늘에 이르기까지 그렇게 하신다. 성령은 이 일을 아무도 저항할 수 없도록 하시면서 행하신다. 성령이 등장하고 일하시는 곳에서, 그분을 거역하려고 하는 것은 용서받을 수 없는 죄가 되며, 오직 죄만 홀로 그런 일을 행한다. "누구든지 그리스도의 영이 **없으면** 그리스도의 사람이 **아니라**"(롬 8:9).

복음의 하나님 앞에서 겸손하고 자유롭고 비판적이고 기뻐하는 학문인 개신교신학은 오직 성령의 권능적 영역 안에서 가능해지고 현실적이 된다는 사실은 분명하다. 그때 개신교신학은 성령론적 신학이 되며, 성령만이 진리이시며 홀로 진리 질문을 던지고 대답하신다는 용기 있는 신뢰 안에 있게 된다. 신학은 어떻게 신적 로고스Logos에 대한 인간의 말Logik이 될 수 있는가? 스스로의 힘으로는 전혀 그렇게 될 수 없다. 다만 성령이 신학 위에 그리고 신학에게 오시는 일은 일어날 수 있다. 그때 신학은 성령을 막거나 지배할 수 없으며, 오히려 다만 기뻐하면서 그분을 뒤따를 뿐이다. 성령이 없는 신학이 설교단 혹은 강단에서, 혹은 인쇄된 원고 혹은 노소 신학자들 사이의 "대화" 안에서 자신의 본질을 추진하게 된다면, 그것은 지상의 골짜기의 모든 소름끼치는 일들 중 가장 소름끼치는 일이 된다. 신문상의 최악의 정치 논평도, 가장 서툰 낭만 소설 혹은 영화도, 불량배의 야밤의 가장 악한 비행도, 그러한 성령 없는 신학보다 더 나쁘지는 않다. 신학이 주님의 영의 신선한 공기(오직 이 안에서만 신학은 번성할 수 있다)를 벗어나 어떤 다른 공간으로 스스로 미혹되어 추방될 때, 그때 신학은 성령이 없는 신학이 된다. 그 숨 막힐 것 같은 공기 안에서 신학의 가능적·당위적·필연적 존재와 행동은 당연히 근원적으로 방해를 받게 된다. 그러한 일은 신학에게 두 가지 방식으로 일어날 수 있다.

첫째, 이런 일이 있을 수 있다. 신학은 물론, 거칠든지 혹은 최고로 교양이 있든지, 옛날 방식이든지 혹은 각각의 최신의 신학이든지, 다소간에 열심히 사려 깊게 또 경건하게 수행되며, 그 과정 중에 때때로 성령의 문제를 기억하기는 한다. 다만 그 신학은 성령의 조명, 권고, 위로에 자기 자신을 두려움 없이 그리고 아무런 유보 없이 내맡기려고 하지는 않으며, 자기 자신이 성령에 의해 모든 진리로 인도되기를 거부하며, 아버지와 아들의 영으로서 모든 육체와 또한 그 신학 위에도 부어진 성령께 신학 자신의 연구, 사고, 가르침을 통해 합당한 영예를 올려 드리기를 거부하는 일이 있을 수 있다. 그때 신학은 정식으로 성령을 두려워한다. 그때 신학은 더 많이 아는 체하면서 성령을 향해 어리석게도 뻣뻣이 선다. 그때 신학은 성령께서 또한 그 안에서도 활동하려고 하자마자, 자신이 소위 "열광주의"에 빠질지도 모른다는 두려움을 느낀다. 그때 신학은 역사화되면서 혹은 심리학화되면서, 혹은 합리주의적 혹은 도덕주의적 혹은 낭만주의적으로 되면서, 혹은 교의학적으로 되어 꼬치꼬치 캐면서 제자리를 빙빙 돈다. "그리고 푸른 초장은 사방으로 펼쳐져 있다"(괴테의 『파우스트』). 그때 신학은 자기 방식대로 진리 질문을 던지고 대답하는데, 그것은 신학과 마찬가지로 성령을 최고로 필요로 하는 공동체에게 전혀 봉사할 수 없고, 도움이 되지도 않는다. 도움을 주기는커녕, 만일 신학이 에베소에 있던 세례 요한의 제자들이 성령이 계신다는 사실조차도 알지 못했던 것처럼 진행된다면, 그때 신학은 한 악한 방해 작용일 수밖에 없으며, 공동체를 다만 어지럽히고 파괴하는 낯선 모든 영들에게 대문과 현관문을 열어 주는 셈이 될 것이다. 신학이 그렇게 진행될 때, 인간적 비판, 조롱, 비난 등은 그 신학에게 전혀 도움을 줄 수 없다. 오직 성령만이 그 신학을 도우실 수 있다. 그분은 거룩하시며 주님이시며 생명을 창조하는 자이시고, 공동체와 마찬가지로 그 신학이 성령 자신을 수용할 때까지 다만 기다리시며, 그 신학이 새롭게 돌이켜서 그것으로부터 합당한 경배와 찬양을 받게 되고자 하신다. 그 후에 성령께서는 신학이 성령 없이 스스로 옳다고 주장했던 죽은 명제들을 다시 살려 내어 빛 가운데로 옮기신다.

둘째, 성령 없는 신학이 되는 일은 다른 방식으로 일어날 수 있다. 신학은 그리스도교와 각각의 그리스도인들 그리고 신학 자체에 없어서는 안 될 영의 생명력을 너무 잘 알고 있다고 생각해서, 이런 사실을 알지 못하거나 잊어버린 것처럼 보이는 수가 있다. 그것은 이 바람은 그것이 **불고자 하는 쪽**으로 불며, 성령의 현재와 행하심은 언제나 자유로우시며 언제나 우월하시며 언제나 아무 대가 없이 그치지 않고 스스로를 선사하시는 하나님의 은혜라는 사실이다. 어떤 신학은 마치 성령을 전세 내어 소유하게 된 것처럼 성령과 관계할 수 있다고 스스로 주장하며, 마치 성령이 인간이 발견해서 길들인 자연력, 그래서 운전할 수 있는 어떤 자연력인 것처럼, 예를 들어 물, 불, 전기, 원자력 등과 비슷한 어떤 것으로 취급한다. 어리석은 교회가 자신의 실존, 자신의 직무들, 성례전, 목사 임직, 성찬 제정과 사죄 등에 성령의 현재와 행위를 자동적으로 전제하듯이, 마찬가지로 어리석은 신학은 성령을 자기가 잘 알고 있고 처치 가능한 (자신의 명제들에) 앞선 명제로써 기계적으로 전제한다. 그러나 전제되는 영은 성령이 아니며, 또 그러한 영을 전제하는 신학도 다만 성령 없는 신학일 수밖에 없다. 성령은 자신을 절실히 필요로 하는 공동체와 신학을 **자유** 안에서 **긍휼히 여기시는** 생명의 권능이시다. 또한 이러한 의미에서 성령을 잃은 신학도 오직 성령만이 도우실 수 있다. 도우시는 성령께서는 그 신학을 긍휼히 여기서서, 그것의 자의적인 전제들을 그때그때마다 깨닫고 의식하도록 하신다. 그다음에 성령을 향한 탄식과 부르짖음과 기도가 있는 곳에—오직 그곳에—새롭게 현재하시고 활동하신다. "오소서, 생명의 영이시여!" "오소서, 창조자 성령이시여!" *Veni, creator Spiritus!* 최고의 신학도 이러한 건강한 작업 형태의 기도보다 더 나은 것이 될 수 없다. 신학은 최종적으로 오직 아이들의 자리를 취할 수밖에 없다. 그들은 빵도 물고기도 갖고 있지 않으나, 그러나 그들에게는 둘 다를 가지고 계시면서 신학이 그것을 간구할 때 주실 수 있는 **아버지**가 있다. 그러므로 개신교신학은 전적인 가난 속에서도 풍요롭다. 전적인 무전제성 안에서도 확고하게 지탱되고 유지된다는 점에서 그러하다. 개신교신학은 풍요롭고 확고히 지탱되고 유지된다. 왜냐하면 개신교신학은 저 약속을 붙들기 때문이며, 그 약속에 어떤 의심도 없이 그러나 또한 어떤 자만도 없이 굳게 묶여 있기 때문이다. 그 약속에 따르면 신학이 아니라 "성령은 모든 것 곧 하나님의 깊은 것까지도 통달하시느니라"(고전 2:10).

II

신학적 실존

06

놀람

신학의 자리를 규정했던 지금까지의 강의에 대해 이런 생각도 가능할 것이다. 그 내용 중에서 막상 신학 자체는 '현실적·인간적 삶'의 한 요소로 정당하게 취급되지 못했으며, 많은 경고에도 불구하고 하나의 도식 혹은 가설에 불과한 것으로 보인다는 것이다. 그때 신학은 많은 중세기 교회의 정문에 이름 없이 놓인, 생각이 깊은 것 같기도 하지만 또한 생각이 없어 보이기도 하는 석고화된 성모 마리아상에 비유될 수도 있다. 우리는 그러한 고착된 모습에 머물러서는 안 된다. 개신교신학은 언제나 역사이며, 인간적 생물의 삶과 피로 된 실존과 행위가 일으키는 역사, 좁고 넓은 개념의 신학자적 실존과 행위가 일으키는 역사다. 우리의 주의는 이제 **신학자**로 향한다. 오늘날 사람들이 흔히 말하는 것처럼, 신학이 한 인간에게 접근하고 그와 접촉하고 그의 내면으로 진입해서 그 사람 안에서 구체적인 형태를 취할 때 무슨 일이 일어나는가? 우리가 오늘날의 '철학'이라는 우상에게 잠시 가볍게 절하면서 말한다면, 우리는 지금 개신교신학의 "실존적인 것"Existenzialien에 접근하고 있다. 신학의 자리를 규정하려 했던 앞에서의 시도와 비슷하게 여기서도 여러 개의 동심원과 함께 시작하는데, 최외곽의 원은 **"놀람"**Verwunderung이다.

이러저러해서 신학을 시작하게 되었을 때 놀라지 않는 사람, 혹은 신학을 몇 년 뒤에 마쳤을 때 더 이상 놀라지 않게 된 사람, 혹은 중심적 문제와 오래 접촉하면 할수록 그만큼 더 큰 놀라움 안으로 빠져들지 않는 사람은 일단 다시 한 번 신학과 조금 거리를 두면서 문제가 무엇인지 사심 없이 숙고해 보는 것이 좋을 듯하다. 그래야 그에게 신학의 놀라움이 여전히 혹은 다시 한 번 주어져 상승하게 될 것이고, 그 놀라움은 그를 떠나지 않을 것이며, 그의 내면에서 점점 더 강해질 것이다. (거의 생각될 수 없기는 하지만) 만일 놀람이 그에게 철저히 낯설게 되었다면, 그는 신학이 아닌 다른 일에 종사하는 것이 그에게도 또 신학에게도 좋을 것이다. 모든 신학적 인식, 연구, 사고의 시작점에는, 또한 모든 신학적인 말의 시작에는, 대단히 특수한 놀람이 있다. 그 신학이 겸손하고 자유롭고 비판적이고 기쁨에 찬 학문이며 언제나 새롭게 그렇게 된다면 그러하다. 놀람이 없다면 최고 신학자의 작업 전체도 뿌리에서부터 병들 수 있다. 반면에 놀람이 있다면 가장 서툰 신학자의 업무와 과제라고 해도 아직 실패한 것은 아니다. 그가 아직 놀랄 수 있고, 놀람이 그에게 돌격해 오는 군인처럼 엄습하는 일이 아직도 여전히 가능할 때 그러하다.

일반적으로 놀람은 한 사람이 이전에 그에게 "일어난 적"이 없어서 현재로서는 이상하고 낯설고 새로운 어떤 정신적 혹은 자연적 현상과 마주치는 곳에서 발생한다. 그는 그 현상을 그가 지금까지 가능하다고 생각했던 상상의 한계선 내부에 보관할 수가 없고, 그래서 그 현상의 기원과 본질을 계속해서 질문하게 된다. 여기까지는 경탄하면서 솔직하게 앎을 갈망한다는 소크라테스적인 놀람thaumazein의 개념에 다 포함될 수 있다. 그 놀람이 모든 참된 학문의 뿌리라고 사람들은 올바르게 말했다. 우리가 여기서 〔신학적 실존의 한 요소로〕 소개하려는 개념 역시 깜짝 놀라면서 솔직하게 앎을 갈망한다는 의미를 갖는다. 다만 우리의 놀람은 어떤 일시적으로 이상하고 낯설고 새로운 현상에 대한 깜짝 놀람Stutzen 혹은 질문과는 다른 그 이상의 것을 뜻한다. 그러한 현상은 학문의 발전 안에서 조만간에 일상적이고 신뢰할 수 있는 그래서 예로부터 알려진 과거의 현상이 될 것이고, 사람들을 놀라움으로부터 해방시킬 것이며, 사람들의 관심을 다른 현상들로 돌리게 만들 것이다. 물론 그 다른 현상도 처음에는 놀랍다가 조만간 틀림없이 더 이상 놀랍지 않게 될 것들이다. 우리가 신학을 행할 때 엄습하는 놀람은 다른 종류다. 물론 그 놀람도 우리를 깜짝 놀라게 하고 앎을 강요한다. 다만 여기서는 우리가 그 배움을 끝냈을 때, 이상한 것은 평범해지고 새로운 것은 예로부터 알려진 것이 되어 낯선 것이 그때마다 길들여지는 일은 일어나지 않는다. 만일 그렇게 된다면, 그때 그 사람은 신학 안으로 전혀 승차하지 않았거나 혹은 이미 하차했을 것이다. 우리는 신학의 건강한 뿌리를 형성하는 놀람으로부터 결코 벗어날 수가 없다. 신학의 대상은 일상의 살림도구처럼 우리를 만나지 않으며, 오히려 언제나 또다시 그의 상상력 전체 아니 그보다 더 확장된 영역의 경계선상에서 만난다. 여기서 신학의 발전이란 다만 다음을 뜻한다. 신학의 대상 앞에서의 멈춤과 질문 즉 놀람은 이러저러한 관점에서 그 사람을 방치하기는커녕, 오히려 그 놀람이 언제나 더 커지도록 만든다. 놀람이 그에게 정말로 일어났다면, 그때 그는 철두철미 영원한 유일회성 안에서 놀람에 사로잡힌 사람이 된다.

"놀람"Verwunderung은 "기적"Wunder으로부터 온다. 신학을 시작하게 된 사람이 첫 걸음부터 마지막에 이르기까지 기적과 관계한다는 것은 필연적이다. 다시 말해 근본적·결정적으로 '동등하게 병렬될 수 없는 사건'das Inkoordinable의 현재와 작용과 관계한다. 기적의 설명Logik이 신학의 전부인 것은 아니지만, 그러나 신학은 필연적으로 기적도 말해야 한다. 신학은 자신의 대상인 기적을 반드시 취급해야 한다. 만일 신학이 그렇게 하기를 부끄러워한다면 그리고 그와 함께 주어지는 신학적 문제를 거부한다면, 그때 신학은 신학이기를 그쳐야만 한다.

여기서 우선 **기적의 이야기들**을 생각해 보는 것이 유익할 것이다. 그 이야기들은 하나님의 사역과 말씀에 대한 성서적 증거 안에서 걸려 넘어지게 하는 큰 역할을 담당했다. 성경에 나오는 특별한 의미에서의 "기적"은—아직 핵심에 도달하지 않으면서 임시로 정의한다면—일반적으로 알려진 그리고 틈새가 없다고 인정되는 (시간적·공간적 사건들의) 인과적 맥락 안에 어떤 장소도 유비도 갖지 않는 공간적·시간적 과정이다. 그러한 기적의 과정을 현대적 의미에서 "역사적"으로 증명 Verifizierung한다는 것은—증명이 그 과정의 경계선을 긍정적 혹은 부정적으로 넘지 않으려면—다만 다음의 확인 가능한 사실만을 외적으로 확증하고 서술하는 선에서 그칠 수밖에 없다. 그 사실은 동등하게 병렬될 수 없는 바로 그 과정들의 특성을 역사적으로 알려진 한 장소에서 다만 보고하는 것이다. 그러한 과정의 이야기들이 은혜의 계약의 역사에 대한 성서적 증거를 구성하는 한 요소가 된다. 그러나 다음 세 가지의 잘못된 해석은 그 증거와 증거의 내용을 해친다. 첫째는 그곳에서 이야기되는 것을 일반적으로 알려진 그리고 빈틈없다고 주장되는 인과적 맥락 안에서 이해될 수 있는 ("자연적으로 설명될 수 있는") 과정들로 환원시키는 것이며, 둘째는 그 과정들이 기적으로 이야기되기 때문에 사실상 발생하지 않은 것이라고 무시하는 것이며, 셋째는 동일한 근거에서 그 과정들이 실제 발생한 정신적 사건들의 상징이라고, 말하자면 성서적 증인들의 놀라운 신앙심이 외적으로 표출된 것이라고 곡해하는 것이다. 신학은 첫째에도 둘째에도 셋째에도 동의할 수 없다. 신학은 성서적 증거 그리고 그 증거가 말하는 대로 숙고되어야 하는 하나님의 사역과 말씀에 대한 질문으로부터 벗어날 수 없다. 그럼에도 불구하고 그 질문을 벗어나서, 증거된 진술의 어떤 일반적 통찰의 가능성을 질문하는 죽은 궤도 위로 자신을 추방시키는 신학이 되어서는 안 될 것이다. 사람들은 흔히 역사가와 함께 소위 "역사적"으로 생각하고 말하면서, 기적의 이야기들에 사가Sagen 혹은 전설이라는 꼬리표를 붙이려 든다. 그러나 신학은 성서적 증거가 펼치는 경륜사Oekonomie 안에서 [역사가와] 마찬가지로 역사적으로historisch 사고하면서도 [역사가와는 달리] 기적의 이야기들에서 결코 박탈될 수 없는 기적의 필연적 **기능**을 논증해야 한다.

기적 이야기들은 원칙적으로 **놀라움**을 불러일으키면서, 형식적으로는 일종의 **위급 경보**의 기능을 행한다. 그렇기 때문에 기적 이야기들은 신약성서에서 "표징"이라고 말해진다. 기적의 표징들은 임마누엘의 역사 안에서 여기서는 밀집되고 저기서는 드물게 흩어져서 독자들의 주의를 다음으로 이끈다. 기적은 물론 시간과 공간 안의 사건이지만, 그곳에서 발생했고 또 발생하는 다른 사건들과 동일한 종류가 아니며, 동종의 어떤 연장도 아니다. 오히려 그것은 그러한 일반적 사건들의 중심에 돌입하는 원칙적으로 **새로운** 사건이다. 그리고 기적의 이야기들 안에서 말해진 또 말하는 언어는 물론 시간과 공간 안의 말이지만, 시간과 공간 안에서 인지될 수 있으면서도 다른 모든 말들과는 비교될 수 없는 원칙적으로 **새로운** 언어다. 신약성서의 기적 이야기들이 의도적으로 심각하고 중대한 놀라움을 불러일으킬 때, 그 놀라움은 어떤 일반적으로 알려지고 인정된 현존재 질서의 예외에 그치는 것이 아니라, 오히려 한 원칙적으로 **새로운 것**의 경보Signale를 울린다는 것은 분명하다. 신학을 행하는 자는 그 놀라움을 결코 벗어날 수 없다.

그런데 기적 이야기들 안에서 경보를 울리는 그 새로운 것은 무엇인가? 어떤 대단한 일 혹은 굉장한 일 앞에서 말을 잃게 되는 것과 같은 그런 일반적인 놀람도 물론 있다. 그러나 다음은 어디를 가리키는가? "일어나, 네 자리를 들고 걸어가라!"(요 5:8) "더러운 귀신아, 그 사람에게서 나오라!"(막 5:8) 폭풍우에게도 "잠잠하라 고요하라!"(막 4:39) 광야에서 굶주린 5천 명 앞에서 "너희가 [저들에게] 먹을 것을 주라!"(눅 9:13) "나사로야, 나오라!"(요 11:43) 그리고 "그가 여기 계시지 않고……살아나셨느니라!"(마 28:6) 기적들은 이러한 성서적 증거의 말들과 함께 발생했다. 그런데 이 기적의 사건들은 언제나 인간의 삶을 위협하고 억압하는 일상적 자연 과정 혹은 세계 진행을 변화시킨다. 그것은 개별적이고 임시적인 변화지만, 그러나 근본적으로는 언제나 도와주는 더 나아가 구원하는 변화들이다. 그러므로 성서 안의 기적의 사건은 언제나 구원받은 자연, 자유의 질서, 생명의 세계 등의 약속과 표징이 된다. 그 세계는 고통과 눈물과 부르짖음과 마지막

원수인 죽음이 더 이상 존재하지 않는 곳이다. 언제나 이 형태의 작은 빛은 희망으로 다가오는 저 큰 빛보다 앞서서 현재 인간에게 밝혀지면서 다음을 요청한다. "일어나 머리를 들라. 너희 속량이 가까웠느니라"(눅 21:28). 바로 이 희망의 빛이 비친다는 것이 그 자체로 새로움이며, 성서의 기적 이야기들 안에서 '동등하게 배열될 수 없는 것'이다.

그러나 그것은—물론 불가결하고 간과되어서는 안 되지만—임마누엘 역사에 대한 성서적 증거의 **한** 요소일 뿐이다. 기적 이야기들이 임마누엘 역사의 전부인 것은 아니다. 기적 이야기들은 다만 새 하늘과 새 땅의 표징의 새로움과 신뢰성을 계시할 뿐이며, 임마누엘 역사의 진행 안에서 그 역사도 또한 발생했음을 보고할 따름이다. 기적 이야기들은 그곳에서 시작해서 목적을 향해 나아가는 새로움의 **표징**일 뿐이며, 새로움 자체는 아니다. 신학을 행하고자 하는 사람이 회피할 수 없는 새로움, 곧 본래적으로 심각한 놀람은 가나의 혼인 잔치에서 물이 포도주로 바뀐 변화가 아니며, 나인성에서 울고 있는 모친에게 다시 주어진 (죽었던) 젊은이가 아니며, 광야에서 5천 명이 먹었던 식사가 아니며, 갑자기 잠잠해진 갈릴리 바다가 아니며, 예수의 어머니의 동정童貞이 아니며, 마찬가지로 아리마대 사람 요셉의 빈 무덤도 아니며, 그 모든 기적들이 일으켜지는 과정 자체가 아니다. 하나님 없는 자도 머리를 흔들면서 그 모든 사건에 대해 놀랄 수 있었다. 이러한 표징들을 통해 일깨워진 놀라움에도 불구하고, 그것이 열어 준 다른 더 나은 자연과 세계의 전망을 향해 넋을 잃고 바라보는 동안, 막상 성서가 말하는 본래적·결정적 새로움은 지나칠 수도 있다. 본래적·결정적 새로움은 **새 인간**이다. 그분은 성서적 증거에 따르면 다른 인간들의 한가운데서 그들 모두의 주님, 종, 증인으로서 저 기적의 사건들을 행하셨으며, 그들에게 자기 자신을 선포하셨으며, 그렇게 하나님의 의와 심판을 나타내셨고, 하나님의 영광을 계시하셨다. 새로운 것은 그분 자신이다. 그분이 이미 비친 그리고 다시 비쳐질 저 큰 희망의 빛이시다. 그 큰 빛은 저 작은 빛들 안에서 잠시 동안 조명되고 있다. 새로운 것은 구약성서가 예고했고 신약성서에 따르면 저 한분 안에서 발생한 '세상의 하나님과의 화해'이며, 다시 말해 하나님과 인간 사이의 계약의 성취와 완성이다. 새로운 것은 하나님의 사랑, 자유로운 은혜, 수수께끼 같은 긍휼이다. 그 안에서 하나님께서는 하나님과 투쟁하는 악한 이스라엘 그리고 반역하고 방탕한 인간 종족 전체를 수용하셨다. 하나님 자신의 영원한 결의Ratschluss의 실행 안에서 수용하셨으며, 인간이 어떻게든 파악할 수 있고 조명할 수 있는 어떤 높은 이념 안에서가 아니라, 오히려 시간과 공간 안에서 구체적으로 발생한 하나님의 행동 안에서 수용하셨다. 다시 말해 하나님의 말씀이 육신이 되셨으며, 비천하고 죄를 지닌 육신이 되셨으며, 우리의 육체와 같아지셨으며, 바로 그 육체 안에서 우리의 자리에서 그리고 우리를 위해 우리를 하나님으로부터 갈라놓는 죄를, 죽음의 찌르는 가시를, 이 세상적인 옛 자연과 옛 세계의 모든 옛것들을 극복하시고 짊어지시고 제거하셨다. 새로운 것은 바로 그 한분 안에서 그리고 그분의 순종, 일하심, 삶과 죽음 안에서 도래하고 이미 뿌리내려 작용하는 하나님 나라이며, 그분 안에서 하늘에서와 같이 땅에서도 발생하는 하나님의 뜻이다. 새로운 것은 그분 안에서 모든 인간을 위해 열린 길, 성령의 '생명의 권능' 안에서 그들 모두가 이제는 갈 수 있는 길, 즉 하나님의 자녀로서 아버지께로 가는 길이다. 새로움은 성서적 증거에 따라 한 마디로 말하자면, 이스라엘의 역사를 종결하는 **예수 그리스도**의 역사다. 그분 곧 구원자께서 여기 계신다! 본래적·결정적으로 그분이 기적(모든 기적들 중의 기적)이시다! 신학에 관계되고자 하는 자는 불가피하게 그분을 대면해야 한다. 그분은 무한하게 경이로우신 분이시다. 이것이 인간에게 알려지고 인간이 그것을 인식할 때, 그는 가장 깊은 근원에서 철저하게 영원히 유일회적으로 놀라움에 사로잡힌 인간이 된다.

위의 내용은 다음 사실을 포함한다. 우리는 극히 최소한도라도 **자기 자신에 대해** 놀라고 또다시 놀라지 않는다면, 자기 자신이 수수께끼와 비밀이 되지 않는다면, 신학자가 될 수 없다. (가장 작은 주제를 취급하는 신학자 혹은 아마추어 신학자라고 해도 마찬가지다.) 나는 도대체 누구인가? 내가 최고 가문의 최고의 자녀라고 해도, 그래서 디모데처럼 성경을 알고 있다고 해도, 내가 머리가 매우 좋고 솔직한 심성을 가졌으며, 내가 그것에 만족한다고 해도, 나는 도대체 누구인가? 나는 누구라서 나 자신을 과거로부터 신뢰하면서 멀리서라도 신학에 관계하며, 신학적 문제에 잠재적으로 혹은 실제로 작은 연구자, 사색자, 교사로서 행하며, 공동체에 속해서 진리 질문을 수용하며, 그 대답을 함께 추구하는가? 그런 일을 할 때, 나는 나 자신을 신뢰한다. 내가 다소간에 열심히 혹은 직업적으로 신학에 관계할 때는 말할 필요도 없으며, 신학에 작은 손가락 끝만 댄다고 해도 그러하다. 내가 그렇게 나를 신뢰할 때, 나는 성서가 증거하는 원칙적으로 새로운 것과 불가피하게 만난다. 즉 **기적**과 관계를 맺게 된다. 다만 나인성의 젊은이, 가버나움의 백부장과 그 부하들, 홍해와 광야, 요단강을 통과했던 이스라엘 사람들, 그리고 여호수아의 명령에 따라 기브온에서 멈추었던 태양 등과만 관계하는 것은 결코 아니다. 오히려 나는 하나님의 **현실성**과 관계를 맺게 된다. 그 모든 것들은 다만 그 현실성에 대한 위급 경보를 울릴 뿐이다. 그 하나님은 아브라함, 이삭, 야곱의 하나님이시며, 아들 안에서 성령을 통해 자신을 계시하신 하나님이시며, 인간의 하나님이 되기로 하신 하나님이시며, 그래서 인간이 하나님의 인간으로서 살아갈 수 있도록 하신 하나님이시다. 바로 이 하나님의 기적과 나는 이미 관계를 맺은 셈이며, 그와 함께 온 세상과 각각의 인간을 위한 그 기적의 모든 결과들에 대해서도 마찬가지다. 그리고 마지막으로 가장 깊은 근원에서 나는—밖에서는 내가 누구든지 무엇이든지 어떻게 존재하든지 간에—하나님의 기적을 통해 놀라움에 사로잡힌 인간이 되었다. 이것이 내게 무엇을 뜻하는가를 내가 알고 있는지, 내가 나의 약간의 연구, 사고, 진술을 이 기적에 예속시킬 수 있는지(거꾸로 되지 않기를!), 그리고 그럴 준비가 되어 있는지는 별개의 문제다. 그러나 그곳에서 내가 살아 계신 하나님의 기적의 현실성과 대면한다는 사실에는 의문이 없다. 그곳에서 내가 관계하는 것을 진지하게 수용하려는 나의 신학적 작업이 대단히 부끄럽고 초라한 것이라고 해도 나는 그 현실성과 대면하며, 그 작업이 어떤 단계 혹은 어떤 범위에 있든지, 그것이 주석, 교회사, 교의학, 혹은 윤리든지에 상관없이, 나는 그 현실성과 대면한다. 어쨌든 나는 하나님의 기적과 논쟁하지 않을 수 없다. 그 기적을 대면하고 논쟁하는 일을 멀리 던져 놓을 수는 있겠지만, 그 일로부터 나는 결코 벗어날 수는 없다. 의심의 여지 없이 신학은 신학에 몰두하는 사람에게 지울 수 없는 문신character indelebilis을 새긴다. 신학 즉 하나님의 말씀의 방문을 받아 복구될 수 없는 놀라움에 사로잡힌 사람은 진정한 혹은 거짓의, 참되거나 가벼운 진지함과 유머 안에서도, 볼 수 있는 눈에 의해서는 멀리서도 얼마든지 식별될 수 있다. 그러나 그가 어떻게 그곳에 오게 되었는지, 어떻게 그러한 신학자일 수 있는지 하는 것은 그 신학자 자신에게는 언제나 은폐되며 수수께끼와 비밀이자 심히 놀라운 일로 머문다. 신학 외의 나의 많은 견해들과 성향들, 많은 현실적·상상적 혹은 소원하는 가능성들 안에서 나는 나 자신을 알며 나 자신을 꽤 잘 인식한다고 할 수 있다. 우리 모두는 나면서부터 본성적으로 합리주의자, 경험론자, 낭만주의자 등의 어떤 혼합된 조합 안에 있으며, 그런 점에서 자기 자신에 대해 놀랄 만한 어떤 단서는 없다. 그 모든 것은 존재한다. 그러나 하나님의 기적에 직면해서 당연하고 필연적으로 놀라는 일에 비추어 평가될 때—신학을 행하려 할 때 이 일이 발생한다—나는 더 이상 잘 알려진 내가 아니며, 어떤 타자 어떤 이방인이 된다. 나의 실존이 바로 그 놀라움의 당위성과 필연성$^{Dürfen\ und\ Müssen}$에 사로잡힐 때, 어떻게 그 실존이 누구나 알고 있고 잘 알려진 또 누구나 볼 수 있는 평이한 존재^{Datum}가 될 수 있겠는가? 어떻게 내가 그러한 놀라움의 속성을 지닌 나 자신을 쉽게 꿰뚫어 볼 수 있겠는가? 그러므로 좁고 넓은 의미에서 말씀의 신학자가 된다는 것은 일반적으로 존재하지 않는 존재, 즉 은혜가 최고로 구체화된 존재^{Konkretissimum}가 되는 것이다. 저 근본적이고 극단적인 놀라움의 빛의 관점에서 볼 때 그러하다. 그 빛 안에서 우리는 오직 그러한 존재가 되고 또 그렇게 존재할 수밖에 없다. 그와 같은 은혜를 수용한 사람은 자기 자신에 매이지 **않으며**, 그렇기 때문에 자신을 즐기거나 자랑하지 **않는다**. 은혜의 수용자인 사람은 다만 감사하면서 행동할 뿐이다. 만일 자기 자신이 그렇게 은혜를 입은 자임을 알지 못한다면, 그는 차라리 신학과 작별하고, 하나님의 기적에 대해 눈을 감아도 되고 자기 자신에 대해서도 전혀 놀랄 필요가 없는 다른 일에 헌신하는 것이 나을 것이다. 그러나 그가 신학과 하나님의 기적에 대한 놀라움을 넘어서, 또한 자기 자

신에 대한 놀라움으로부터 효과적·결정적으로 빠져나올 수가 없다면,
그는 신학 외에 다른 어떤 일을 찾을 수 없게 될 것이다.

07

당황

놀람, 이 개념이 신학자를 신학자로 만드는 것의 적절한 서술어가 되려면 특별한 제한과 심화가 필요하다. "놀람"Verwunderung은—우리가 사용하는 넓은 의미의 해석에서도—단순한 "감탄"Bewunderung으로 오해될 수 있다. 물론 감탄도 신학적으로 절대로 하찮은 것이 아니며, 아마도 풍부한 전망을 줄 수도 있다. 과거에 요한 고트프리트 헤르더Johann Gottfried Herder는 성경을 고대 근동의 문학적 문서들로써 감탄하면서 읽고 해석했다. 그 해석은 상당히 메말랐던 계몽주의의 긴 몇백 년 동안 많은 사람들에게 영감을 주고 자극했다. 젊은 슐라이어마허는 종교를 경시하는 교양인들을 종교 현상 일반에 대한 감탄으로 이끌려고 했다. 구약 세계의 정점에 있다고 할 수 있는 예언서와 시편에 대한 그의 감탄은 100년 뒤에는 베른하르트 둠Bernhard Duhm과 헤르만 궁켈Hermann Gunkel 등의 저작들을 통해 그 당시 젊었던 우리에게도 강하게 영향력을 행사했었다. 그 당시에 (토머스 칼라일Thomas Carlyle의 영향을 받으며) 파울 베른레Paul Wernle는 예수의 인간적 인격에 대해 감탄했고, 몇 가지 유보와 함께 또한 사도 바울과 개혁자들과 교회사 안에서 마음에 든 많은 사람들에 대해서 감탄했다. 그리고 그 감탄이 그를 제자들에게 일생 동안 잊을 수 없는 스승으로 만들었다. 그리고 루돌프 오토Rudolf Otto는 '거룩함'을 황홀한 것fascinosum1으로 우리에게 대단히 감명 깊게 구체화시켰다. 그러나 위의 모든 사람들에게 다만 "감탄" 그이상은 문제되지 않았다. 이미 그때에 그것을 넘어서는 개념이라 할수 있는 "체험"Erleben이 빌헬름 헤르만Wilhelm Herrmann 등에 의해 소개되었으며, 1910년경에는 우리 모두가 그것을 알게 되었다. 이제 신학이한 진지한 일거리가 되고자 한다면, 어떤 경우에도 **단순한** 감탄에 머물러서는 안 되며 머물 수도 없다. 그러나 우리가 앞에서 신학에 불가피하다고 말했던 놀람은 하나님의 기적에 대한 것이었다. 그렇기 때문에 그 놀람은 어떤 종교적 인물들 혹은 종교적 삶이나 행위에 대한 감탄으로 오해되어서는 안 된다. 그러한 감탄은 지성적 지각知覺의 변주에 불과하며, 그것이 바로 앞에서 암시된 신 개신교주의의 신학 노선을 건너면서 종교적 감탄으로 이어졌다. 안셀름Anselm von Canterbury에 의하면 신학에는 간과될 수 없는 아름다움pulchritudo이 있다. 왜냐하면 하나님의 아름다움이 존재하기 때문이다. 그러나 거리를 두고 즐기면서 대상을 바라보는 것은 하나님을 관찰하는 방법이 될 수 없다. 그래서 신학은 어떤 대상에 대한 안락하고 흥미로운 혹은 매혹된 숙고나 명상일 수 없다. 그때 그 대상에 대해 다소간에 매력을 느꼈던 주체의 태도는 최종적으로는 무관심하거나 회의적인 것 또는 아마도 거부하는 것이 될 수도 있다. 그러나 하나님의 기적이 객체적 대상이 될 때, 그 객체는 주체에게 (객체 자신에 대한) 최후 결정을 할 수 있는 여지를 남겨

두지 않는다. 오히려 그 기적은 성서적 의미의 놀라움을 불러일으키고, 그것에 몰두된 사람을 놀라움에 사로잡힌 주체로 만들기 때문에, 그 사람은 그 기적과 마주쳐 '당황한 자'ein betroffener Mensch가 된다. 이제 우리는 신학적 실존의 '당황'이라는 둘째 규정을 특별히 주목하려고 한다.

신학의 대상은 자신과 관계를 맺는 사람에게 그 대상으로부터 멀어지거나 고립되는 자아의 고수를 허용하지 **않는다**. 그 사람은 아마도 매우 피상적인 이유, 때로는 유치한 어떤 이유에서 신학을 시작했을 수도 있다. 그는 그때 자신이 무엇을 감행했는지 미리 알 수 없었을 것이며, 정확하게 말하자면 앞으로도 알 수 없을 것이다. 그러나 그는 신학을 시작했다. 이제 그는 바로 그 **대상과** 대면한다는 점에서 신학자다. 그가 대단히 완고하고 소심한 생각과 함께 혹은 너무도 이해력이 부족한 머리를 가지고 시작했다는 것은 문제가 되지 않는다. 그 사람은 그 대상과 각개 전투를 하는 것이 아니다. 그는 다음 상황을 피할 수 없다. 그 대상은 그 사람을 다만 멀리서만—먼 지평선 위에 보이는 번개처럼—불안하게 하지 않는다. 오히려 그 대상은 그를 찾으며, 바로 그가 위치하는 그곳에서 그를 발견한다. 바로 그곳에서 그 대상은 그 사람을 이미 찾았고 이미 발견했다. 그 대상은 그에게 관여한다. 그 대상은 그를 습격하며 만나며 체포한다. 그 대상은 그를 지배한다. 그 사람은 "그림 속에 놓인다." 즉 화면 앞의 관람석으로부터 무대 위로 옮겨진다. 이제 그는 그 대상과 함께 무엇을 시작해야 하는가? 이 질문은 다음 질문에 비교할 때 완전히 이차적인 것에 불과하다. 이 대상이 명백하게도 어떤 것을 그와 함께 시작하기를 이미 생각하셨고 그 일을 이미 시작하셨을 때, 그는 이제 무엇을 해야 하는가? 그가 신학에 대해 아직 아무것도 알지 못할 때, 그는 자기 자신이 이미 알려진 상태

임을 발견하며, 그렇게 해서 앎Erkennen으로 일깨워지고 부르심을 받는
다. 그는 자신이 이미 연구되었음을 연구하도록, 그 자신이 이미 그 대
상에 의해 생각되었음을 알게 된 사실을 깊이 숙고하도록, 그가 어떤
이성적인 것은커녕 뭔가를 중얼거릴 수도 있기 전에 이미 말 건네심
을 받았다는 사실을 진술하도록 부르심을 받는다. 짧게 말해 그는 신
학적 일거리에 종사할 수 있도록 자유롭게 되었는데, 그것은 그가 자
유라는 것이 있다는 것을 알지도 생각하지도 못했을 때였으며, 그 자
유를 처음으로 주저하면서 서툴게라도 사용할 줄 알게 되기 전이었다.
그가 스스로 그 자유에 참여한 것이 아니다. 다만 그가 그 자유에 참여
되는 일이 그에게 발생했을 뿐이다. 루비콘 강이든지 요단강이든지 강
이름이 어떻든 상관없이 그가 그 강물 안에 발을 내디뎠을 때, 그는 이
제 저쪽 강변을 향해 반드시 건너야만 하며, 또 건널 수 있도록 허용되
었다. 그는 머리를 흔들면서 당혹스러워하면서 경악하면서, 또 아마도
대단한 무능력 안에서, 그 강을 건너야 한다. 그곳에 퇴각이란 있을 수
없다. 이제 "당신이 바로 그 사람이다!"Tua res agitur!

내가 무엇을 말하고 있는가? 어떤 예언자의 기원과 실존인가? 아
니다. 대단히 호기심을 자극하는 신학자의 기원과 실존이다. 어떤 위
대한 신학자인가? 말도 안 된다. "위대하다"는 것이 무슨 말인가? 위
대한 법률가, 의사, 자연과학자, 역사가, 철학자는 있을 수 있다. 그러
나—이것 또한 신학자의 "실존적 요소"Existentialien에 부차적으로 속한다—오
직 **보잘것없는** 신학자들만 있을 뿐이다. 그러나 최변방의 주변과목에
종사한다고 해도, 다만 아마추어적으로 서툴게 종사하면서 그 대상과
대면하는 사람이라고 해도, 그중 어떤 신학자도 그냥 보잘것없지만은
않다. 그 대상은 그들 모두의 머리 위에서 지켜보고 계시며, 그 객체

는 주체에 대해 끊임없이 우위를 점하며, 그래서 주체는 스스로의 힘으로 객체를 소유할 수 없지만 객체는 그를 소유하신다. 그 사람은 이제 원하든 원하지 않든, 의식적이든 무의식적이든, 대단히 확실하게 그 대상에게 매료되었을 뿐만 아니라, 바로 "그 대상과 마주쳐 당황한"betroffen 사람이 된다. 당신이 바로 그 사람이다!Tua res agitur! "당신"은 무엇을 뜻하는가? 우리는 세 가지 대답을 시도하는데, 이 셋은 세 동심원을 그리지만 근본적으로는 하나의 유일한 대답을 가리킨다. 그러나 셋은 각각의 입장, 방법, 그리고 고유한 중요성을 갖는다.

1. 신학자의 실존은 다른 모든 동료 인간들의 실존과 마찬가지로 우주의 현재시대Äon 안에 있다. 그 실존은 아직 목적에 도달하지 못했고 그래서 아직 쉼에 도착하지 못한 세계 시간의 특정한 한 부분 안에 있다. 그 실존은 계속 또 계속 이어지는 인간 종족의 세대들을 연결하는 고리, '오늘'이라는 팽팽한 긴장을 견디는 내구성이 검증된 연결고리와도 같다. 신학자의 실존은 인간과 이웃 인간의 역사 안에서 지금의 구체적 자리에서 활동하고 고난을 겪는 주체적 실존이다. 가장 보잘것없는 신학자라고 해도 이와 같은 우주적 상황과 규정성 안에서 각각 특수한 재능과 가능성을 선사받은 피조물이며, 각각 환경의 특수한 곤경에 쫓기지만, 그러나 또한 각각 특수한 과제와 희망들에 어떻든 참여하는 피조물이다. 그렇게 신학자는 다른 모든 사람들 가운데서 그들과 함께 실존한다. 그는 다른 모든 사람들보다 더 낫지도 않지만 그들보다 못하지도 않으며, 더 강하지도 않지만 그들보다 무력하지도 않다. 다만 그는 하나님의 사역에서 말해지고 인지되는 하나님의 말씀과 대면하고 있다. 신학자는 이 현실을 결코 부정할 수 없으며, 신학

자로서 알든지 모르든지 **그 말씀**에 노출되어 있다. 이제 그는 어떻게 해도 다음 현실을 감출 수 없다. 이 말씀은 바로 이 세계 즉 그의 **세계**에 향해 있으며, 모든 시대들과 공간들과 마찬가지로 그의 시대와 그의 공간에, 오늘의 문제들과 함께 움직이는 오늘의 세계에 향해져 있다. 그 세계 안에서 이런저런 혹은 또 다른 신학자는 저 거대한 인간적 담론을 입으로 옮기면서, 이제 전체의 운명과 자신의 운명을 규정하려는 듯이 보인다. 그는 신문을 읽지만, 그러나 이사야 40장 혹은 요한복음 1장 혹은 로마서 8장을 읽었다는 것을 잊지 못한다. 하나님의 말씀은 그의 시대와 공간 안에서 일어나는 모든 곤경과 약속들보다 무한하게 더 깊은 곤경을, 그러나 또한 무한하게 더 높은 약속을 말한다는 사실도 감추어지지 않는다. 또한 하나님의 말씀은 인간의 본질적 및 비본질적 존재 전체 위로 내려지는 판결과 심판에 관한 말씀이라는 것도 감출 수 없다. 그러나 그 말씀은 그보다 앞서 하나님께서 계획하셨을 뿐만 아니라 오히려 이미 수립하고 성취하신 '인간과 맺은 은혜의 계약'에 관한 말씀이며, 인간의 하나님과의 '완전한 화해'에 관한 말씀이다. 즉 하나님의 말씀은 하나님의 의에 관해 말한다. 그 의를 통해 인간의 모든 불의는 이미 극복되었다. 또 하나님의 말씀은 하나님의 평화에 관해 말한다. 그 평화에 의해 인간의 모든 전쟁들은 (냉전과 뜨거운 전쟁이 모두 함께) 이미 무가치하고 불가능해졌다. 또 하나님의 말씀은 질서에 관해 말한다. 그 질서 안에서 인간의 모든 무질서들은 이미 한계선상에 놓였다. 이제 그 신학자에게는 마지막으로 다음 사실이 은폐될 수 없다. 다른 모든 시대와 마찬가지로 그의 시대도 목적을 향해 달리며, 마지막 목적점에서는 지금 은폐된 모든 것이 공개될 것이다. 그래서 다른 모든 시대들은 무시되고 예수 그리스도의 시대가 은혜의 시대가 될 것이며, 벌써 지금도 그러하다. 이제 그 신학자는 어떻게 해도 다음 현실을 회피할 수 없다. 은혜의 시대에 중심적인 것, 그곳에서 밖으로 말해지고 들려지는 것은 어떤 원칙, 어떤 새롭고 더 나은 도덕적·정치적 프로그램, 어떤 이데올로기의 선언이 아니며, 오히려 영원하지만 또한 시간적인, 천상적이지만 또한 지상적인, 다가오지만 그러나 이미 현재적인 '재앙과 구원'Weh und Heil이다. 그곳에서 선포되는 것은 유럽인 그리고 아시아인에 대한, 아메리카인 그리고 아프리카인에 대한 재앙과 구원이며, 경직되고 불쌍한 공산주의자들에 대한 재앙과 구원이며, 그리고 더 불쌍하고 더 경직된 반공산주의자들에 대한 재앙과 구원이다. 또 그것은 우유 산업, 시계 산업, 관광 사업에는 능숙하지만 또한 깊이 불안해하는 우리 스위스인, 여성의 투표권을 부결시키고 미래에 몇 개의 원자폭탄을 소유하기를 어린아이처럼 욕망하면서 남들과 마찬가지로 스스로 의롭다고 생각하는 우리 스위스인들에 대한 재앙과 구원이다. 하나님의 자유롭고 값없는 '예'Ja, 모든 인간적 몰지각성과 타락성을 넘어서면서 인간 종족 전체에게 말해진 '예'가 외부로 말해진 하나님의 말씀이다. 비록 다른 모든 사람들이 그 말씀을 지나친다고 해도—실제로는 그들도 그렇게 할 수 없지만—신학자는 그렇게 할 수 없다. 신학자는 지나치게 자만하고 또 지나치게 비탄에 빠지는 이웃 피조물들 중에서 특별히 구체적인 방법으로 (경우에 따라서는 직업적으로) 자신을 하나님의 말씀 앞에 필연적이고 당위적으로 위치시켜야 하는 사람이다. 그가 오늘의 인간으로서—동시대인들 전체의 짐을 함께 짊어지면서—오늘의 세계 안에 실존할 때, 하나님의 말씀은 필연적으로 그를 말하게 하시며 그와 접촉하시며 그를 만나시며 그의 마음속에 "찔림"(행 2:37)을 불러일으키신다. 그가 그곳에서—실천적으로는 무엇이 되든지 간에—바로 이 말씀에 의해 시작된 자, 말씀과의 마주침으로 당황하게 된 자, 그리고 현실적으로 마음에 찔림을 받은 자가 아닌 다른 무엇으로 존재할 수 있겠는가?

2. 신학적 실존은 파도에 떠밀리면서 혹은 파도와 싸우면서 세계라는 바다 위 어느 곳을 고독하게 헤엄치지 않는다. 신학적 실존은 필연적으로 이웃 인간적이며, **그리스도교적**이다. 그것은 구약과 신약성서의 증거를 통해, 더 나아가 그 안에서 증거된 하나님의 말씀을 통해, 함께 부르심을 받고 함께 유지되는 **공동체** 안의 실존이다. 신학자는 본래 언제나 그리스도교의 어떤 문제가 있는 장소에 참여할 때, 신학자로서 존재할 수 있다. 그곳은 비존재Nichtsein에 의해 위협받지만, 언제나 또다시 그것으로부터 벗어나는 장소다. 그는 그리스도교에 속하지 않은 인류 그리고 그들을 지배하는 정신적·심리적·자연적 세계 권세들로부터의 고립에 참여한다. 그것은 부분적으로 필연적이지만 부분적으로는 우연적인, 아마도 책임을 떠맡아야 할 그리스도교적인 고립이다. 또 그는 이 고립을 돌파하려는 그리스도교의 운 좋은 혹은 그다지 좋지 않은 시도들에도 참여한다. 또 그는 그리스도교에 주어지는 약간의 가치에 참여하며, 좋지 않은 멸시와 때로는 최악의 높은 평가에도 참여한다. 그리스도교의 분열 그리고 일치를 향한 열망에 참여하며, 그리스도교의 순종 그리고 태만하고 게으른 활동들에도 참여한다. 그는 아마도 국가교회, 아마도 자유교회, 루터교회, 개혁교회, 혹은 감리교회, 혹은 로마 가톨릭교회에 속한 그리스도인일 수 있다. 그는 아마도 예로부터의 정통주의 신앙을 혹은 아마도 종교적 진보를 좋아할 수도 있고, 혹은 그의 특별한 그리스도교의 사회적 혹은 미적 개방성

을 좋아할 수도 있다. 그러한 여러 특수성 안에서 그리스도교는 잠시 동안은 의롭게 또 때로는 악명을 떨치며 불의하게 존재한다. 각각의 신학자도 그리스도교 안의 자기 자리에서 그렇게 존재할 수밖에 없다. 다만 그는 그가 어디에 어떻게 위치하든지 본래적·최종적으로는 그러한 상황 안에서 머물 수는 없으며, 그곳을 궁극적 본향으로 삼을 수 없다. 신학자는 그가 어디에 어떻게 위치하든지, 진리 자체에 의해 선택되고 진리의 계시에 의해 부르심을 받은 백성의 한 지체다. 그러한 그에게 **진리 질문**의 과제가 주어진다. 이제 그는 (그가 행하는 것을 알든지 모르든지) 그 백성에게 시초부터 그리고 역사의 모든 진행된 형태들 안에서 제기된 진리 질문의 과제를 수용한 셈이 되었다. 이 질문에 어떻게 접근하고 어떤 입장을 취하는가에 따라 그 백성은 서거나 넘어진다. 그 질문과 비교할 때 백성의 다른 문제들은 문젯거리도 되지 않는다. 그러나 그 진리 질문의 투과하는 빛 안에서는 그 백성의 예배, 질서, 선포의 가장 작은 문젯거리도 최종적이고 심각한 중요성을 가질 수 있다. 그 백성의 삶 속에서 발생하고 발생하지 않는 것은 신학자에게 직접적으로 영향을 주며, 가차 없이 **그의** 문제가 된다. 그는 그 문제를 취급할 때, 아무것도 과대평가 혹은 과소평가하지 않으며, 아무것도 가볍게 생각하거나 비관적으로 수용하지 않고, 각각의 크고 작은 요점을 대단히 엄격하게 그러나 대단히 즐겁게 함께 생각하고 때로는 함께 논의하기를 그치지 않는다. 그가 그렇게 할 수 있는 것은 그 자신이 개인적으로 대단히 중요하고 능력 있고 민첩한 사람이어서가 아니라, 오히려 하나님의 말씀이 그리스도인 전체에 대해 한분 주권적 주님이신 분의 말씀이기 때문이다. 그 주님은 모든 상황 안의 모든 형태의 그리스도인들 위에 계시면서, 그를 즉 그 보잘것없는 신학자를 그가 공동체 안에서 수행하는 기능 안에서 방문하신다. 그리고 그의 등을 떠밀어서 그가 저 한분(하나님의 백성은 오직 이분으로부터만 살아갈 수 있다)만 바라보면서 살아가도록 만드신다. 그 주님은 그를 또한 잠자는 중에도, 또한 삶 속의 자칭 혹은 실제의 강함과 약함들이나 높은 정점과 깊은 저점들에 직면해서도, 결코 그 바라봄으로부터 떠나지 못하도록 만드신다. 바로 그 신학자에게 심판이 내려진다. 그것은 공동체에 대한 말씀 안에서 내려지는 심판이다. 그러나 그에게는 또한 약속이 높이 들려진다. 그것은 공동체가 그 말씀으로부터 살아갈 때 공동체에게 주어지는 약속이다.

3. 마지막으로 신학적 실존은 보잘것없는 신학자 자신의 **개인적** 실존이다. 그는 세상 안에 있고 공동체 안에 있을 뿐만 아니라, 또한 단순히 자기 자신 곁에도 머문다. 신학의 대상인 하나님의 말씀 안에서 문제가 되는 것은, 그래서 세상에게 그리고 세상 안의 공동체에게 문제되는 것은 그의 '자신 곁의 존재'^{Bei-sich-sein} 안에서도 문제가 된다. 문제가 되는 그것은 이제 바로 그 신학자 위에 내려지는 심판 그리고 그에게 향해진 은혜이며, 그의 포로됨과 그의 해방이며, 그의 죽음과 그의 생명이다. 이 모든 것은 그가 신학자로서 인식하고 연구하고 숙고해야 하는 것 전체에 관계되지만, 이제 신학자라면 반드시 붙들어야 하는 진리 질문 안에서 최종적으로는 **신학자 자신**에게 적중한다. 그것이 마치 우선적으로 먼저 그 자신에게 적중하고, 그다음에 어느 정도 간격을 두고 또한 공동체에게, 그다음에 더 큰 간격 안에서 또한 세상에게도 관계되는 것처럼 생각하는 것은 적절하지 못하다. (대단히 오해되기 쉬운 키르케고르의 "진리의 주체성"이라는 말이 그쪽을 가리킨다.) 만

일 심판과 은혜 등이 먼저 세상과 공동체에게 관계되지 않는다면, 그것들은 신학자 자신에게도 적중하지 못할 것이다. 왜냐하면 그의 존재는 오직 세상 안 그리고 공동체 안에 있기 때문이다. 그러나 이제 그것들이 세상 그리고 공동체에 관계되기 때문에, 최종적으로 그리고 최고로 긴급하게 신학자 자신에게도 적중한다. 인류 그리고 그분의 백성과 맺은 하나님의 은혜의 계약의 맥락 안에서 그 신학자의 예정, 칭의, 성화, 소명에 적중하며, 그의 기도와 작업에, 그의 기쁨과 고통에, 그의 이웃 관계에, 그의 짧은 삶의 유일회적 기회에, 주어진 능력들과 가능성들에 대한 그의 계발에 적중하며, 돈과 재물에 대한, (결혼 등에서의) 이성에 대한, 그의 부모들과 자녀들에 대한, 그의 주변 세계의 관습들과 악습들에 대한 그의 입장에도 적중한다. 하나님께서는 그를 "너"라고 불러 주심으로써, 그를 참된 "나"로 만드신다. 할레 대학교 아우구스트 톨루크August Tholuck 교수의 유명한 이야기가 있다. 그는 학생의 방을 불시에 방문해서 다음 질문으로 쩔쩔매도록 만들곤 했다고 한다. "형제여, 너의 마음이 어떠한가?" 너의 귀, 너의 머리, 너의 말재주, 너의 끈기가 아니라(물론 이것들도 신학자에 속하긴 하지만) 너 자신에게, 성서적으로 표현하자면 바로 너의 **마음**Herz에 어떻게 와 닿는가? 이것은 젊고 늙은 모든 신학자들에게 적절한 질문이다! "아담아, 네가 어디 있느냐?"(창 3:9)라고 말할 수도 있겠다. 너는 신학자로서 그분과 반드시 특출한 관계를 맺어야 하는데, 오히려 그분으로부터 도망가는 (내적 혹은 외적인) 개인적 삶을 살아서는 안 되지 않겠는가? 그분을 피해 다소 깊은 의미의 혹은 높이 떠도는 관조, 해설, 명상, 적용 등의 수풀에 숨어 있어서는 안 되지 않겠는가? 자기 생각에는 모두가 볼 수 없게 깊이 숨을 수 있을 것 같은 어떤 달팽이 집 안에서 개인적인 삶을 살면서, 정확하게 관찰한다면 조명되지 못한, 회심이 없어서 통제되지 않는, 더럽고 거칠며 보잘것없는 부르주아 혹은 집시의 삶을 사는 것은 안 되지 않겠는가? 아마도 안 될 것은 없다! 그러나 그러한 지하 세계로부터 어떤 정규적이고 자유롭고 열매가 있는 신학적 연구, 사고, 진술이 가능하다고는 누구도 생각하지 않을 것이다. 그런 신학은 아무 소용도 없다. 오히려 신학의 살아 계신 대상은 전인과 관계하시며, 그래서 가장 보잘것없는 신학자의 최고로 사적인 개인적 삶에도 관여하신다. 그는 사적 삶에서도 그분을 벗어날 수 없다. 이것이 싫은 사람은 조금 덜 위험해 보이는 다른 학과를 선택하려고 할지 모르겠다. 그러나 그는 알아야 한다. 시편 139편에서 읽을 수 있는 것처럼, 그는 신학의 대상이신 하나님의 손바닥 위에 있다. 그분은 모든 사람을 각자의 장소에서 그리고 다른 분야에서도 찾으실 것이며, 동일한 질문 "아담아, 네가 어디 있느냐?" 앞에 세우실 것이다. 그러므로 그는 신학자로 머물면서, 하나님의 붙드시는 손길이 자신의 가장 사적인 인간성에 이르기까지 도달하도록 자신을 하나님께 내맡기는 편이 차라리 더 나을 것이다.

08

의무

　"놀람"이 신학자를 신학자로 만드는 첫째 요소라는 사실을 우리
는 6강에서 들었다. 그것은 이 학문 대상의 전대미문의 새로움에 직면
한 놀람이었다. 그리고 우리는 7강에서 "당황"이 둘째 요소라고 말했
다. 이 표현은 신학자가 신학에서 마주치게 되는 대상의 독특한—공
격적이라고도 말할 수 있는—활동성 때문에 불가피했다. 그러나 그 표현
이 대단히 강렬한 마주침의 뜻을 가진다고 해도 (50년 전에는 그것을 아
마도 깊은 체험이라고 말했을 것이다) 그 정도 선에서 끝난 것으로 버려
두어서는 안 된다. 그 대상은 액체처럼 침투하는 저 친밀한 방법 안에
서 그 인간과 마주칠 때, 그를 위한 어떤 특별한 것을 행하기를 원하
시지만, 그러나 또한 그에게서도 어떤 것을 원하신다. 즉 그분은 그에
게 말씀하셔서 두 발로 일으켜 세우시며 자유롭게 만드신다. 그분은
그에게 걸어갈 것을, 즉 선사받은 자유를 사용할 것을 요청하시고 명
령하신다. 우리는 이것을 신학자를 신학자로 만드는 셋째 요소인 "의

무."Verpflichtung라고 부른다. 개신교신학의 대상이신 복음의 하나님에 의해 의무를 진다는 것은 밝고 아름답지만 또한 엄격한 일이며, 고양시키지만 또한 깜짝 놀라게 하는 일이다. 한 고상한 직무가 그곳에서 그 인간에게 제시되고 부과된다. 그래서 그에게는 그 자신 안에 담고 있는 그것(자유)을 **발생**시키는 일이 기대된다. 즉 그는 **행동**해야 한다. 그는 그가 마땅히 행해야 하는soll 그것을 **당연히** 할 수 있다darf. 그는 그가 당연히 할 수 있는 그것을 **마땅히** 행해야 한다.

7강의 마지막에서는 신학자를 '당황'하게 하는 실존적 마주침을 넘어 그의 사적인 삶에 도달하는 세부적 내용을 들었다. 그렇다면 이제 사정은 다음과 같다. 그의 놀람에서 시작하고 그의 당황하는 실존과 밀접하게 연결된 '의무 부과'는 **총체적**total인 일이다. '의무 부과'는 그의 현존재 전체를 포괄한다. 그러나 우리는 다음에 집중한다. 그의 실존은 그의 특수한 기능에 의해 어떤 의무를 지게 된 실존, 다시 말해 어떤 특수한 자유를 선사받아 그 자유의 특수한 사용을 요청받는 실존이다. 우리의 관심은 어떤 점에서 그가 그의 학문 안에서 대상에 의해 의무를 지는 인간이 되는가이다. 그는 특정한 종류의 인지, 연구, 사고, 진술을 하도록 자유롭게 되었고 또 요청을 받는다는 점에서 의무를 진다. 이 특정한 종류의 인지, 연구, 사고, 진술은 그 자신이 고안하거나 선택한 것이 아니며, 오히려 그가 신학적 주제를 수용할 때 저절로 나타난 것들이다. 그가 신학적 주제에 계속해서 충실하려면, 그는 그 특정한 종류의 성격을 체득해야 하고 충분히 연습해야 하며 또 기억하려고 노력해서 저절로 기억되도록 해야 한다. 그것은 신학에 고유하게 특징적인 **방법론**이며, 다시 말해 신학의 내적 과제에 상응하는 외적 절차의 규칙화다. 방법이라는 말은 성가시지만 여기서 회피될 수는 없다. 이렇게 말할 수도 있다. 그것은 신학자가—단순한 놀람 그리고 당황한 실존을 넘어서서 앎과 고백의 의무로 나아가기 위해—발을 내디뎌야 할 때 따라야 할 **법칙**Gesetz이다. 다만 "방법" 그리고 "법칙"이라는 말이 신학자에게 과도한 짐을 지운다거나 그를 방해하고 감금시킨다는 상상, 즉 그에게 부과되는 강제력이라는 상상과 연결되어서는 안 된다. 그것은 **자유**의 방법이며 법칙이다. 자유 안에서 그는 연구하고 사고하고 진술해야 한다. 그에게 의무가 강제되는 것은 오직 그가 그 학문의 대상을 아직 알지 못하거나 단호하게 그 대상으로 향하지 못할 때뿐이며, 혹은 그가 어떤 이유에서 그 대상을 다시 한 번 외면했을 때뿐이다. 그 대상을 향할 때, 그는 자유로운 인간으로서 자신의 학문의 방법과 법칙을 존중하면서 실존한다. 부담, 강요, 바벨론적 감금은 자유로운 인간과 관계가 없다. 그때 자유로운 인간은 다른 어떤 방법을 취해야만 하고, 다른 어떤 낯선 인식법칙을 존중하고 성취해야 한다. 그러나 그는 이러한 강제성을—그가 믿음의 지성intellectus fidei의 길을 들어서고 그 길을 다시 떠나지 않았다면—뒤로 던져 버린 셈이 된다. 바로 이 지성의 규칙을 우리는 이제 짧게 논의해야 한다. 신학자는 그 인식 방법의 의무를 지며, 또 그것을 행할 자유와 부르심을 받는다. '믿음의 지성'의 논의 가운데 믿음에 관계된 부분은 다음 강에서 살펴볼 것이다. 여기서는 다만 **지성**intellectus의 특성 그 자체만 질문할 것이다. 먼저 세 가지 요점이 파악되고 확정되어야 한다.

1. 신학의 대상이신 하나님의 사역과 말씀은 **하나**Eines다. 둘째와 셋째 강의를 기억해 보라. 그것은 단조로운 사역이나 단성의 말씀이 아니다. 오히려 성서적 증거들의 다양성이 예시하는 것처럼, 살아 계

신 한분 하나님의 사역은 많은 **충만한** 형태들 안에 있다. 그 사역과 말씀의 중심은 인간과 맺은 하나님의 '계약의 현실성과 계시'다. '계약의 현실성과 계시'에 포함되어 있는 것은 가장 높은 것과 가장 깊은 것, 가장 큰 것과 가장 작은 것, 가까운 것과 먼 것, 특수한 것과 보편적인 것, 내적인 것과 외적인 것, 보이는 것과 보이지 않는 것 등이다. 또 하나님의 영원하신 존재 자체 그리고 시간 안에서의 우리를 위한 하나님의 존재, 그분의 선택과 배척, 그분의 긍휼과 심판, 창조자·화해자·구원자로서의 행동, 그분의 천상적·지상적 계획 등도 '계약의 현실성과 계시' 안에 있다. 다른 한편으로 하나님의 선하신 피조물 즉 하나님께서 기뻐하시고 하나님 자신의 형상으로 새롭게 하신 피조물이, 그리고 그 피조물을 규정하는 본성과 그에게 주어지는 은혜가, 그 피조물의 위반과 순종이, 그에게 마땅한 죽음과 약속된 생명이 그 안[계약의 현실성과 계시 안]에 있으며, 그 안의 모든 것을 제약하는 과거·현재·미래가—하나가 다른 것과 동일시되거나 혼동되지 않으면서—**서로 함께 연결되어**beieinander 있다. 그 안의 어떤 것도 무의미하거나 중요하지 않거나 없어도 되는 것이 아니며, 어떤 것도 각각의 특수한 진리와 가치를 갖지 않은 것이 없다. 자신의 자리에서 전체를 대변하고 반영하지 않는 것도 없으며, 바른 인식이든 그렇지 못하든 최종 결정을 내리지 못하는 것도 없다. 또한 그것들 모두를 포괄하고 제약하는 하나님의 사역과 말씀의 통일성Einheit을 벗어나는 것도 없고, 그래서 고립되어 그 자체로 관찰, 이해, 해석되는 것도 없으며, 부차적인 중심으로 취급되거나, 경우에 따라서는 스스로 중심이라고 나서는 것도 없다! 신학적 학문의 대상은 모든 각론들에서 충만함 안에 계신 하나님의 사역과 말씀이며, 또한 그 충만함 안에서도 오직 하나인 사역과 말씀이다. 그 대상은 바로 세상의 구원자가 되신 유대인의 왕이신 한분이시며, 인간들 사이에서 한분 하나님을 대변하시고 또 인간들을 한분 하나님 앞에서 대변하시는 분이시며, 기대되셨고 오셨으며 이제야 비로소 올바르게 기대되시는 종 그리고 주님이신 예수 그리스도이시다. 그분으로부터 나와서 그분을 향해 나아갈 때, 신학적 앎 즉 믿음의 지성은 많은 부분들을 균등하게 하거나 획일화시키는 혹은 동일시하는 앎이 아니라, 오히려 그들을 모으고sammeln, 변방의 모든 조각들을 각각의 특수성 안에서 평가하고, 그러나 그것들의 중심으로부터 그 중심을 향해 결집versammeln시키는 앎이 된다. 신학은 그것을 행할 의무를 지며, 그것을 위해 자유롭게 되었고 부르심을 받았다. 보는 것sehen은 신학적 앎의 행위 안에서 대상의 때로는 이러하고 때로는 저러한 형태에 대한 주의 깊고 정확한 주시hinsehen이지만, 또한 각각의 어떤 형태를 다른 형태들과 '함께 보는 것'zusammensehen이기도 하며, 그다음에는 바로 그 형태 안의 한 대상의 통찰einsehen, 다시 말해 그 특정한 형태를 유일한 대상의 한 형태로 통찰하는 것이다. 신학적 앎에서는 이러한 주시, 묶어 봄, 통찰이 중요하다. 성서 주석학에서 그러한 것처럼 교회사, 교리사, 신학사 등의 자료조사와 분석에서도 그러하고, 또 교의학과 윤리학 안의 여러 문단, 단원, 장들에서도 그러하며, 또 많은 실천적·교회적 과제들의 숙고에서도 그러하다. 체계의 형성은 시작점에서 단편적으로만 필요하며, 언제나 잠정적인 것일 수밖에 없다. 전체를 관통하는 일관적 체계화는 신학적 앎의 행위가 수행되는 여러 시대 및 상황들의 상이성과 모순된다. 그러한 체계화는 그 단일한 대상의 다양한 형태와 국면들에도 모순된다. 또 그러한 체계화는 무엇보다도 다음 사실과 모순된다. 언제나 새롭게 눈앞에 파악되어야 하는 중심, 모든 개별적인 것들을 포괄하고 배치하는 저 중심은 우리가 취급할 수 있는 어떤 구성적 원칙이 아니라, 오히려 성령의 권능 안에서 부활하셔서 활동하시고 말씀하시는 예수 그리스도이시며, 그리고 언제나 새롭게 운동되는 역사 안에서 인간에게 내려와 인간을 자신에게로 이끌어 올리시는 선하심, 즉 살아 계신 하나님의 언제나 새롭게 묶고 푸는 선하심Güte이다. 예수 그리스도 바로 그분이 통치하시며, 그분 곁에는 어떤 체계적·신학적인 정권 출범을 앞둔 예비 내각도 있을 수 없다! 바로 그분이 철학적 혹은 "역사적"인 사고와 진술을 허용하거나 더 나아가 장려하는 어떤 사각지대가 갑자기 생기는 것을 막으신다. 바로 그분이 어떤 신학적 변방의 한 지점조차도 간과되지 않도록 하시며, 또 어떤 한 부분을 추상화시켜서 진지하지 않은 신학적 관심으로 숙고되는 일을 막으신다. 바로 그분이 신학의 여러 각론들 중 어떤 하나가 중심이 된다거나 혹은 참 중심과 경쟁하는 둘째 중심이 되어 원을 타원으로 만드는 일을 허용하지 않으시며, 그래서 소종파, 이단, 혹은 배교가 일어나는 것을 막으신다. **"모든 것**이 너희에게 가능하지만" 그러나 **"나와 함께 모으지 않는 자는 흩는 자다."** 믿음의 지성의 진정한 신학적 앎의 첫째 기준은 "그분과 함께" 모으는 앎이며, 모든 생각, 개념, 말을 그분으로부터 그리고 그분을 향해 집결시키는 앎이다.

2. 신학의 대상은 사역과 말씀 안에 계신 복음의 하나님이다. 이 대상의 신학적 앎에 대한 관계는 하나님의 인간에 대한 관계, 창조자의 피조물에 대한 관계, 주님의 종에 대한 관계와 마찬가지다. 그 대상은 철저히 **우선적**으로 등장한다. 신학적 앎은 그 대상을 다만 뒤따르며 다만 복종하며 다만 순응한다. 그 대상 즉 복음의 하나님께서 그 앎

을 먼저 현실적이고 가능하도록 만드신다. 그분이 신학자에게 하나님 자신을 알아채고 숙고하고 진술할 의무를 부과하시고, 그렇게 할 자유를 주시며 그렇게 하도록 부르신다. 하나님에 관한 어떤 선험적 인식 Apriori이란 있을 수 없다. 그것에 관해 힐라리우스Hilarius의 이 원칙은 유효하다. "사물이 언어적 진술에 종속되는 것이 아니라, 오히려 언어적 진술이 사물에 종속된다."Non sermoni res, sed rei sermo subjectus est 혹은 안셀름의 표현으로는, 신학적 앎의 체계ratio와 필연성necessitas은 그 대상의 체계와 필연성을 향해야 한다. 이 순서가 역전되어서는 안 된다! 물론 신학도 하나의 인간적 학문으로서 작업한다. 다른 학문들처럼 신학도 언제나 도처에서 각각의 시대와 상황 안에 부분적으로는 전승되고 부분적으로는 새롭게 등장한 직관, 개념, 상, 언어수단 등을 가지고 작업한다. 신학적인 앎은 때로는 고대 초기에서 때로는 중세에서 또 때로는 바로크 시대, 계몽주의, 관념론, 낭만주의 등에서 얻어질 수 있다. 그러나 그 앎은 어떤 시대나 상황으로도 초대받지 않으며, 주도권을 잡으려는 어떤 일반적인 직관, 개념, 상, 언어규칙 등에 의무를 지지도 않는다. 그것이 아리스토텔레스 혹은 데카르트, 칸트, 헤겔, 하이데거의 이름으로 선언되어 신학을 속박하는 법칙으로 승인된다고 해도 그러하다. 신학적 앎은 그렇게 행하지 않는다. 왜냐하면 그러한 종류의 규칙 각각의 배후에는 흔히 특정한 철학과 세계관이 있으며, 그곳의 개념들을 수용할 때 반드시 신학 자체의 중심 문제가 손상되는 대가를 치르지 않을 수 없기 때문이다. 또 다음 이유에서 신학은 그렇게 행하지 않는다. 신학은—오직 대상에만 무조건적 의무를 지면서—그 대상에 의해 360도로 열리고 운동하는 주시, 사고, 진술을 요청받고 또 그렇게 할 수 있는 능력을 받기 때문이다. 왜 신학도 각각의 시대에 통용되는 상념, 개념, 상, 진술방법 등을—이것들이 신학에 유용하다고 예시된 다면—어느 정도 신뢰하면서 "절충적으로" 사용할 수 없겠는가? 그러나 그때 신학은 그러한 통용되는 것들 각각을 사용하면서 신학에도 권위적이 되려는 규정을 앞서 승인해 주는 셈이 되어 버린다. 아니다. 오히려 신학은 대상으로부터 즉 하나님의 말씀(로고스)으로부터 주어지는 논리, 변증법, 수사학을 질문해야 한다. 즉 신학은 다음을 감행해야 한다. 각각 일반적이라고 받아들여지는 척도들이 모인, 그리고 자기가 상상력, 사고, 진술에 대한 다소 올바른 척도라고 축제적으로 진술하는 것들이 모인 장소의 울타리를 신학은 자신의 고유한 길을 걸으며 뚫고 나아가야 한다. 시대정신에 굴복할 때, 신학의 진보와 개선은 기대될 수 없다. 오히려 시대정신 앞에서도 기쁨의 결단을 하면서, 고양된 결단에 따라 신학 자체의 법칙을 따르는 앎으로 나아갈 때, 진보와 개선은 기대될 수 있다. 우리는 첫 강의에서 신학의 특성 중 하나로 **자유로운** 학문을 말했다. 신학은 인간적 인지력, 판단력, 언어 능력을—모든 정통주의와는 반대로 또 모든 현대적 신정통주의와도 반대로—어떤 전제된 인식론의 조건 없이 다만 순종 안에서 사용한다는 점에서 자신의 자유를 예증한다. 이때 순종은 신학의 대상이 즉 살아 계신 예수 그리스도 안에서 그리고 살아 계신 성령의 생명력 안에서 살아 계신 하나님께서 지금 여기서 신학에게 요청하시는 것이다. 비이성적인 것, 게으르고 떠도는 사고, 예를 들어 "불합리하기 때문에 나는 믿는다"는 식의 불합리성에 대한 왜곡된 욕망 등은 신학의 대상에 가장 합당치 않은 것이며, 신학에 허용될 수 없는 것들이다. 오히려 그와는 반대로 신학자는 아무리 이성을 갖추고 증명하고 밖으로 드러내어도 충분하지 않다. 그러나 신학의 대상은 신학자의 이성의 권리를 취해 가시는 고유한 방법을 갖고 계신데, 그것은 우리에게 익숙한 것일 수도 있지만, 간혹 대단히 이상하게 보이는 방법일 수도 있다. 어떻든 하나님께서 작은 신학자들을 돌아보셔야 할 의무는 없다. 오히려 신학자들이 그분을 향해야 할 의무가 있다. 신학자의 신학적 통각Apperzeption 보다 앞서시는 대상의 우선성은 진정한 신학적 앎, 즉 '믿음의 지성'에 대한 둘째의 중요한 기준이다.

3. 신학의 대상은—임마누엘 역사 그리고 그 역사에 대한 성서적 증거 안에 있는 하나님의 사역과 말씀은—특정한 **높낮이**Gefälle, 낙차, 다시 말해 특정한 우위와 경향 안에서 거꾸로 될 수 없는 **방향**을 갖는다. 신학자는 자신의 앎 즉 믿음의 지성 안에서 그러한 높낮이를 허용해야 하는 의무를 얻었고 그렇게 할 수 있는 자유와 부르심을 받았다. 이제 하나님의 행동과 말씀하심 안에서, 그리고 그에 상응하는 구약과 신약의 본문들 안에서 (다만 겉으로 볼 때만 동등하게 나란히 배치되는 것처럼 보이면서!) **이중적인 것**이 문제가 된다. 그것은 행동의 능력으로 인간에게 말씀된 신적 '예 그리고 아니오'라고 표현될 수 있다. 혹은 인간을 일으켜 세우는 복음 그리고 그를 바르게 징계하는 율법, 혹은 인간에게 향해진 은혜 그리고 인간을 위협하는 심판, 혹은 인간을 구원하는 생명 그리고 인간이 빠져 있는 죽음이라고 말해질 수도 있다. 하나님의 말씀 그리고 그것을 증거하는 성서의 말씀을 신뢰할 때, 신학자는 양자 모두를, 즉 저 빛과 이 그림자를 함께 보고 함께 숙고하고 언어로 함께 표현해야 한다. 그러나 바로 그 신뢰 안에서 신학자는 다음의 높낮이를 오인하거나 부정하거나 침묵해서는 안 된다. 양자의 계기들 사이의 관계는 대칭되는 방향으로 동일하게 반복되는 시계추의 궤

적이 아니며, 두 개의 같은 무게가 놓여 어느 한쪽으로 결정되지 않고 흔들거리는 접시저울이 아니다. 오히려 양자의 관계에는 우선적인 것과 나중의 것이 있으며, 위와 아래, 많은 것과 적은 것이 존재한다. 인간이 그곳에서 날카롭고 소멸시키는 신적 '아니오'를 듣는다는 사실에 오해의 소지가 없는 것처럼, 그 '아니오'가 다만 인간에 대한 하나님의 창조적·화해적·구원적 '예' 안에 포괄된다는 사실에도 오해의 소지가 없다. 그곳에서 인간을 속박하는 율법이 수립되고 선언되는 것은 확실하지만, 그러나 그 율법이 계약의 율법 즉 복음의 형태로서 신적 효력과 신적 속박의 능력을 갖는 것도 확실하다. 그곳에서 의심의 여지 없이 심판이 내려지고 수행되지만, 마찬가지로 의심의 여지 없이 바로 그 심판 안에는—우리는 골고다 십자가에서 일어난 그 심판의 결정적인 완결을 생각해야 한다—또한 화해의 은혜가 행사된다. 그곳에서 죽음이 모든 인간적 시작과 마침의 최종 경계선처럼 보이는 것은 간과할 수 없지만, 그러나 그 죽음의 의미와 목적으로서의 인간의 영원한 생명도 또한 간과할 수 없다. 그러므로 그곳에는 어떤 상호보완이나 병존도 없다. 그곳에는 평형이 아니라, 오히려 고도의 비평형 상태가 존재한다. 여기저기에 있는 바로 이러한 비평형 상태 안에서 신학은 저 '이중적인 것'을 바르게 평가해야 한다. 신학이 하나님께서 원하시고 행하시고 말씀하시는 것을 어떤 승리주의적인 '예'로 환원시켜 버리지 않으려면, 신학은 다음을 이미 끝난 일로 덮어 두어서는 안 된다. 즉 하나님의 '예'는 하나님의 '아니오'와 동일한 가치와 무게로 대면할 수 없으며, 하물며 그분의 '아니오'가 '예'보다 앞서거나, '아니오' 안에서 '예'가 사라지는 일은 더욱 있을 수 없다. 짧게 말해 신학은 어둠의 그림자를 빛 안에 집어넣는 것이 아니라, 빛이 어둠 속에 비치게 해야 한다. 신학자에게 로마서 7장이 로마서 8장보다 더 친숙하고 더 중요하고 더 사랑받는 일은 공개적으로도 비밀리에도 일어나서는 안 된다. 마찬가지로 지옥이 천국보다 더 불가결하고 흥미로운 것이 되는 일도 있어서는 안 된다. 그리고 교회사 안의 죄와 잘못과 범죄들, 즉 스콜라주의자와 신비주의자들이, 개혁자들과 교황주의자들이, 루터주의자들과 개혁주의자들이, 합리주의자들과 경건주의자들이, 정통주의자들과 자유주의자들이 저지른 것들에 대한 강조가─물론 우리는 그 잘못을 간과하거나 침묵해서는 안 되지만─우리 모두에 대한 죄의 용서보다 더 긴급하게 제시되어서도 안 된다. 우리에게는 (그들 모두와 마찬가지로 또한 우리 모두에게도 꼭 필요하고 또 약속되어 있는) 죄의 용서의 빛에서 그 잘못들을 보고 이해하는 과제가 더 긴급하다. 또 의의 태양보다 세상의 자녀들의 하나님 없음이 신학자를 더욱 자극해서도 안 된다. 의의 태양은 신학자와 세상의 자녀들 모두 위에 이미 떠올라 있기 때문이다. 우리는 첫 강의에서 신학이 **기쁨의** 학문이라고 말했다. 그런데 공공연하게 슬픔에 잠기거나, 영원히 염려만 하거나, 혹은 화난 얼굴로 여기저기 돌아다니는 것은 아니라고 해도 언제나 비판적인 유보와 부정에 빠져드는 신학자들이 왜 그렇게도 많은가? 그것은 그러한 신학자들이 진정한 신학적 앎의 바로 이 셋째 기준을 존중하지 않기 때문이며, 양자를 동일한 무게의 균형 안에 넣거나 혹은 그 순서를 거꾸로 만들려고 하기 때문이다. 그 기준은 신학의 대상의 내적 경륜 *Oekonomie*이며, 하나님의 '예'의 '아니오'에 대한, 복음의 율법에 대한, 은혜의 심판에 대한, 삶의 죽음에 대한 '우위'다. 그렇게 해서 그러한 신학자들이 저 늙은 루소J. J. Rousseau의 슬픈 이웃이 되거나 혹은 증오로 세상에 눈감은 불행한 사람을 묘사하는 괴테의 「겨울의 하르츠¹ 여행」에—"사랑의 아버지"께서 그 사람을 위로해 주시기를 간구하면서—기념비를 세워 바치는 일은 얼마나 안타깝고 놀라운가? 신학자는 마땅히 그리고 반드시, 피상적으로가 아니라 가장 깊은 내면에서 언제나 기뻐하는^{vergnügt} 사람이어야 한다. "기뻐한다"는 것은 이 옛말의 좋은 의미에 따르면 만족^{Genügen}을 발견했다는 뜻이다. "너의 생명의 하나님 안에서 만족하고 잠잠하라!"[2] 만일 하나님 안에서 만족하지 못한다면, 그는 공동체 안에서 그리고 세상 안에서는 어떻게 할 것인가? 그때 그는 어떻게 신학자로서 존재할 수 있겠는가? 공동체가 타락한 더미에 불과하다는 것을 물론 공동체도 잘 알지만, 그러나 또한 그 공동체가 하나님께서 사랑하시고 선택하신 백성이며 그러한 모습 그대로 하나님을 찬양하도록 부르심을 받고 있다는 사실은 충분히 알지 못하는 경우가 많다. 물론 세상도 세상이 악에 빠져 있다는 것을 (아무리 자신을 속이려고 해도) 잘 알고 있지만, 그러나 세상 자신이 모든 면에서 하나님의 선하신 손 안에서 유지되고 있다는 것은 잘 알지 못하는 경우가 많다. 믿음의 지성으로서의 신학자의 앎이 신학의 대상에 의해 주어지는 이 높낮이 질서 안에서 진행될 때, 신학자는 만족을 발견할 것이며, 기뻐하는 사람이 될 것이며, 공동체와 세상 안에 기쁨을 전하는 사람이 될 것이다.

09

믿음

우리는 무엇이 신학자를 신학자로 만드는가 하는 질문에 대답하면서 이제 이 지점에 도착했다. 지금까지 말했던 중요한 모든 것을 올바로 이해하기 위해, 여기서 잠시 멈춰서 지금까지와는 전혀 다른 한방향을 바라보아야 한다. 신학의 대상에 근거되어 있고 그 대상으로부터 출발해서 신학에 몰두하는 사람을 엄습했던 것은 놀람, 당황, 의무였다. 이 중요한 주제들이 잘했던 못했던 구체적으로 설명되고 이해되었다. 그런데 이처럼 중대한 결과를 초래하는 그 엄습의 사건은 어떻게 해서 그렇게 되는가? 어떤 한 사람이 그곳에서 놀라움에 사로잡히고 마주쳐 당황하게 되고 의무를 지는 사람이 되었고, 지금 그런 사람이고, 또다시 새롭게 그렇게 되는 일은 어떻게 해서 그렇게 되는가? 이 문제를 바로 앞 강의의 주제와 연결해서 생각해 보자. 지난 강의에서 우리가 이해해야 했던 것은 인식의 특수성[방법론]이었는데, 신학자는 그것에 의무를 지며, 그것을 향해 자유롭게 되고 또 부르심을 받는다. 그런데 어떤 사람이 그 특수한 질서[방법론]를 인식할 의무를 현실적·활동적으로 수용하는 일, 그래서 신학의 대상이 그에게 지시하는 도상에서 **운동**하게 되는 일은 어떻게 그에게 **발생**하는가? 그것은 어떤 사건인가? 우리는 그곳에서부터 계속 소급해서 질문할 수 있다. 어떻게 한 인간은 그 대상에 의해 심각하게 당황한 사람이 되는가? 어떻게 그는 그 대상에 의해 진지한 놀라움에 사로잡힌 사람이 되는가? 바로 이 현상의 **근원**은 무엇인가?

여기서 우리는 분명히 5강[성령]과 비슷한—근본적으로는 동일한—상황 안에 있다. 거기서 우리는 앞선 (2강 하나님의 말씀, 3강 그 말씀의 성서적 증인들, 4강 그 증거를 통해 근거된 하나님 백성으로서의 공동체에 관한) 명제들의 **무전제성**을 인정해야 했다. 여기서 우리는 다시 한 번 문제의 중심에 근거된 난제 Aporie 앞에 선다. 이 난제를 우리는 간과할 수 없고, 가볍게 취급할 수도 없다. 또 어떤 논증을 통해서 더 나아가 어떤 기계적인 신 deus ex machina 을 도입해 그 난제를 제거하려고 시도해서도 안 된다. 여기서 아무것도 전제되어서는 안 된다. 다섯째 강의에서는 어떤 체계도 형성하지 않는 요소만 허용되고 제공될 수 있었다. 또 그곳에서 하나님의 말씀의 비밀은 오직 자유로운 **영**의 비밀이었으며, 그 비밀 안에서 예언자들과 사도들이 하나님의 말씀을 인지하고 증거했고, 하나님의 말씀은 공동체를 근거, 유지, 통치한다고 생각되었다. 마찬가지로 여기서도 우리는 어떤 체계를 취하려는 모든 시도를 포기해야 하며, 오직 저 **사건**만을 가리켜야 한다. 그 사건은 신학자적 실존이 신적 그리고 인간적 자유 안에서 무전제적이고 파악될 수 없이 또 설명될 수 없이—그러나 어쨌든 서술될 수는 있으면서—**발생**하는 사건이다. 즉 신학의 대상이 어떤 사람을 취하고 놀라게 하고 당황하게 만들고 의무를 부과함으로써, 그가 실제로 신학자로서 살고 연구하고 사고하고 읽고 실존할 수 있도록 만든다. 바로 이 사건이 **믿음**이다. 대단히 보잘것없는 사람의 대단히 적은 양의 믿음이다.

구개신교주의 그리고 특별히 신개신교주의 안에서 과도하게 혹사되어 온 **믿음**이라는 개념에 우선 몇 가지가 제한되어야 한다.

(1) "믿음"은 한 사람이 어떤 확실한 인간적 지식이라고 여기는 것에 근접해서, 그곳에서 어떤 추측 혹은 견해에 여지를 부여하고 명제를 세우고 확률 값을 얻고, 그다음에 신학의 대상을 자신이 추측한 것, 명제화한 것, 혹은 얻어 낸 확률 값과 동일시하며, 그 의미에서 그 대상을 긍정하는 사건이 아니다. 그렇게 이해된 어떤 "믿음"은 우리의 맥락에서는 지시할 가치가 없는 조야한 사건에 불과하다. 물론 그런 식으로 생각하는 사람이 없지는 않겠지만, 그것이 신학자를 신학자로 만드는 믿음이라고 생각되어서는 안 된다. 왜냐하면 한 인간을 우리가 서술했던 의미에서 놀라움에 사로잡히게 하고 당황하게 하고 의무를 부과하는 그 신학적 대상은 그 누구에 의해서도 진술되거나 추측되거나 명제화될 수 없기 때문이다. 그러므로 그 대상에 대한 믿음은 가설적이거나 문제성 있는 지식일 수 없으며, 오히려 본래적으로 가장 강력하고 가장 엄격하고 가장 확실한 앎이다. 이 앎에 비교한다면 확실한 인간적 지식이라고 대략 추정되는 모든 것은, 어쩌면 쓸모가 있을 수도 있겠지만 그러나 근본적으로는 문제가 있는 가설 정도에 그친다.

(2) 믿음에 대한 다음 이해도 조야하기는 마찬가지다. 어떤 사람이 일단 다른 사람들에게서, 예를 들어 자신에게 모범이 되는 크고 작

은 하나님의 말씀의 증인들에게서, 혹은 교회의 교리와 신조에서, 혹은 성경에서, 신학의 대상에 관계되는 특정한 명제들과 교리들을 듣거나 읽는다. 그다음에 그 사람은 그 다른 사람들이 알았던 것으로 보이는 것을 이제는 마치 **자기 스스로** 아는 것처럼 (실제로 그는 인식하지 못하고 있다) 행동한다. 그렇게 하면서 그는 그 명제들과 교리들의 권위를 참된 것으로 간주하고 자기 것으로 만들려고 시도한다. 이러한 행위는 바른 믿음일 수 없다. 이것은 20세기 초에 빌헬름 헤르만이 지치지 않고 관용 없이 그리고 청중들을 잊을 수 없도록 만들면서 공개적으로 정죄했던 잘못된 사고방식이다. 헤르만은 그것이 모든 죄 중에서 가장 용서받을 수 없는 죄라고 정죄했다. 그것은 확실히 진리 질문으로부터의 태만한 도피다. 그러한 맹목적 신앙의 결단과 행동은 "지성을 **찾는** 믿음"이 아니라 지성을 **희생시키는** 믿음의 모양이며, 신앙이 아니라 불신앙의 냄새를 풍긴다. 어떤 암묵적 믿음*fides implicita*이라는 것은 경멸적 사태에 대한 경멸적 개념에 불과하며, 절대로 믿음이라는 이름으로 장식되어서는 안 된다. 그곳에서 일어나는, 놀이카드로 만들어진 빈약한 집이 세워지고 그 아래 그리스도인과 신학자가 깔리게 되는 일은 그 누구에게도 추천될 만하지 않다.

[3] 믿음에 대한 다음 이해는 조야한 것이 아니라, 오히려 거꾸로 대단히 훌륭하다고 착각되는 것이 문제다. 어떤 사람은 앞에서의 조야함을 뒤로 던져 버리면서, 자신의 약간의 믿음 안에서 (성례전적 확신은 있거나 혹은 없으면서) 성육신 혹은—그것의 예쁜 소형판으로서—예수의 믿음이 현재하고 실현되는 사건을 직접 체험하고 성취한다는 공상에 빠지기도 한다. 계속해서 그 사람은 자신의 삶 안에 신성을 등장시

커야 하며, 경우에 따라서는 '우리 안에 신성을 창조하는 믿음'1을 창조해야 한다고 또 할 수 있다고 착각하기도 한다. 이렇게 참칭하는 믿음은 약간만 변경시킨다면 경건한 힌두교적 믿음에 줄을 설 수 있을 것이지만, 그러나 그리스도교적 믿음이라고는 이야기될 수 없다. 그리스도교적 믿음은 믿는 대상과의 **만남** 안에서 그리고 그것에 연결되어 믿는 자들의 공동체 안에서 사건으로 발생하며, 믿음과 믿음의 대상을 동일시할 때에는 발생할 수 없다.

[4] 신학의 본래적 대상을 추방해 버린 뒤 믿음을 존재적 중심개념으로 삼고, 마치 믿음이 참된 구원 사건인 것처럼 그것을 신학적 주제로 격상시키는 것도 바람직한 흐름이 아니었다. 이 노선은 19세기 신개신교주의 안에서 폭넓게 진행된 것으로 '신앙학'Pisteologie이라는 신학이었는데, 그리스도교적 믿음에 관한 학문 혹은 학설이라고 이해되었다. 이 신학은 성서와 교회사 안에서 결정적으로 오직 믿음의 증거 그리고 때로는 믿음의 영웅들만을 질문하려고 하며, 하나님의 사역과 말씀에 관한 모든 내용들을 오직 믿음의 사고와 믿음의 진술로 수용하거나 혹은 그렇게 해석하려고 했다. 그리고 이러한 취급 범위를 벗어나는 것에 대해서는 침묵하거나 혹은 대놓고 실격 선언하고 삭제했다. 마치 교회의 신조Credo 안에서 '나는 믿는다'credo가 [믿음의 대상인 성부 성자 성령보다 앞서는] 본래적 신앙고백인 것처럼! 마치 우리가 아버지, 아들, 성령 하나님 대신 어떤 다른 고귀한 단어들에 의해 스스로를 표현하는 교회적 믿음을, 그리고 최종적으로는 자신의 고유한 믿음 즉 바로 그 인간 자체를 믿고 고백해야 하는 것처럼! (모차르트의 미사곡 중에서 유감스럽게도 사도신경의 세 가지 고백을 모두 credo로 계

속 반복해서 'Credo 미사곡'이라고 널리 알려진 곡이 있는데, 이 곡이 그러한 오해를 불러일으킬 수 있다.) 믿음은 물론 신학에 없어서는 안 되는 필수 조건이지만, 그러나 믿음이—어떻게 그럴 수 있는가?—신학적 학문의 대상이나 주제는 아니다. 신학의 참된 대상은 물론 믿음을 **요청**하시지 만, 믿음이 믿음의 사고와 믿음의 진술들 안으로 스스로 용해되는 시 도는 허락하지 않으신다. 이것을 인정하지 않으려는 사람은 신학 작업 이 그때 그에게 반드시 가져다주게 될 고된 수고에 놀라지 말아야 할 것이다.

믿음은 신학에 없어서는 안 되는 필수조건$^{conditio\ sine\ qua\ non}$이다! 또 는 이렇게 말할 수도 있다. 믿음의 사건이 없다면, 한 인간은 그에게 본래적으로 있을 수 있는 다른 모든 좋은 가능성과 속성들에도 불구하 고 어쨌든 그리스도인은 될 수가 없고, 그래서 또한 신학자가 될 수 없 으며 신학자로서 존재할 수도 없다. 믿음은 그런 사건, 그런 역사다. 신학적 실존의 이러한 뿌리에 대해 우리는 지난 세 번의 강의에서 사 실성에 의해^{faktisch} 논의했다. 그러나 우리는 저 놀람, 당황, 의무를 말 할 때, 아직은 **사건** 발생의 형식으로는 말할 수 없었다! 그럼에도 불 구하고 우리는 거기서 논의할 때 특정한 놀람, 특정한 당황, 특정한 의 무라는 사건적 특수성을 도무지 감출 수 없었다. 그리스도교적 그리고 신학적 실존에 바로 그 특수한 구성적 사건이 바로 **믿음**이다. 믿음의 사건 안에서 신학자를 신학자로 만드는 [바로 나에게 구체적으로 닥 쳐 오는] 특정한 놀람, 특정한 당황, 특정한 의무는 유사한 다른 것으 로부터 구분된다. 다른 것들은 사람들이 마찬가지로 놀람, 당황, 의무 라고 부를 수 있다고, 나름대로 중요하고 또 고려될 가치가 있다고 생각하는 일반 사건들이다. 그러나 믿음의 사건에서는 정말로 현실적인 어떤 것이 일어나며 진행되며 발생한다는 것이 중요하다! 즉 하나님의 말씀이 그 말씀 자체에 고유하게 속하는 성령의 살아 있는 권능 안에서, 오직 그 말씀 자체에만 속하는 주권성 안에서 많은 사람 중 특정한 한 인간을 자유롭게 만드신다. 그래서 많은 사람 중 한 인간이 다음과 같이 자유롭게 되며 계속 자유롭게 된 자로서 존재할 수 있게 된다. 그는 바로 그 말씀을 세상을 위한, 공동체를 위한, 그리고 마지막으로 그 자신을 위한 말씀으로 긍정하며, 그 말씀이 철저한 신뢰와 도움을 주고 또 구속력이 있고 논쟁의 여지 없이 유효하다고 자유롭게 **긍정**할 수 있게 된다. 그리고 세상과 자기 백성과 또 그 한 개인을 사랑하시는 하나님의 진술들을 기쁨과 함께 전적으로 신뢰하고 무조건적으로 순종할 수 있게 된다. 이것을 자기 자신의 힘으로 행하는 자는 없다. 이것을 행할 수 있는 것은 한 사람이 하나님의 영적 권능의 말씀에 압도되고, 하나님에 의해 그러한 행동으로 깨워지고 새롭게 창조될 때뿐이다. 그러므로 그 행동은 하나님의 자유로우신 말씀에 자신의 기원을 두며, 바로 그 말씀을 향하면서 진정으로 자유롭게 그 인간의 **고유한** eigen 행동이 된다. 그의 안에 계신 하나님께서 행하시는 것이 아니라, 이제는 바로 그가, 그 보잘것없는 인간 자신이 하나님에 의해, 그 행동으로 부르심을 받고 능력을 얻으면서 긍정하고 신뢰하고 순종한다. 그러므로 그때 그가 어떤 열광주의에 도취되어 행동한다는 상상은 배제되어야 한다. 아니다. 그때 그는 인간으로서 행동하며, 일상의 인간적 정신 안에서 인간적 이성, 인간적 의지, 또 인간적 감정 등을 사용하면서 (물론 그의 인간적 상상력도 잊지는 않으면서!) 행동한다. 그는 인간적으로 규정되고 제약되지만, 그럼에도 불구하고 **자유로운** 인간이다. 그

는 과거의 존재 그대로 있는 것이 아니다. 사역과 함께 말해지는 하나
님의 말씀이 그를 만나시면서, 그는 자유로운 인간으로 **변화**했다. 지
금 그는 단순히 존재하는 것이 아니라, 언제나 새롭게 자유로운 인간
이 될 수 있다. 왜냐하면 그 대상이 그를 다시 만나 그의 긍정, 신뢰,
순종을 언제나 또다시 가능하게 만드시고, 그것을 계속 찾고 요청하
시기 때문이다. 어떤 사람에게 이 일이 발생하고 그 사람이 그것을 행
할 때, '그는 믿는다'라고 말할 수 있다. 그리고 이 사건 자체는 공개된
사건이며 그 행동 자체는 앎의 행동이기 때문에, 믿음은 본래적으로—
바로 이것이 '믿음의 지성'이다—믿음의 근원과 동일한 믿음의 대상의 앎
Erkennen을 자신 안에 갖고 있다. 믿음은 바로 그 근원 및 대상 안에서
믿음의 구체적 윤곽을 갖춘 **내용**을 얻고 소유한다. 다시 말해 믿음은
하나님과 인간에 대한 지식Wissen이 되며, 하나님과 인간 사이의 계약
의 지식 즉 예수 그리스도의 지식이 된다. 물론 그것은 단순히 지성주
의적intellektual이기만 한 지식은 아니다. 오히려 그 지식은—우리는 여기
서 신학적 관점에서 바로 이 점에 특별한 관심을 갖는다—또한 지성주의적
이기도 한 지식, 즉 개념으로 성취되고 언어로도 표현되는 지식이다.
믿음은 '지성을 찾는 신앙'fides quaerens intellectum으로서 물론 겸손해야 하
지만, 그러나 또한 진리 질문을 계속 추구하는 믿음이어야 한다. 그래
서 믿음은 언제나 새롭게 사건으로 발생한다. 신학의 대상이 한 사람
을 취하시며, 그가 신학적으로 인식, 연구, 사고, 진술할 수 있도록 만
드시는 사건은 그와 같이 파악될 수 없고 또 이해될 수 없이 발생한다.
(6강에서 '신학적 실존 그 자체의 기적'이라고 말했던 것을 생각해 보라.) 그
러나 믿음의 사건은 이전에 듣지 못하고 보지 못하고 말하지 못했던
사람의 치유 사건이며, 그것에는 들음, 봄, 말함의 사건이 언제나 뒤따

른다. 이제 몇 가지가 특별히 강조되어야 한다.

1. 우리는 신학자가 되고 신학자로 살아가기 위해서 **믿어야** 한다는 표현을 자주 듣는다. 물론 한 사람이 믿음을 향해 자유롭게 된 자가 아니라면, 그는 신학적으로 들을 수 없고 신학적으로 볼 수 없고 신학적으로 말할 수 없으며, 모든 신학 과목들 안에서 감출 수 없는 부적합성을 만천하에 공개할 뿐이다. 그러나 이제 그는—믿음을 향해 이미 자유롭게 되었으며—자유롭게 믿는 자로서 현실적으로 이미 믿을 수 있다. 그렇기 때문에 그가 반드시 믿어야 한다는glauben müsse 표현은 부적절하다. 프리드리히 폰 실러Friedrich von Schiller도 여기서 걸려 넘어졌다. "너는 반드시 믿어야 하며 감행해야만 한다. 왜냐하면 신들은 어떤 증거물도 주지 않기 때문이다."[2] 이것은 모든 점에서 이교적 믿음에는 적용될지 모르겠지만, 그리스도교적 믿음에는 적용될 수 없는 지혜다. 그 첫째 이유는 믿음은 사탄이 성전 꼭대기에서 주님께 요구했던 것과 같은 어떤 무모한 모험Wagnis이 아니라, 오히려 확고하고 확실한 약속을 용감하게 그러나 냉철한 정신으로 붙잡는 것Ergreifen이기 때문이다. 둘째 이유는 이 '붙잡음'이 성령의 현재와 행하심 없이는 일어날 수 없기 때문이다. (사도 바울에 따르면 그러하다.) 성령은 인간을 믿음을 향해 자유롭게 하시는 분이시며, 대단히 현실적인 **증거**가 되시는 분이시다. 마지막 이유는 그 '붙잡음'은 강제된 것이 결코 아니며, 오히려 하나님께서 인간에게 **허락하신** 행동이기 때문이다. 붙잡음의 행동인 믿음은 하나님께서 인간에게 제시하신 은혜에 저절로 이어지는, 인간 편에서 약간 감사하는 자발적 응답일 뿐이다. 그것은 꽃봉오리가 꽃으로 피어나 햇빛을 바라보는 자연스러운 과정과도 같고, 또 어떤 재미있는 것

을 보여주었을 때 반응하는 아기의 웃음과도 같다.

2. 믿음은―아침마다 새로워지는!―역사다. 믿음은 어떤 상태 혹은 속성이 아니다. 그러므로 믿음은 소위 '깊은 신앙심'^{Gläubigkeit}과 혼동되어서는 안 된다. 물론 믿음에는 온갖 종류의 신앙심이 뒤따라올 수 있다. 또 어떤 〔잘못된〕 믿음은 우리가 차라리 "검열"이라고 부르는 편이 더 나은 경우도 있다. 예를 들어 예수의 동정녀 탄생 혹은 지옥으로 내려가심, 육신의 부활, 빈 무덤, 니케아의 삼위일체 교리, 칼케돈의 그리스도론, 또 성령에 대한 신앙고백 안에 교회를 포함시키는 것 등에 대해서 깜짝 놀라 말문이 막혀 성급하게 비신화화로 날아가는 사람과는 달리, 그중 이러저러한 항목들을 무시하거나 삭제할 경우에 우리가 믿는다고 생각하는 것이 정말로 복음의 하나님일 수 있을지를 진지하게 질문하려는 검열을 뜻한다. 그러한 경우에 우리가 믿는 것은 정말로 전혀 다른 어떤 신이 될 수도 있다. 어떻든 깊은 신앙심이란 위의 모든 혹은 그와 비슷한 항목들에 있어서 아직 믿음은 아니다. 믿음은 어떤 것을 믿는 것^{credere quod}이 아니라, 우리가 간과할 수 없는 사도신경의 표현에 따르면, 오히려 어떤 것 **안에서** 믿는 것^{credere in}이다. 즉 우리는 아버지와 아들과 성령이신 복음의 하나님 안에서 하나님을 믿는다. 이제 그 하나님을 믿는 사람은 위에서 나열된 긴 항목들 그리고 더 많은 다른 것들과 불가피하게 마주치지 않을 수 없다. 그러나 중요한 것은 그 각각의 항목에 대한 소위 "깊은 신앙심"이 아니다. 오히려 중요한 것은 그 모든 서술어들의 주체이신 그분을, 바로 하나님 자신을 믿는 것이다. 바로 이 믿음은―'지성을 찾는 신앙'에 의해―매일 아침 새롭게 발생할 수 있다.

3. 신학자에게 불가결한 믿음의 진정성과 생산력의 기준은 그것이 특별히 강하고 깊은, 불타는 믿음인가 아닌가의 문제가 아니다. 믿음이 대단히 약하고 가냘프고 여러 인생사의 바람결에 깜박거린다고 해도, 문제의 핵심에는 아무런 영향도 없다. 복음에 따르면 볼품없는 겨자씨 한 알의 믿음이 산을 옮기기에 충분하다. 그러므로 그런 약한 믿음도 열매 맺는 하나님 인식과 신학을 가능하게 하고 또 작동시키기에 충분한 것이다. 한 사람이 신학적으로 실존하면서 강한 인식 능력을 갖게 되는 것은 그가 약간의 믿음을 갖는 것으로도 충분하다. 물론 믿음 자체는 아무것도 행하지 못한다. 오직 믿음은 저 대상을 향해야 하며, 언제나 또다시 향해져야 한다. 그는 **바로 그 대상**을 믿도록 자유롭게 되었고, 그래서 지금 자유 안에 있다.

4. "메시지는 잘 들었다. 다만 내게는 믿음이 **없다!**"(괴테) 맞다. 믿음이 부족하지 않은 사람이 어디 있겠는가? 누가 그렇게 쉽게 믿을 수 있겠는가? 믿음을 "가지고 있다"고, 그래서 자기에게는 믿음이 없지 않으며 자기에게는 믿는 것이 **"가능하다"**고 단언하는 사람은 오히려 믿지 않고 있는 사람일 가능성이 높다. 정말로 믿는 사람은 "나 자신의 이성과 힘으로는" 믿을 수 없다는 것을 잘 알고 또 고백한다. 그는 성령의 부르심과 조명에 의해 자기 자신은 이해하지 못하면서, 그래서 자기 자신에 대해서 최고로 놀라면서, 또한 그 자신 안에서 지속적으로 진행되고 고개를 쳐드는 불신앙과 직면하면서, 다만 그 '믿는다는 것'을 **행할** 뿐이다. 그는 "나는 믿는다"를 오직 "주여, 믿음 없는 나를 도와주소서!"의 간구와 함께 말할 뿐이다. 그러므로 그는 믿음을 가지고 있다고 말하지 않으며, 오히려 광야의 이스라엘 사람들처럼 매

일 아침 새롭게 믿음을 얻게 되기를 희망한다. 그는 매일 아침 새롭게 믿음을 받으며, 그것을 새롭게 활동시킨다. 그러므로 믿음과 믿음의 사건이 어떤 사람의 실존 영역에 속하는가? 하는 것은 경솔한 질문이다. 믿음이 사건으로 발생하는 것은 어떤 사람의 영역에도 속하지 않는다. 오히려 진지한 질문은 다음과 같다. 어떤 사람이 자신의 영역에서 발생한 하나님의 사역 그리고 말해진 하나님의 말씀을 향해, 또한 자신의 영역 안에서도 살아 계신 성령의 권능을 향해 마주 세워졌을 때, 과연 그는 저 어리석은 "다만 내게는 믿음이 없다"는 말을 계속 고집할 수 있는가? 오히려 그는 그 자신의 불신앙을 가지고 그렇게 놀이 하는 일을 그만두고, 그에게 이미 주어져서 그가 잘 알고 있는 자유 안에서 살아가지 않겠는가? 그는 마지못해서가 아니라, 오히려 충분한 능력을 가졌기 때문에 '믿음의 지성'이 되며, 또 학문적 신학의 동역자가 되지 않겠는가? 살아 계신 하나님에 의해 현실적 효력이 발생하는 놀라움에 사로잡히고, 당황스런 마주침으로 인도되고, 의무를 지게 된 그는 이제 신학 작업에 적합한 사람이 아니겠는가?

III

신학의 위기

10

고독

우리는 제III부에 도착했다. 이제 어느 정도 어두운 장면이 불가피하다. 저 큰 **위협**의 숙고도 '개신교신학 입문'에 속하기 때문이다. 우리가 그 위협들을 불필요하게 극적으로 묘사할 필요는 없지만, 그러나 공개적으로 사려 깊게 숙고해야 한다. 신학 작업은 시초부터 그리고 진행되는 모든 부분과 세부사항 안에서 그 위협에 노출되어 있다. 우리가 신학을 "기쁨에 찬 학문"이라고 말했을 때, 그 표현은 현실적인 신학적 실존과는 거의 일치하지 않는 긴장의 관계일 수밖에 없으며, 어떻든 도무지 자명하다고 보이지는 않는다. 이것에는 이유가 있다. 실제로 다음과 같은 많은 신학들이 있다. 그 신학들은 대단히 깊지는 않다고 해도 그래도 깊이 뿌리박힌 불안, 불확실성, 염려를 (매우 공을 들여서 그러나 대부분은 별로 성공하지도 못하면서) 자신의 중심에 감추려는 신학들이다. 그래서는 안 되지만 그 불안의 원인은 신학자의 인격에 놓여 있을 뿐만 아니라, 더 나아가 그 신학의 중심에 뿌리내린 경우가 많다. 신학은 한 인간이 뼈를 묻을 수 있는 좋은—아니 바르게 이해한다면 최고의—일이기는 하지만, 신학자가 대단히 심각한 **역경**Gedränge 속으로 내몰리게 된다는 사실은 부정되어서도 침묵되어서도 안 된다. 우리는, 파우스트 박사가 다른 많은 학문들을 공부하는 중에 "**유감스럽게도** 신학마저 뜨거운 열정으로 연구했다"고 탄식했을 때, 물론 섭섭하지만 그러나 그것을 진지하게 숙고해야 한다. 이제 신학에게 그리고 우리가 앞에서 마지막으로 확정했던 것처럼 놀라움에 사로잡힌, 마주쳐 당황하는, 의무를 지는, 믿음으로 부르심을 받는 신학자에게 **의문**Infragestellung이 밀려온다. 그 의문은 물론 절대적이지는 않지만, 그러나 상대적 속성 안에서도 대단히 날카로운 절단력을 갖는다. 그 의문으로부터 벗어나는 길이 없기 때문에 우리는 그것도 논의해야 한다. 이제 몇 가지 선택된 슬픔의 단조 안에서 논의를 시작하겠지만, 그러나 우리는 최종적으로는 부드럽고 아름답게 피어오르는 기쁨의 장조로 건너가지 않을 수 없을 것이다.

신학과 관계하는 사람은—이것이 오늘의 주제인데—즉시 그리고 언제나 또다시 불가피하게 **고독** 속으로 내몰린다. 이것은 대단히 주목할 만하고 또 악명 높게도 사람을 억압하는 것이다. "다른 사람들은 그저 넓고 붐비는 밝은 거리를 거닐도록 두어라!¹ 이것은 우리가 많이 따라 불렀던 노발리스Novalis의 옛 찬송가 가사인데, 이제는 신학에도 해당하는 표어가 되어 멋진 화음으로 울릴 수도 있다. 다만 전적으로 올바르다고는 할 수 없다. 왜냐하면 타고난 올빼미가 아닌 다음에야 누가 기꺼이 크나큰 무리 중의 한 사람이고 싶어 하지 않겠는가? 누가 일반적 무리의 직간접적인 인정과 참여를 누리면서 모두에게 혹은 가능한 한 많은 사람에게 빛을 밝히는 일을 하고 싶지 않겠는가? 그러나 신학자는 원칙적으로 자신의 중심 문제를 일종의 은둔 상태 Abgeschiedenheit에서 (누군가 '만리장성 뒤에 숨어서'라고 재빨리 말할 것 같나) 추구해야 한다. 이것은 세상 안에서만이 아니라 또한 교회 안에서도 그러하다. 다음 생각이 구체적 이해를 돕는다. 전통적인 신학 단과대학은 대부분의 종합대학에서 가장 멋지기는 하지만 모든 단과대학들 중에서 외관상 제일 작으며, 흔히 장소를 함께하는 자매 단과대학들에 의해 수적으로나 시설로나 어떻든 심각하게 외곽으로 밀려 그늘에 존재하곤 한다. 또 우리는 고독에 잠긴 **목사**라는 비장한 인물을 생각해 볼 수 있다. 그는 이방인처럼 혼자만의 길을 가야 하며, 옛적부터 사제직에 언제나 붙어 따라다니는 거룩한 후광 때문에 철저히 고립되며, 그의 마을 혹은 지역의 모든 사람들 중에서 잘해야 특별한 관계에 있는 대단히 적은 일부 사람들에게만 둘러싸이며, 그가 성서적 메시지를 해석하고 적용하려고 노력할 때, 바로 그 신학적 작업에서 공간적·정서적으로 너무 멀리 있지 않은 동료 한두 사람을 제외하고는 그를 도와줄 사람은 아무도 없다. 또 이런 것을 생각해 볼 수 있다. 설교와 가르침이—사람들이 들으려고 하고 또 들을 수 있다고 가정한다면—한 시간 동안 전하는 내용과 신문, 라디오, 텔레비전이 사람들을 강물처럼 끊임없이 세뇌시키는 내용은 이미 양적으로도 도무지 어울리지 않는 어색한 관계다. 그러나 이러한 것들은 신학적 관심사 그리고 신학적 과제와 노력이 **고립**되어 있다는 증상에 불과하다. 그 고립은 그것을 막아 보려는 모든 신학적 해석, 몸짓, 노력들에도 불구하고 (교회의 '공공성 요청'이라는 우스운 말에도 불구하고) 언제나 또다시 등장한다. 우리는 그 고립을 참고 견디려고 하지만, 품위를 지키면서 즐겁게 견디는 것은 쉬운 일만은 아니다.

그 인내가 쉽지 않고 오히려 어려운 이유는 우선 그 고립이 신학의 본질에 철두철미 어울리지 않는 것으로 보이고, 더 나아가 세간의 이목을 끌면서 신학의 본질과 모순되는 것으로 보이며, 그 본질로부터 멀리 떨어져서 경우에 따라서는 소위 공공성이 배제된 외진 곳에서 발생하는 것처럼 보이기 때문이다. 종교는 사적인 일일 수도 있다. 그러나 하나님의 사역과 말씀 곧 신학의 대상은 예수 그리스도 안에서 일어난 세상의 하나님과의 화해이며, 인류 전체 상황의 가장 극단적인 변혁이자, 모든 인간에게 관계되는 그 변혁의 계시다. 그러므로 계시는 의심의 여지 없이 가장 포괄적이며 일반적이어야 한다. 그곳에서 귓속말로 말해진 것은 이제 지붕 위에서 선포되어야 한다. 그러나 이제 우리는 이 '포괄적 일반성'을 거꾸로 말할 수 있다고 〔잘못〕 생각하고, 또 실제로 그렇게 말하지 않는가? 다시 말해 그 밖의 다른 인간적 학문들도 그런 고립된 신학을 자신의 곁에 갖는다는 것, 그것도 다만 구석에서 숨죽이고 있어야 하는 하녀로 자신의 곁에 둔다는 것은 그 일반 학문들의 본질에도 마찬가지로 상응하지 않는 일이 아닌가? 그리고 신학의 저 대상은 모든 학문에 대해 각각의 학문이 몰두하는 대상들의 본원성^{Originalität}과 권위성의 원형과 모범이 되어야 하지 않는가? 또 신학 안에서 통용되는 규정 곧 인간적 인식보다 선행하는 대상의 합리성의 선행규정은 다른 학문들의 사고와 진술의 원형과 모범이 되어야 하지 않는가? 다른 학문들 사이에서의 신학의 특수성은 이제 다음과 같이 이해되어야 하지 않는가? 즉 저 다른 학문들이 이 문제에서 실패한다고 보이는 곳에서 신학은 어떻든 실패해서는 안 되기 때문에, 말하자면 응급조치자로서 타 학문들을 위해 그곳에 뛰어들어야 하지 않는가? 그렇게 할 때, 근본적으로 모든 학문이 그 자체로서 신학인 셈이 되고, 그래서 한 특수한 학문으로서의 신학은 불필요해지지 않는가? 이제 저 고립된 신학적 실존이란, 그 실존의 특수성 자체란, (신학의 본질과 마찬가지로 또한 나른 학문들의 본실에서 볼 때에도) 최초 및 최종 근거에서 비정상적인 사실성이라고 이해되어야 하지 않겠는가? 그렇다면 우리 시대에 폴 틸리히Paul Tillich가 대단히 인상적으로 착수했던 시도 중에서 그 의도만큼은 이해될 수 있는 것이 아니겠는가? 그것은 신학을 철학으로 대표되는 타 학문들과 더 나아가 문화 그 자체와 연결하고, 거꾸로 문화, 철학, 타 학문들을 신학과 연결하려는 시도였다. 틸리히는 양자를 질문과 대답의 끊을 수 없는 상관관계 안에서 **통합**하려고 했으며, 타율과 자율이라는 이원성을 신율神律, theonom이라는 사고의 단일성 안으로 지양시키려고 했다. 그와 같은 철학자가 또한 신학자도 되고 싶어 했다니! 그러나 틸리히는 그것이 가능하다고 생각했다. 그리고 더 나아가 신학자도 또한 철학자가 되려고 해야 한다고 한다! 틸리히에 따르면 신학자는 마땅히 그래야 하며 또 그것도 가능하다고 한다. 얼마나 놀라운 해법인가! 얼마나 놀라운 관점인가! "아, 그곳에 있을 수만 있다면!"[2]

그러나 신학의 고립을 해결해 보려는 이러한 혹은 비슷한 시도는 성공할 수 없다. 왜냐하면 그 시도는 자신을 다음과 같이 오해하고 잘못 처신하기 때문이다. 그 시도는 첫째, 타락 이전의 시대로 대담하게 되돌아간 뒤 마치 자신이 **낙원의** 신학인 것처럼 착각한다. 그 시도는 둘째, 예수의 처음 오심과 마지막 오심 사이에서 지속되는 현재 시간을 대담하게 다 건너뛴 뒤 마치 자신이 **완성된** 신학인 것처럼 착각한다. 그 시도는 셋째, 창조자와 피조물 사이의 구분을 가장 대담하게 초월한 뒤 마치 자신이 원형적인 신학, 다시 말해 어떤 **신적인** 신학인 것처럼 착각한다. 그러나 아직 죄를 범하지 않은 어떤 신학, 이미 완성된 어떤 신학, 그리고 마지막으로 어떤 완전한 하나님 자신의 신학이라는 것은 자명하게도 철학 혹은 그 밖의 다른 학문들과 구분되는 특별한 학문이 아닐 것이며, 그 학문들에 의해 구석으로 내몰리는 학문은 더욱 아닐 것이다. 더 나아가 그러한 어떤 신학이라는 것은 [많은 학문들 중] 하나의 특정한 철학이거나 혹은 하나의 특정한 학문일 것이다. 하나님의 빛이 그것을 비추어 그러하든지 혹은 그 빛과의 동일성 안에서 그러하든지 상관없다. 그러나 우리가 지금 여기서 신학이라고 알고 시도하려는 것은 낙원의 신학이 아니며(우리는 그 낙원에 더 이상 있을 수 없다!), 완성된 신학도 아니며(우리는 아직 그곳에 있을 수 없다!), 또 신적인 신학도 아니다(우리는 결코 그곳에 있을 수 없다!). 오히려 우리의 신학은 아직 눈이 멀어 있는 자들, 즉 하나님의 은혜에 의해 앞으로 조명되었지만 그러나 아직 미래의 보편적 계시의 영광을 직접 보면서 작업할 수는 없는 자들의 신학이며, "도상에 있는 피조물의 모사적 신학"*theologia ektypa viatorum*이다.

　전혀 실현 가능성이 없는 순수한 희망에 불과한 꿈이 있다면, 철학적 신학 혹은 신학적 철학이라는 이념이 그것이다. 그 이념 안에서 소위 "신율"에 관해 떠벌여지면서 다음 구분이 서서히 사라진다. 그것은 한편으로 예를 들어 신적 및 인간적 앎 사이의 **원칙적**de iure 구분이며, 혹은 예를 들어 근원적·종말론적 앎과 현재적·인간적 앎 사이의 **사실적**de facto 구분이다. 이 이원적 구분이 철학과 신학 상호간의 개념적인 통합을 통해 **사라진다**. 물론 우리는 모든 학문들이 하나님 안에서 그리고 그 학문적 성취들의 근원과 목적 안에서 통일된다는 희망의 끈을 놓아 버릴 수는 없다. 그러나 우리는 현실적으로 생각해야 한다. 이 경우에 어느 정도의 사변적 재능과 욕망에 의해 비교적 쉽게 성취되는 값싼 통합의 명제는 **포기**되어야 한다. 현실직으로 생각하면서 신학자는 다음 사실을 굳게 붙들어야 한다. 신학에는 원형적 신학theologia archetypa과 모사적 신학theologia ektypa3이 있으며, 낙원의 신학theologia paradisiaca 내지 전지적 이해의 신학theologia comprehensorum과 도상의 신학theologia viatorum이 있다. 양자는 서로 다르다. 그리고 신학자의 문제는 전자가 아니라 후자다. 겉으로 보기에도 혼란스러운 이러한 구분이 17세기에서 18세기로 건너가는 저 숙명적 전환의 시기에 하제K. von Hase 의 표현대로 불운하게도 "교의학적 골동품"이 되지 않았더라면, 근세 신학의 역사 안에서 몇 가지는 달라졌을 것이고, 그 역사는 더 낫게 진행되었을 것이다. 물론 우리는 그 구분에 따라오는 제약을 한탄할 수 있으며, 그 구분을 넘어서는 어떤 완전한 것을 바라보고 동경할 수도 있다. 그러나 바로 그 완전한 것의 등장을 원한다면, 우리는 겉으로는 비정상적인 듯이 보이는 다음 사실을 지금 여기서는 어쩔 수 없이 정상적인 것으로써 인정해야만 한다. 신학적 인식, 사고, 진술은 일반적인 것이 아니며, 일반적 인식, 사고, 진술은 결코 신학적인 것이 될 수 없다. 그러므로 다른 학문들과의 관계에서 신학의 특수성과 상대적인 고독은 비록 많이 고통스럽다고 해도 수용되어야만 한다.

　동일한 것이 **공동체**의 상황에도 해당하지 않을까? 공동체는 세상 안에서 하나님의 사역과 말씀의 증거로 부르심을 받았고, 신학은 공동체 안에서 봉사해야 한다. 공동체는 이 중간시대를 방랑하는 하나님의 백성이다. 공동체가 자신의 본질을 배신하지 않으려면, 하나님의 사

역과 말씀을 자신의 주변 세계에 오직 크나큰 새로움으로 선포해야 한
다. 바로 그렇게 할 수 있으려면 공동체는 자신에게 선사된 그 새로움
의 인식을 주변 세계의 다른 인식들과, 혹은 주변 세계의 인식들을 공
동체 자신에 고유한 인식과 통합시키려고 해서는 안 된다. 신학은 고
독을 부끄러워할 수 없다. 종말의 시간을 살며 선교의 사명을 발견하
는 공동체가 바로 그 고독 속에 있기 때문이다. 신학은 탄식하면서 혹
은 흐르는 눈물과 함께 웃으면서 고독에 참여할 수밖에 없다. 신학은
고독으로부터 벗어날 수 없다. 신학은 고독을 자신에게 이유가 있어서
주어지는 위협들의 한 형태로 여기고, 품위를 갖추고 즐겁게 **참고 견
뎌야** 한다.

신학과 신학자가 비켜 갈 수 없는 고독은 현실에도 영향을 미쳐서
신학자는 다음 사실을 자주 눈으로 보고 느끼게 된다. 그것은 그가 (우
리가 이 강의의 제II부에서 신학자를 신학자로 만드는 것이라고 말했던) 놀
람, 당황, 의무를 경험하면서도 넓은 복도에서, 그것도 공동체 안의 복
도에서, 가장 힘든 것은 너무도 많은 동료 신학자들 사이에서 **혼자**라
고 말할 수밖에 없다는 사실이다. 물론 그가 특별한 핍박의 순간들을
겪어야 하는 것과 같이 그렇게 전적으로 고독하지는 않을 것이다! 그
러나 신학자는 '혹시 그가 개인적인 환각 증세에 시달리고 있는 것이
아닌가?'라는 소리를 때때로 듣는다. 그는 이것을 그리스도인이 아닌
사람들 그리고 신학자이기를 대단히 강하게 거부하는 사람들에게서
듣지만, 그러나 또한 신학자를 신학자로 만드는 저 전율을 실제로 아
는 것처럼 보이는 사람들에게서도 듣는다. 그는 공동체의 담장 안에서
그리고 밖에서*intra et extra muros ecclesiae* 함께 놀라움에 사로잡히는 사람,

함께 당황하게 된 사람, 함께 의무를 질 사람을 찾아 둘러보지만, 발견하지 못한다. 오히려 대단히 날카롭고 아픈 인상만 받는다. 무수한 그리스도인과 비그리스도인들이 신학자를 신학자로 만드는 저 전율을 가볍게 여기며, 다소 쾌석하게 그것을 피해 간다. 나는 나름대로 훌륭한 두 명의 의사를 알고 있는데, 그들은 친구 관계의 최고의 호의에도 불구하고 신학자의 정신 상태를 일종의 (경우에 따라서는 유전적인) 질병으로 간주했다! 어떻게 이것이 신학자의 실존을 의문시하지 않겠으며, 신학 그 자체를 위협하지 않겠는가? 신학자는 그것을 믿음 안에서 **참고 견뎌야** 할 것이다!

그러나 다른 자극적인 인간적 경험들로부터 저 전율을 구분하는 '근본 관계'인 **믿음**은 누구나 가질 수 있는 것은 아닌 것처럼 보인다. 물론 다음은 확실하다. 한 인간을 신학자로 만드는 가장 본질적 요소인 믿음은 그리스도교적 공동체의 믿음이며, 그리스도인들 전체에게 선사된 자유, 즉 하나님의 말씀을 긍정하고 전적으로 신뢰하고 전적으로 순종할 수 있는 자유의 사용이다. 그러므로 그에게 믿음의 동료들이 없는 것 같지는 않다. 그러나 '믿는 자들의 회집'*congregatio fidelium*인 그리스도교적 공동체의 구성원은 다음과 같은 **개인**이다. 그는 온 세상에서 믿는 자가 자기 혼자뿐이라고 해도, 그래도 정말로 믿으며 반드시 믿어야 하며 믿으려고 하며 믿게 될 사람이다. 그렇게 하지 않고서는 신학자가 될 수 없으며, 공동체와 세상 안에서 신학자로서의 기능을 성취할 수 없다. 그러나 믿음 안의 공동체를 형성하기 위해 필수적인 그러한 개인의 굳건한 고립이 각각의 때에 시험당한다는 것은 가혹한 일이다. 또 그의 믿음 그리고 공동체의 믿음에 대한 그의 참여에 관한 한 누구도 그를 대신해 줄 수 없으며, 그의 곁에서 눈에 띄게 함께 해 줄 수 있는 사람은 오직 소수에 불과하다는 것도 가혹한 일이다. 그 소수들도 다만 상대적으로만 신뢰할 수 있을 뿐인 상황에서, 그는 잠 재적으로 자신을 계속 실현해 나가야 한다. 이제 그 자신만의 믿음은 어떻게 되는가? 이제 그의 믿음 그리고 그의 신학적 실존은, 그리고 신학 자체는, 오직 하나님의 말씀 그리고 성령의 증거를 통해서만 확 고히 설 수 있다고 말해진다고 해도, 실제로는 의문시되지 않겠는가? 이러한 곤경 안에서 칼뱅은, 그리고 그보다 앞서 아우구스티누스와 또 다른 이들은 잘 알려진 엄격한 예정론에 착수했다. 그러나 이 지식은 그 고독한 개인을 효과적으로 위로해 주지는 못했다. 칼뱅과 같은 저 명한 교회의 신학자에게도 사고하고 진술할 때에 사실상 자신의 믿음 의 고독을 다만 **참고 견디는 것** 외에는 아무런 다른 수가 없었다.

한 신학자를 언제나 또다시 고독 속으로 내모는 것은 신학에 종사 하는 사람에게 불가피하게 요청되는 특수한 **신학적 사고**이며, 자신만 의 특성을 지닌 '믿음의 지성'*intellctus fidei*이다. 믿음으로 해방된 많은 이 들은 도대체 어떻게 '믿음의 지성'에만 유일하게 가능한 저 180도 전 환이라는 방법을 터득하기에 이르는가? 다시 말해 어떻게 그들은 (한 번이 아니라 매일 아침 새롭게) 사람에게 묻고 대답하는 것이 아니라, 오 히려 사람에게 말해진 하나님의 말씀으로부터 묻고 대답하는 180도 전환을 감행하는가? 이 전환이 대부분의 사람들에게는 과도한 요구라 고 느껴지고, 그 전환에 약속되어 있는 영의 자유마저도 부자연스러 운 속박이라고 보이는 것은 일견 이해될 만은 하다. 신학자가 주어진 길을 갈 때 피할 수 없이 동반되는 냉소적 고갯짓들이 다만 의사, 법률가, 역사가, 철학자들의 것에 그칠 수만 있다면! 또 신학적 집단 안에도 다음과 같은 사람들이 너무 많지 않을 수만 있다면! 시작한 지 얼마 되지도 않아 (혹은 시도해 보지도 않고서) 새것 중 가장 새로운 것을 발견했나고 주장하고, 실세로는 애굽의 고기 가마를 뒤돌아보면서, 마치 고양이가 공중에서 네 발로 사뿐히 내려앉듯이 어떤 심리학 혹은 역사주의에, 혹은 기껏해야 어떤 인류학, 존재론, 언어학에 떨어져 내려앉는 사람이 너무 많지 않을 수 있다면! 신학자가 신학을 수행하려 하고 그 작업의 결과들이 통속적인 것에 그치지 않으려면, 그의 지성적 입장은 저 흐름에 역행해서 헤엄쳐야 하며, 그때 느껴야 하는 상대적인 고독을 그는 참고 견뎌야 한다. 그는 이것을 한탄해서는 안 된다.

신학은 주석, 교회사, 교의학일 뿐만 아니라, 언제나 또한 **윤리학**이다. 윤리학은 하나님의 약속 안에서 그 약속과 함께 말해지는 실천적 개념들을 취급한다. 그 개념들은 하나님의 계명에 관한, 믿음의 순종에 포함된, 교회와 세상에서의 행동에 관한, 자유의 선사와 함께 인간에게 제시되는 실천적 과제에 관한 특정한 개념들이다. 그런데 이 개념들이 그때그때의 세상과 교회 안에서 지배적으로 통용되는 소원, 견해, 노력들과 두말할 필요도 없이 일치할 것이라고는 기대할 수 없다. 오히려 그 반대 상황이 예상된다. 신학은 바로 이 영역에서 질문하고 대답할 때, 보통은 갈등의 상황 안에 놓이게 된다. 즉 신학은 비그리스도교적인, 그러나 또한 그리스도교적인 크고 작은 남성들과 여성들 각각의 생각과 의견에 다소 공공연히 반대하게 된다. 신학은 물론 인간에게 적대적이지는 않다. 그러나 신학의 주제는 새로운 우주 안의 새로운 인간이다. 그러므로 신학이란—비록 겁쟁이 신학이라고 해도—

그 핵심에서 이미 비판적이며 더 나아가 혁명적인 일거리다. 그러므로 신학을 수행하려는 사람은 다음을 각오해야 한다. 그는 자신의 사고와 진술을 실천하려고 할 때 사람들과 도무지 호응할 수가 없으며, 그래서 그 관점에서 전혀 다른 척도들로써 측정하는 주변 세계의 깊은 의혹의 눈길을 받으며 소수자로 남아 있을 수밖에 없다. 그때 어떤 사람은 낙담하거나, 원한을 품거나, 회의적으로 더 나아가 호전적으로 되어 악의를 갖고, 치명적인 무지와 어리석음에 빠진 자신의 형제들을 영원히 고발하는 자가 될 수도 있다. 물론 이러한 일은 일어나지 말아야 한다. 개신교적·학문적 윤리학은 자기가 나서서 거짓을 징벌하려고 해서는 안 되며, 오히려 단호하지만 큰 평정심과 평화로움 안에서 수행되어야 한다. 물론 그 목소리는 언제나 다만 소수의 귀에 들려질 뿐이다. 그리고 그 윤리학은 "지붕 위의 외로운 새"(시 102:7)처럼 처음 발견하는 최고의 포수가 조준해 오는 적지 않은 위험에 지속적으로 노출되어 있다! 신학이 신학 자체에서 시작되는 윤리적·실천적 동요 때문에 세상의 자녀들 사이에서도 또한 경건한 자들 사이에서도 대체로 인기를 못 얻는 것은 이상한 일이 아니다. 신학을 진지하게 수행하려는 사람은 이 점에서도 반드시 고독을 **참고 견딜** 준비가 되어 있어야 한다. 이상이 신학의 위기라는 제목 아래서 생각해 볼 수 있는 것이다.

11

의심

이제 신학을 위협하는 둘째 형태를 논의하겠다. 둘째는 첫째 형태보다 더욱 위협적이다. 왜냐하면 그것은 외부로부터 밀려 들어오는 것이 아니라 흔히 신학 자체의 고유한 실행 안에서 발생하기 때문이며, 말하자면 신학 자체에 내재해 있기 때문이다. 그것은 **의심**이다.

우리는 이 친구^{Geselle}의 두 가지 상이한 국면을 관찰해야 한다. 양쪽 형식 모두에서 이 친구는 신학에 위험하다. 첫째와 둘째 국면은 다음에서 서로 구분된다. 첫째 국면에서 발생하는 의심은 신학 작업 전체의 본성에 속하며, 그 위험성의 제거를 위해 몇 가지 과제가 제시될 수 있다. 반면 둘째 국면의 의심은 작업 전체에 대해 어떤 [극복될 수 있는] 자연적 위협 이상이며, 그것에게는 오로지 앞 강의에서 신학의 고독에 대해 계속해서 말해야 했던 '참고 견뎌라!'라는 외침만 주어질 수 있을 뿐이다.

위험하지 않은 것은 아니지만 그러나 어느 정도 자연스럽고 또 조치가 가능한 의심의 첫째 형식은 신학이 하나님의 사역과 말씀에 직면해서 받은 사명으로부터 계속 **진리 질문**을 제기해야 한다는 데서 온다. 다시 말해서 신학은 (세상을 자신과 화해시키는 하나님의 행동 안에서 발생한) 계시의 내용을 질문해야 하고, 그 내용 안에서 말해진 하나님의 말씀들의 의미를 계속 새롭게 탐구해야 하며, 그 내용의 진리와 현실성을 언제나 새롭게 발견해야 한다. 이 의미에서의 의심은 결코 제거되지 않으면서 신학자에게 계속 또 계속해서 제시되는 과제에 속한다. 중세 신학은 진리 질문과 관계된 그러한 극단적이고 지치지 않는 연구 작업으로서 진행되었으며, 구개신교주의[17세기]의 신학도 그러했다. (그 작업은 "정통주의"라는 경직된 단어를 들을 때 철부지 아이가 생각하는 것 같은 소박하고 유치한 상상과는 일치하지 않는다.) 그 작업은 교리문답들Quaestionen 안에서, 다시 말해 가능한 한 상세하게 제기된 질문들로 진행되었다. 예를 들어 하나님의 존재를 의심하는 질문과 같은 얼핏 보기에 조야한 것이 첫째였고, 그다음에 하나씩 하나씩 최고로 정성스럽고 상세하게 대답되었다. 수고스럽게 주고받는 그 질문-답변들 안에서 고전적 교리문답들이 형성되었다. 예를 들어 하이델베르크 교리문답에는 종교개혁의 칭의론에 관련해서—정말로 터무니없는 의심이다!—다음과 같은 질문도 있다. 칭의론과 같은 교리가 "경박하고 흉악한 사람들"을 만들어 내지는 않았는가? 이 의심은 단순히 다음 사실을 표현한다. 신학 안에 자명한 것은 아무것도 없으며, 두말할 필요도 없이 수용할 수 있는 것은 아무것도 없다. 모든 것은 타당성을 얻으려면 수고스럽게 검토되어야 한다. 소위 낙원의 신학은 그 작업을 필요로 하지 않을 것이며, 영광의 신학도 그러할 것이고, 소위 하나님 자신의 원형적 신학 안에서는 진리 질문과 그 대답이 이미 하나로 통일되어 있을 것이다. 그러나 시간들 사이의 시간에 위치한 우리의 '도상의 모사적 신학'theologia ektypa viatorum에서는 그렇지 않다. 여기서는 신학 작업이 행해져야 하며, 공개적으로 질문되어야 하고, 또 ("소크라테스식으로") 의심도 해야 한다. "네가 흙으로 돌아갈 때까지 얼굴에 땀을 흘려야 먹을 것을 먹으리니, 네가 그것에서 취함을 입었음이라"(창 3:19). 이 말씀은 토요일마다 설교 준비를 해야 하는 모든 목사들에게, 또 강의를 듣고 책을 읽어야 하는 모든 학생들에게 해당한다. 그러나 모든 사람이 자신에게 "소크라테스식의" 의심을 제기하는 것은 아니며, 걸음마다 새롭게 제기되는 진리 질문의 대답을 위해서 몇 방울의 땀을 기꺼이 흘리려는 사람도 많지 않다. 게으른 자는 진리로 나아가기 위한 의심의 필연성에 직면해서 잠언 22:13을 말하곤 한다. "사자가 밖에 있은즉, 내가 나가면 거리에서 찢기겠다." 그래서 그는 신학적 의심의 작업을 시작하기도 전에 중지한다. 최고로 필요하고 또 적법한 의심이 겪는 이러한 **고난**은 명백하게도 신학에 대한 심각한 **위협**이 된다. 게으른 자는 많고, 우리 모두도 근본적으로는 그러하기 때문이다. 그러나 어떻든 이 의심은 극복될 수 있다. "그렇게 될지어다!"Fiat!

의심의 둘째 형식은 많이 다르다. 우리는 그것에 훨씬 더 정확하게 몰두해야 한다. 신학 작업이 실행되는 한가운데서, 다시 말해 그 작업의 실행에 필연적인 질문들의 한가운데서 이런 불안이 생길 수 있고 또 실제로 생긴다. 이 모든 작업 전체는 도무지 감행되고 실행될 필요가 있는가? 하나님의 사역과 말씀에 의해 우리에게 진리 질문이 주어지고, 그 질문이 우리의 과제가 되고, 우리는 그 질문에 땀 흘려 가며 최소한 도전이라도 해야 한다는 사실 그 자체는 앞에서의 숙고만으로는 자명해지지 않는다. 그리고 신학적 수고 전체가 반드시 무의미한 것이 아니라는 사실도 자동적으로 자명하지는 않다. 신의 존재에 대한 의심은 이미 18세기 초 지식인들 사이에서의 유행병이었으며, 친첸도르프 백작마저도 젊었을 때는 그 의심에 빠져 있었던 것으로 보인다. 그러한 신 존재의 의심은 그것이 얼마나 순진한 것인지 이미 오래전에 잘 통찰한 사람에게도, 그리고 안셀름에게 배워서 그것과 적절하게 논쟁할 줄 아는 사람에게도 얼마나 섬뜩하게 가까이 다가오는가? 바로 그 적절한 사람이 그 의심과의 헛된 논쟁을 이끌어 낸 뒤, 그러한 의심이란 사실상 어리석은 행동에 불과하다는 것이 통찰되고 무시되어야 할 바로 그 장소에서 흔들리고 비틀거린다면, 일은 어떻게 되는가? 그때 다소 영향력이 있는 모든 역사적·심리학적·사변적 종류의 호교론적 논쟁들을 넘어서서, 모든 신앙심 깊은 정서적 상태들과 그에 상응하는 자기 확신들을 넘어서서, 신학의 대상에 대한 저 임마누엘 역사 그리고 그 역사의 계시와 인식에 대한 의심은 올바른 것이 되는가? 정말로 하나님께서는 그 역사 안에서 존재하시고 사역하시고 말씀하시는가? 성령의 내적 증거와 같은 어떤 것이 정말로 있는가? 그 증거가 정말로 우리로 하여금 저 역사 안에서의 하나님의 존재, 사역, 말씀을 확신하도록 만드는가? 자신의 인격을 걸고 그러한 증거를 결코 받은 적이 없다고 냉소적으로 주장했던 저 18세기의 한 사람에게 우리는 어떻게 대답해야 하는가? 그는 다름 아닌 다비트 프리드리히 슈트라우스David Friedrich Strauß였으며, 성령의 내적 증거의 교리가 정통주의-개신교주의 체계의 아킬레스건이라고 지적했다. 만일 이 약점을 숨길 능력이 없는 어떤 사람, 아마도 신학자가 공개적 혹은 비밀리에 이 아킬레

스건에 의해 부상을 당할 수 있다면, 실제로 언제나 또다시 부상당한 다면 어떻게 되는가?

우리는 주의해야 한다. 이 의미에서의 의심도 '아니오'라는 부정이 아니다. 의심은 나만—오히려 이것이 훨씬 너 나쁠 수도 있다!—예와 아니오 사이의 흔들림과 방황이다. 그것은 불확실성^{Unsicherheit}이다. 의심의 이러한 둘째 형식의 불확실성이 (노고를 예비하지만 필연적인 신학적 질문의 개방성과 혼동되지 말아야 한다!) 문제성으로서 신학 그 자체와 대립한다. 불확실성은 이미 시초에서, 말하자면 신학적 질문 자체의 필연성과 의미에 관련해 당혹감을 불러일으키며, 자신의 진리를 되물으시는 하나님의 말씀에 관련해, 로고스의 탐구로서의 신학을 근거하고 요청하시는 하나님의 현재와 행위에 관련해 당혹감을 불러일으키며, 신학 작업의 자유에 관련해 당혹감을 불러일으킨다. 나는 그 작업에서 자유로운가? 혹은 전혀 자유롭지 못한가? 흔들림과 방황, 불확실성, 당혹감, "아마도 그럴 수 있지만, 아마도 그렇지 않을지도 모름!" 등이 이미 시작점에 있다. 이것이 어떻게 신학에 대한 심각한 위협이 아닐 수 있겠는가!

둘째 형식의 의심도 인간이 **현재 세계의 시간** 안에서 신학을 하는 동안에만 신학을 위협할 수 있다. 그 시간 안에 있는 인간적 사고는 하나님의 사역과 말씀과의 관계 안에서 본성적·필연적으로 변증법적 사고다. 여기서 의심의 첫째 형식이 생긴다. 다시 말해 그 사고는 끊임없이 질문을 던지고 대답해야 한다. 그러나 그 사고는 더 나아가 본성을 거역하는 (근원과 목적으로부터 동시에 유래하는) 인간적 소외 때문에 병이 든 사고다. 왜냐하면 인간적 사고는 도착성과 오류에, 그것도 근본적 오류에 지속적으로 노출되어 있기 때문이다. 하나님께서는 틀림없이 자신을 의심하지 않으신다는 깊은 [신론적] 숙고와는 별개로, 이제 우리는 우리의 사유를 단호하게 처치해 줄 현실적 치유를 기다려야 한 다. 치유의 능력 안에서 신학의 문제에 대한 의심은 더 이상 문제가 아 니게 될 것이다. 요한 멘처Johann Mentzer는 이렇게 말했다. "내가 하늘에 서 저 은총의 합창을 듣게 될 그때에 사정은 나아질 것이다."[1] 그러나 현재 세계 안에서는, 시간들 사이의 중간시대에서는, 하나님의 은혜를 확신하는 그리스도인과 신학자가 여전히 죄인으로 머무는 시대에서 는 그 의심은 문제가 된다. 하나님의 사역 및 말씀과의 관계 안에서의 흔들림과 방황, 불확실성, 당혹감은 지금 여기서 우리의 실존을 덮고 있는 **모호한 이중성**Ambivalenz에 실제로 너무 잘 상응한다. 우리는 다만 "나라가 임하옵시며!"라고 기도하면서 그 이중성 너머를 바라볼 뿐이 다. 신학 자체를 위협하는 의심이 언제나 또다시 생기는 이유와 방법 들은 세부적으로 매우 다양하다. 그러나 그 모든 것은 언제나 한 가지 나쁜 상황을 지시한다. 바로 공동체 그리고 그 지체인 우리 그리스도 인들이 하나님을 향해 성취된 해방의 소식에 충분하고 완전하게 **참여** 하고 있으면서도, 그 자유를 사용해 저 의심을 몰아내는 일만큼은 **소 홀히** 하는 상황이다. 우리는 모든 것을 보고 인식하고 알 수 있게 되었 지만, 바로 그다음 순간 또다시 아무것도 보지 못하고 인식하지 못하 고 알 수 없게 되곤 한다. 지금 여기서의 신학은 이 모순의 중대한 내 적 위협을 받으면서 다만 "부분적"으로 수행될 수밖에 없다. 내부에서 신학을 위협하고 냉각시키고 분열시키는 의심의 이유와 종류로는 세 가지가 제시될 수 있다.

[1] 이 시대Saekulum를 계속해서 지배하면서 하나님의 사역 및 말씀

과 (겉으로 보기에 심각하게 어떻든 섬뜩한 인상을 주면서) 경쟁하는 권세들 및 권력들의 진군에 직면할 때, 신학에 대한 의심은 강하게 일어날 수 있다. 바울이 자랑했던 복음의 하나님의 능력은 국가나 국가들 혹은 오늘날 다툼이 있는 국가적 연합들의 힘에 비교한다면, 또 세계 경제, 자연과학, 그것에 근거한 기술, 수준이 높거나 덜 높은 예술, 스포츠와 유행, 고대와 근세의 혹은 합리주의적, 도덕주의적 혹은 비도덕적 이데올로기들 등의 힘과 비교한다면 무엇일 수 있을까? 인간은 하나님의 입에서 나오는 말씀에 의해서는 전혀 혹은 거의 살아가지 않고, 오히려 그러한 **권력들**에 의해 살아가는 것이 아닌가? 정말로 하나님께서는 그 모든 권력들보다 명확하게 우월한 것, 그것들 모두를 제약하고 굴복시키는 것을 말씀하셨는가? 그래서 인간이 하나님으로부터 사고하고 말해야 하는 명확한 의무를 지도록, 또 그렇게 할 자유를 갖도록 말씀하셨는가? 만일 신학자가 그러한 세상의 권세들에 압도되지 않는다면, 서서히 혹은 갑자기, 전적으로 혹은 부분적으로 압도되어 신학의 대상을 시야에서 놓쳐 버리지 않는다면, 그래서 최소한 신학의 의미와 가능성을 의심하기를 시작하지 않는다면, 야고보서가 말하는 "바람에 밀려 요동하는 바다 물결"(약 1:6)처럼 의심하지 않는다면, 그 신학자는 현실에 눈이 먼 것이 아닌가? 야고보서는 계속해서 말한다. "이런 사람은 무엇이든지 주께 얻기를 생각하지 말라"(약 1:7). 그러나 그는 이미 얻기를 생각하지 않고 있다. 이제 그에게 주어진 진리 질문은 어떻게 되는가? 공동체와 세상 안에서의 그의 봉사는 어떻게 되는가? 이에 더해 신학이라는 배에 승선하기를 한때 감행했던 그 자신은 어떻게 되는가?

(2) 의심의 근거는 신학자를 둘러싼 공동체에, 즉 그가 알고 있는 교회의 형태와 선포의 취약성, 분열성, 왜곡성 등에 놓여 있을 수 있다. 17세기 그리스도교적 믿음과 신학에 일어났던 큰 위기의 첫째 원인은 현대 과학이나 절대국가 혹은 종교에 무관심한 국가의 등장이 아니었다. 에마누엘 히르쉬Emanuel Hirsch의 통찰력 있는 가설에 따르면 그 큰 위기의 원인은 무엇보다도 그 모든 현대적 충격들 이전에 이미 시작되었던, 세 교단의 정체된 공존 및 갈등의 관계에 놓여 있었다. 이 관계는 베스트팔렌 평화조약(1648)에서 공식적으로 제시되며 확증된 것같이 고통스럽게 혼란해진 역사적 갈등이다. 세 교단은 각각 배타적 계시의 주장과 함께 등장했으며, 서로가 서로를 **상대화**시키려고 했다. 그러나 근동과 극동의 그리스도교 밖의 거대한 종교들이 알려지면서, 이 교단 갈등의 역사는 더욱 뼈아픈 것이 되었다. 이제 사람들과 신학자는 하나님의 사역과 말씀을 바라볼 수가 없게 되었다. 왜냐하면 다름이 아니라 그들이 (우연히 혹은 필연적으로) 마주쳤던 교회, 교회적 교의와 질서, 그리스도교와 그리스도교성 등이 그 바라봄을 방해했기 때문이다. 또 그들이 만났던 얼마나 많은 구체적·세부적 규정의 인물들 혹은 인물 그룹들이 때로는 정당하게 혹은 정당하지 못하게 거치는 것이 되었던가! 십자군 전쟁, 종교 전쟁, 유대인 박해, 마녀 화형식, 이교도 재판 등이 있지 않았으며, 또 노예 문제, 인종 문제, 여성 문제, 사회적 질문 등에 대한 그리스도교의 다양하고 끈질긴 거부가 있지 않았는가? 그 밖에도 오늘에 이르기까지도 그리스도교의 경직된 일면성과 비관용성, 이에 더해서 바다와 같이 많은 그리스도교적, 신학적 자의성과 피상성, 행위 없음, 규율 부재, 무의미성 등이 있지 않은가? 이러한 현실을 직시할 때, 우리에게 모든 것은 불확실해지지 않으며 싫어

지지 않는가? 그곳에서 우리는 그 모든 일들의 배후에 어떤 중요한 의미가 있을 수 있는지 최소한 **의심**하게 되지 않는가? 그곳에서 누가 자기가 인식한 것 혹은 인식했다고 주장하는 것을 중심 문제로 간주한다면, 차라리 우리는 그곳을 떠나 버리고 싶지 않은가? 그때 신학 전체가 벌레 먹어 썩은 것이 되지 않겠는가? 사람들은 더 이상 '나는 교회를 믿는다'라고 고백하려 하지 않을 것이고 고백할 수도 없을 것이다. 그때 신학 작업의 기쁘고 결실 맺는 전제인 '나는 한분 하나님을 믿는다'의 고백은 어떻게 되는가?

〔3〕 셋째로, 신학자를 의심하게 만드는 것은 그를 압도하는 세계가 아니고, 그를 전혀 압도하지 못하는 교회도 아니다. 오히려 그것은 그의 내면적 혹은 외적 생활 태도가 지닌 **구성적 결함**이다. 어떤 그리스도인도 신학자도 그 결함을 완전히 제거할 수 없을 정도로 악명 높다. 이제 두 가지의 상반된 가능성이 관찰되는데, 한쪽 혹은 다른 쪽은 (아마도 양자의 완전경쟁 안에서) 의심이 발생하는 첫째와 둘째 근거의 곁에서 그 이유를 함께 결정하는 역할을 담당한다.

〔3a〕 첫째 가능성은 신학 작업으로 부르심을 받은 자, 그 능력을 갖게 된 자, 또 신학 작업을 원하는 자가 공개적 혹은 비밀리에 이원론적으로 두 왕국 안에서 살아야 한다고 그리고 살 수 있다고 주장하는 경우다. 그는 믿음의 인식 안에서 살지만, 그러나 그는 다만 어떤 경계선 안에서만 그 믿음에 순종하면서 살아갈 준비가 되어 있다. 그는 '믿음의 지성'*intellectus fidei* 곁에 믿음에 의해서 통제되지 않는 실천, 우연 혹은 자체 법칙을 따르는 어떤 다른 종류의 '삶의 실천'*praxis vitae*을 허용한다. 그는 하나님의 사역과 말씀에 관한 자신의 앎에 어떻든 그 앎

과 엮이거나 지배되지 않는 하찮은 세속적 의지를 허용한다. 그는 신학의 대상에 의해 규정된 신학적 사고, 진술, 행동의 곁에 저 대상이 규정하지 않는 혹은 자신이 자의적으로 규정한 어떤 사고, 진술, 행동을 함께 허용한다. 이렇게 해서 그는 (바울에 따르면) 그의 영에 증거하기를 원하시는 성령과 긴장 관계에 돌입한다. 비록 그가 성령의 사역을 이론적으로는 긍정했다고 해도—이론적으로는 누가 긍정하지 않겠는가?—마찬가지다. 이때 그가—자기 자신과 솔직하게 대화하면서—자신이 한쪽 발을 저는 절뚝거리는 신학자이며 의심하는 자라는 것을 알고 고백한다면, 그것은 얼마나 놀라운 일인가! 그러나 그는 반만 믿기 때문에 반 이상 아는 것을 기대할 수 없다. 그리고 그는 흔들림과 방황 안에 있으면서도 즉시 추락하지는 않았다는 선에서 기뻐해야 할 것이다. 그러나 이제 계시록의 심판의 말씀이 등장한다. 그가 차지도 않고 덥지도 않을 때, 주님께서 그를 입에서 내치실 것이다. 그렇다면 그의 신학은—그의 폐쇄된 영역 안에서는 아마도 그렇게 나쁠 것 같지도 않은 그의 신학은—장기적으로는 어떻게 될 것인가?

[3b] 신학자를 의심하게 만드는 생활 태도의 구성적 결함은 위와 정반대일 수도 있다. 하나님의 사역과 말씀에 대해 인간이 맺는 관계에서 건강하지 못한 영양실조가 있을 뿐 아니라, 마찬가지로 건강하지 못한 **과식**도 있다. 과식은 주로 가족이나 주변 환경으로부터 온다. 그곳으로부터 신학은 그에게 올바르게도 알파와 오메가가 되지만, 그러나 그것을 넘어서서—이것이 올바르지 않다—알파와 오메가 사이의 다른 모든 알파벳 문자들의 대용품이 되어 버린다[지나치게 신학에만 몰두한다]. 그는 초보 신학자로서 첫사랑의 배타성 안에서 신학만 바라보며, 오직 그 결과만을 향한다. 그는 만 가지 일 안에서 신학

141

자로 살아갈 뿐만 아니라, 다른 모든 것들을 제거해 버리고 **오직** 신학자로서만 살아간다. 그는 근본적으로 신문에도 소설에도 예술에도 역사에도 스포츠에도, 이제 또한 인간에도 관심을 갖지 못한다. 그의 관심은 오직 그 자신의 신학 작업뿐이며 신학적 주세가 전부다. 원칙적으로 그래야 하는 것을 누가 모르겠는가? 신학에 그렇게 도를 넘어 무리하는 사람들 중에는 학생과 교수들만 있는 것이 아니라 목사들도 있다. 이들은 자신의 공동체 안에서 일생 동안 그러한 유리 종 안에 갇혀 살아가며, 그러한 신학적 과잉 안에서 다른 사람들을 잘못 인도하거나 잘못 대한다. 얼마나 위험한 일인가! 전도서 7:16은 말한다. "지나치게 의인이 되지도 말며, 지나치게 지혜자도 되지 말라! 어찌하여 스스로 패망하게 하겠느냐?" 우리는 신학자로서 다음과 같이 패망할 수 있으며, 그중 첫째 경우는 대단히 일어나기 쉽다. 우리는 신학적 실험 중에 단념하게 되며, 이것을 자백하지 않은 채 뒤돌아서─아마도 대단히 확고하게─자신의 모든 결과물들과 함께 두 왕국 체제에 빠지게 된다. 둘째는 신학적 과열이 다른 모든 과열들과 마찬가지로 너무도 쉽게 권태로 인도하는 경우다. 옛 수도원에서는 그것을 죽음의 죄에 해당하는 '영적 권태'*taedium spirituale*라고 말했다. 이 권태부터 의심까지의 거리는 몇 발짝 되지 않는다. 물론 신학에 집중된 실존은 좋은 것이며, 더 나아가 최고의 실존이다. 그러나 한 사람이 창조를 돌보지 않는 어떤 신의 숙명적 역할을 떠맡는 소위 배타적 신학적 실존은 전혀 좋은 것이 아니다. 이 실존은 조만간에 지체 없이 의심으로, 그것도 극단적 의심으로 건너가게 된다.

이제 마무리로 의심이라는 주제에 대한 세 가지 잠정적 격언이 충분할 것이다.

1. 젊든지 노년이든지, 신앙심이 깊든지 좀 부족하든지, 검증되었든지 그렇지 못하든지 어떤 신학자도 다음을 의심해서는 안 된다. 즉 어떤 근저에서는 혹은 어떤 방식으로는 그 자신도 또한 의심하는 자이며, 그것도 본성을 거스르는 타락한 종류의 의심자다. 그는 자신의 의심의 문제를 결코 해결하지 못했음을 의심해서는 안 된다. 이것을 의심하는 것은—의심하면 안 되겠지만—그가 불쌍하고 잘해야 겨우 불에서 건져 냄을 받은 죄인임을 의심하는 것과 같다.

2. 신학자의 둘째 형식의 의심은 철두철미 **악한** 친구Geselle다. 이제 다음 사실이 부인되어서는 안 된다. 이 친구의 근거는 하나님의 선하신 창조 안에는 없으며, 오히려 무 안에im Nichtigen 있다. 그곳에서는 여우와 토끼들만이 아니라, 여러 종류의 마귀들이 '잘 자라'를 말한다. 의심하는 자의 칭의는 있을 수 있다. 그러나 의심 자체의 칭의란 있을 수 없다. 이 말을 틸리히의 귀에 속삭였더라면! 우리는 의심한다는 이유에서 자기 자신을 특별히 진실되고 깊이 생각하고 멋지고 고상하다고 여겨서는 안 된다. 우리는 불신앙도 의심도 미화해서는 안 된다. 우리는 자신을 오직 진심으로 **수치스럽게** 여겨야 한다.

3. 신학자는 의심에 직면해서—비록 그 의심이 가장 극단적인 것이라고 해도—절망해서는 안 된다. 왜냐하면 의심이 자체의 **공간**을 갖는다고는 해도, 그리고 그 공간이 어떤 사람도 또한 신학자도 벗어날 수 없는 이 시대의 공간이라고 해도, 그것은 **한계**가 있는 공간이기 때문이다. 그렇기 때문에 우리는 "아버지의 나라가 임하옵시며!"를 기도하면서 언제나 또다시 그 공간을 넘어서는 곳을 바라볼 수 있으며, 비록 그것을 제거할 수는 없다고 해도 "저항하라!"Résistez!고 감옥의 유리창

에 새겼던 순교자 위그노 여인[2]처럼 최소한 그것에 저항할 수는 있다. 저항은 참고 견디는 것이다!

　이상이 신학의 위기에 관한 둘째 제목 아래서 이야기될 수 있는 것이다.

시험

고독과 의심이 신학을 위협하는 것 중 최고로 나쁘고 최고로 심각한 것은 아니다. 신학은 바로 자신의 대상에 의해서 의문시될 수 있다. 신학이 바로 그 대상으로부터 살아가고, 그 대상을 향하고, 자신의 정당성을 그 대상 안에 기초시키고, 그 대상에 비추어 자신의 올바름을 추구할 때 그렇게 될 수 있다. 즉 신학은 **하나님**에 의해 위협을 받을 수 있다. 가능태인가? 아니다. 신학은 실제로 위협을 받을 것이며, 지금도 위협받고 있다. 신학을 위협하는 공격은 밖으로부터(고독), 안으로부터(의심) 오지만, 또한 위로부터도 온다. 신학 작업은—우리는 이제 이 무거운 개념을 수용해야 한다—**시험**Anfechtung 안에서 발생한다. 다시 말해 나무, 풀, 짚의 작업결과들은 하나님의 의로우신 진노의 타오르는 불꽃에 의해 시험을 받아야 한다(고전 3:12-13). 신학의 위협에 대해 지금까지 말했던 모든 것은 이제 셋째 제목 아래서의 숙고와 비교한다면 어린아이 장난에 지나지 않는다. 이 사실이 쉽게 이해되지는 않을 것이다.

사람들은 대단히 많은 신학이 있다는 것에 놀랄지도 모른다. 많은 신학들은 고독을 벗어나 보려고 또 자신을 냉각시키는 의심을 방어해 보려고 온갖 열정적 시도에 몰두하는 듯이 보인다. 그 많은 신학들은 또 다른 관점[의심의 방어]에서의 염려와 수고도 아끼지 않지만, 그러나 사람들은 그러한 거동에서도 신학이 위로부터 오는 시험에 놓여 있다는 사실만큼은 거의 알아채지 못한다. 그래서 신학은 하나님의 공격이라는 두려움 앞에서 놀랍게도 별로 고통을 당하지 않는 듯이 보이며, 놀랍게도 자신을 위협하는 그 심각하고 날카로운 형식과 논쟁해야 할 별다른 이유를 찾지 못하는 듯이 보인다. 그러나 신학자라면 여기서 우선 그러한 자신에 대해 반드시 놀랄 수밖에 없다! 왜냐하면 이 문제의 염려에서 자유롭다고 말할 수 있는 신학자는 없기 때문이다. 즉 나는 나의 행위에 주어지는 하나님의 시험을 충분히 진지하게 의식하면서 존재, 사고, 진술한다고, 나는 그 문제에 충분히 몰두하면서 일하며 그러한 사람으로 인식될 수 있다고 확신하거나 경우에 따라 자랑할 수 있는 신학자는 없기 때문이다. 이러한 불행한 사태 가운데 최고로 불행한 일은 신학 작업이 가장 위험한 이러한 위협을 받는 일이라는 사실을 신학자 자신이 가볍게 여기거나, 때로는 알아채지도 못하며, 언제나 또다시 잊어버린다는 사실이다.

신학에게 주어지는 "시험"은 다음의 사건이다. 그것은 하나님께서 인간이 착수하고 진행시키는 그 작업으로부터 떠나 버리시는 사건이며, 하나님께서 그 사람의 행위 앞에서 그를 외면하고 얼굴을 감추시는 사건이며, 하나님께서 그에게 (뒤따라오는 그의 모든 결과물들에게도) 성령의 현재와 행하심을 (하나님께서는 이것을 아무에게도 빚진 적이 없으시다) 허락하지 않으시는 사건이다. 반드시 나쁜 신학 작업에게만 이 일이 일어나는 것은 아니다. 인간적으로 볼 때 좋은, 더 나아가 최고의 신학 작업에도 이 일은 일어난다. 그 신학은 자신이 유래한 전통의 입장 혹은 자신이 몰두해 있는 새로운 전환의 입장에서 훌륭한 신학일 수도 있으며, 보수적인 동시에 시대에 맞추어 진보하는 최고의 신학일 수도 있다. 그 신학에는 아마도 성서적 주석의 근거도 충분할 것이며, 조직신학적 깊이와 기교도 빠지지 않을 것이며, 현실적인 날카로움과 실천적 유용성도 갖추어져 있을 것이다. 잘 준비되고 생동감 있게 전달되는 설교들도 그 신학 안에서 들려질 것이며, 크고 작은 (선별된) 그룹의 현대적인 혹은 비슷한 사람들이 기꺼이 그 신학을 들을 것이다. 중요한 문헌들이 풍성하게 인용되며, 대담한 내용들이 예시되고 연구되고 토론되고, 더 나은 것에 의해 끊임없이 수정될 것이다. 젊은이들은 경청하며 노장들은 만족할 것이다. 교회가 건립되며 세상도 또한 관심을 보일 것이다. 짧게 말해 감사로 화답하는 교회의 불빛이 점등되고 이제 막 타오르는 듯이 보인다. 이를테면 옛 바젤의 교수와 주州 총회장이었던 한 분의 초상화 아래 적힌 문구와도 같다(그는 학식과 언어능력을 갖추고 언제나 즐거워했던 18세기 초의 히에로니무스 부르크하르트Hieronymus Burckhardt다). "오 하나님, 우리 도시의 명예가 오래 지속되도록 해주소서. 그는 당신의 거룩한 말씀을 우리에게 열심히 전했나이다." 그럴 수도 있다. 그러나 그것이 무슨 소용인가? 모든 것이 정상처럼 보이지만, 그러나 모든 것이 심각하게 비정상일 수도 있다. 물레방아는 돌아가지만, 방앗간은 비어 있다. 돛은 모두 펼쳐졌지만, 배를 움직일 바람이 불지 않는다. 우물이 있고 많은 송수관이 연결되었지만, 물이 나오지 않는다. 학문은 있으나, 그 대상의 권능 안에서 조명되는 앎은 없다. 깊은 종교적 신앙심은 있으나, 하나님께서 불붙이신 그래서 스스로 타오르는 믿음은 없다. 그곳에서 발생하는 것처럼 보이는 그것은 실제로는 발생하지 않고 있다. 왜냐하면 자칭 문제의 중심이라고 말해지는 바로 그 하나님께서, 실제로는 그곳에서 (하나님으로부터가 아니라 다만 하나님에 관해) 사고되고 진술되는 것에 대해 침묵하시기 때문이다. 하나님께서 그런 신학과 신학자에게 하시게 될 말씀은 유명한 아모스 5장의 변주로 표현될 수 있다. "내가 너희의 강의와 세미나들, 설교와 강연들, 또 성경공부들을 미워하고 멸시하며, 너희의 토론과 학회들, 그리고 휴식시간의 담소들을 흠향하지 않는다. 너희가 해석학적, 교의학적, 윤리적, 목회적 지식들을 서로에게 그리고 내 앞에 펼쳐 놓더라도, 나는 그러한 희생제물을 즐겨 받지 않으며, 살찐 송아지의 제물도 돌아보지 않는다. 늙은이들은 두꺼운 책을 끼고 젊은 것들은 학위 논문을 쳐들고 벌이는 고함 잔치를 내 앞에서 치워 버려라! 그리고 너희가 신학 잡지, 계간지, 평론지 안에서, 또 교회 신문과 기독교 서평지書評誌 안에서 벌이는 비평놀음도 내가 듣지 않을 것이다." 하나님께서 침묵하시는 사건, 즉 하나님께서 바로 침묵으로써 말씀하시는 사건은 얼마나 끔찍한 일인가! 이런 일이 일어나고 있다는 것을 한두 신학자가 알아채거나 혹은 예감이라도 하는 순간은 얼마나 두려운 순간인가! 그러나 가장 끔찍한 일은 이것이다. 바로 이런 일이 일어나고 있다는 것, 신학과 모든 신학적 질문들이 총체적·개별적으로 하나님에 의해 의문시된다는 것, 바로 하나님으로부터 오는 시험에 의해 최고 및 최종적으로 위태로워지고 있다는 것을 많은 사람들이—활발하게 계속 또 계속 살아가면서—알아채기는커녕 예감도 못하고 있는 상황이다.

어떻게 이런 일이 가능한가? 그러한 소위 훌륭한 신학 작업이 있는 곳, 의도적으로 그리고 주의 깊게 하나님의 지시사항이 생각되는 곳, 명확하고 큰 소리로 하나님에 관해 말해지는 곳에 어떻게 하나님이 **부재**하실 수 있는가? 그것들은 어떻든 신학이 반드시 시도해야 하는 일이 아닌가? 어떻게 하나님께서 하나님 자신을 위하는 사람들, 그것도 바로 신학자들과 같이 훌륭한 방식으로 하나님을 위하는 사람들을 대적하실 수 있으며, 그들에게 저 끔찍한 침묵의 언어로 말씀하실 수가 있는가? 하나님께서는 그곳에서 조력자, 증인, 보증인이 되셔야 하지 않은가? 그곳에서 사람들은 명백하게, 자의적으로가 아니라, 오히려 (최종적으로는) 하나님의 부르심과 계명에 따라 하나님의 말씀과 사역을 취급하지 않았는가? 그곳에서 사람들은 하나님의 명령에 따라서 신적 로고스의 학문을 자신의 과제로 수용하지 않았는가? 이에 대해 우선 다음 대답이 있어야 한다. 하나님께서는 전혀 그런 책임을 질 필요가 없으시며, 또한 그 신학 작업에 대해서도 그러하시다. 신학의 시험 안에서 발생하는 그것은 충분히 발생 **가능**한 것이다. 왜냐하면 인간은, 그것도 죄인인 인간은 하나님의 지지와 후원을 요구할 자격이 없으며, 오직 하나님의 자유로운 은혜에 의해 살아갈 수 있을 뿐이기 때문이다. 이 점에서 신학자도—최고로 성실한 신학자라고 해도—마찬가지다. 신학자들 그리고 그들의 작업과 진술에는 항상 이 말씀이 해당된다. "주께서 낯을 숨기신즉 그들이 떨고, 주께서 그들의 호흡을 거두신즉 그들은 죽어 먼지로 돌아가나이다"(시 104:29). 예외 없이 또한 신학자들에게도 죽음이 그들의 죄의 값이 되도록 하실 자유가 없다면, 하나님은 하나님이 아닌 셈이 될 것이다. 하나님께서 이 자유를 신학자들에게 사용하신다고 해도, 그것은 조금도 지나친 행사가 아니다.

그러나 하나님께서 그 일을 실제로 **행하실** 때, 그것은 자의적이거나 어떤 변덕스런 기분이 아니며, 오히려 하나님의 선하신 의미를 갖고 있다. 하나님께서는 의와 정의를 행하고 계신다. 다음 사실이 이에 상응한다. 신학은 그것이 최고의 것이라고 해도 그 자체로서는 죄가 있고, 불완전한 더 나아가 도착倒錯되어 무das Nichtige에 빠져 있는 **인간의** 작업이며, 하나님과 공동체와 세상에 대한 봉사에 있어서 무익할 수 있으며, 오직 하나님의 긍휼하심을 통해서 겨우 바르고 쓸모 있게 존재할 수 있을 뿐이다. 하나님의 긍휼하심은 '선택'인데, 선택 안에서 하나님은 또한 버리신다. 또 긍휼하심은 하나님의 부르심인데, 부르심 안에서 하나님께서는 또한 결별도 하시고 제거도 하신다. 또 그것은 하나님의 은혜인데, 은혜 안에서 심판도 하신다. 또 그것은 하나님의 '아니오'도 함께 말씀하시는 '예'다. 하나님의 배척, 제거, 심판, 부정은 저 모든 것에 적중하고 정죄하고 파괴한다. 그것은 인간의 최고의 작업들 안에서도, 최고의 신학 안에서도 언제나 또다시 스스로를 죄가 있고 불완전하고 더 나아가 도착되어 있고 무에 빠져 있다고 예증한다. 신학적 작업이 하나님과 사람 앞에서 바르고 쓸모 있게 되는 것은 오직 그것들 모두가 언제나 또다시 **불** 가운데를 통과할 때다. 신학 작업들은 언제나 새롭게 이 불에 노출되어야 하며(이것은 하나님의 사랑의 불이지만, 그러나 불사르는 뜨거운 불이다) 그 불을 뚫고 통과해야 한다. 오직 그때 남는 것만이—고전 3:12에 따르면 금, 은, 보석만이—하나님께서 기뻐하시는 것이며, 교회와 세상을 구원할 수 있는 것이다. 그 불을 통과하는 것이 **시험**이다. 이 시험 곁에서는—그 통과 후에 남은 것이 무엇이겠는가?—신학 안에 놓인 가장 깊은 고독도, 신학을 병들게 하는 가장 극단적인 의심도 어린아이 장난에 불과하다. 신학자는, 전체 노선에서 자신을 대적하시는 하나님을 만날 때, 그때에야 비로소 자신을 도우시는 하나님을 만날 수 있다. 오직 이 사실을 즐겨 받아들일 때, 신학자도 또한 **하나님을 위해** 존재할 수 있다.

[1] 모든 신학은 다음 경우에 하나님의 시험에 떨어져 비난받을 만하게 보인다. 그것은 신학 안에서 **"말이 많으면 허물을 면하기 어려"**운(잠 10:19) 상황이 발생하는 경우다. 이것은 신학이 첫째 계명을 눈앞에 두고 있고 둘째와 셋째 계명을 심각하게 위반하지도 않았을 때도, 다시 말해 어떤 신상을 만들거나 하나님의 이름을 망령되이 말하지 않은 경우에도 마찬가지다. 언제 어디서 신학은 이론적으로는 열심히 부정하지만 실천적으로는 적극 수용하는 저 시도, 곧 하늘을 뚫고 도달하려는 [오만한] 시도로부터 자유로울 수 있었는가? 신학은 자신이 작업하는 긍정적 혹은 부정적인 혹은 비판적인 개념들, 언어 형식들, 구성들을 비유로 사용해야 함에도 불구하고, 오히려 실체와의 동일성Gleichungen으로 사용하려고 하지 않았는가? 그렇게 해서 신학은 신적 로고스를 신학적 유비 안에 감금하며, 실제로는 오히려 그 유비를 하나님의 보좌에 등극시키고 경배하고 선포하고 다른 사람의 경배와 선포를 추천하고 찬미하지 않았는가? 또 언제 어디서 신학은 하나님의 사역과 말씀에 대한 지시를 (자신의 매끄럽고 세련된 사유와 언변 안에서) 마치 카지노 칩처럼 취급하는 저 경박함으로부터 자유로울 수 있었는가? 사람들이 돈을 따려고 기대하면서 기분과 자의에 따라 카지노 테이블에 칩을 던지듯이, 신학은 하나님의 사역과 말씀에 대한 언

급을 그렇게 일반적인 잡담들 사이에다 던지지 않았는가? 하나님께서 (하나님에 관해 번듯한 미사여구가 말해진다고 해도) 다만 침묵하시는 것이 아닌 다른 어떤 방식으로 그곳에 임재하실 수 있겠는가? 그러한 혼동 안에서는 필연적으로 (신학 작업이 있는 곳에 그 혼동이 없는 곳은 없다!) 다음의 심각하게 왜곡된 관계가 발생한다. 그것은 하나님 자신 그리고 (사람들이) 하나님에 대해 마땅히 믿어야 한다고 생각하는 것 사이의 불일치다. 하나님께서는 이 불일치 관계를 견딜 수 없으시기 때문에, 신학자와 그의 신학을 도우시는 것이 아니라 오히려 대적하신다.

[2] 신학 작업은 또 다음 경우에 심판 아래 떨어지는 것으로 보인다. 그것은 온갖 종류의 인간적 **허영심**Eitelkeit이 신학을 추진하는 과정에 거의 필연적으로 개입하는 경우다. 좌로나 우로나 치우치지 않고 최선을 다한 후 자신이 완성한 최고 작품을 바라볼 때조차도, 큰 탄식에 잠기면서 겸손하지 않을 사람이 누가 있겠는가? 그러나 바로 그곳에서 이 질문이 등장한다. "우리 중 **누가** 제일 큰가?" 이제 이 질문이 문제의 중심에 대한 저 광채 없는 겸허한 질문만큼 관심을 끈다. 그렇다. 누가 제일 큰 자인가? 누가 가장 큰 매력을 갖고 있으며, 그래서 교회에서 가장 많은 사람을 이끄는가? 누가 가장 많은 입교자를 갖는가? 혹은 대학에서는 누가 가장 많은 수강생을 갖는가? (이것은 이곳저곳에 있는 신학대학들 전체의 집단적 허영심에 관한 질문으로 인도한다!) 누구의 책이 가장 많이 주목을 받았고 읽혔는가? 사람들이 누구를 가깝고 먼 외국의 강단으로 초대했는가? 짧게 말해서 누가 자신의 일거리를 가장 빛나게 만들었는가? 사람들은 다른 인간적 모임들에 대해 말하듯이 또한 신학자들 그룹에 대해서도 "보라, 저들은 얼마나 서로를

사랑하는가!"라는 말이 해당한다고 생각한다. 그러나 사람들이 그렇게 생각해 주는 그곳에서 신학자들은 다수에 대한 허영심을 거의 속담이 되도록 되새기며 끊임없이 서로의 마음에 자극하며 입술에 올린다. 그리고 (과거에는 조야하게 행동했지만 오늘날에는 보통 부드럽고 공손하게 단서를 달면서 그러나 훨씬 날카롭게) 상대를 깊이 불신하고 거의 폭력적으로 자신이 더 많이 안다는 식으로 종이에 쓴다. 죽음 이후 저 세상에서 명확해지고 좋아질 것이라고 기대되는 것의 목록에 주저 없이 '신학자들의 광기rabies theologorum로부터의 해방'을 적어 넣어야 한다고 생각했던 사람은 멜란히톤 한 사람만이 아니었을 것이다. 물론 그 '광기'에는 흔히 진지한 이유가 있다. 그리고 허영심을 최고로 키워서 가장 큰 자가 되려는 저 '열심'은, 신학자들에게 특별히 주어지는 나름대로 정당한 염려와 미약하나마 관계가 있기는 하다. 그것은 교회 안에서 진리가 통치해야 한다는 염려다. 그러나 언제 어디서 신학이 이 염려 그리고 다만 시험에 들게 하는 인간적 자만심과 자기 칭의의 영역 사이의 경계선을 지속적으로 침범하지 않은 적이 있었는가? 하나님께서 그 영역에서 어떻게 진노하지 않으실 수 있겠으며, 다만 침묵으로써 임재하지 않으실 수 있겠는가? 자기 자신뿐만 아니라 서로를 넘어뜨리는 신학자들의 신학은—아직까지는 그럭저럭 좋게 보인다고 해도—그 신학의 고유한 대상으로부터 시험을 받는 신학이 아니고 무엇이겠는가?

[3] 신학은 본성상 **이론적** 작업이라는 점에서도 시험에 들고 비난받을 수 있다. 이론 작업에서 신학자는 물론 성서 앞에 머리를 숙이고, 여러 시대의 위대한 스승들의 음성에 귀를 기울이며, 진지한 경건성과 가장 강하고 날카로운 각자의 감각을 동원해서 '참 하나님 그리고 참

사람'을 향한다. 그러나 이론 작업 안에서 그는 공간·시간 없이 사색하고 명상하고 연설하면서, 참 하나님과 참 사람 사이의 구체적 상황을 너무 쉽게 시야에서 놓친다. 신학적 실존은 수도원적 삶의 어떤 요소, 평화로운 집중 그리나 또한 헤틸의 태도와 쾌직한 정신성의 요소를 갖는다. 이제, 한편으로 신학이 중요하게 여겨서 토론에 붙이고 다소 성공적으로 등장시키는 주제들, 그리고 다른 한편으로 오류와 혼동들의 바다, 고통과 비명의 바다인 신학 밖의 세상과 인간들 사이에는 경악할 만한 불일치가 있지 않은가? 바로 우리 시대에 무엇이 일어났고 또 일어나고 있는가? 신학 밖의 세상에는 오늘에 이르기까지도 극복되지 못한 저 과거가 남아 있다. 그것은 독재자의 광기 어린 과거, 그 패거리의 음모를 추종했던 군중의 과거, 그러나 또한 그들을 대적하고 극복하려고 했던 마찬가지로 우둔했던 사람들의 과거다. 신학 밖에는 살인자들 그리고 집단수용소에서 살해된 자들이 있다. 신학 밖에는 히로시마, 한국, 알제리, 콩고가 있다. 신학 밖에는 현재 인류의 대다수인 굶주린 사람들이 있다. 신학 밖에는 냉전이 있으며, 우리 행성 위 모든 생명의 종말을 초래할 뜨거운 핵전쟁의 어두운 위협이 있다. 그러나 여기 신학의 공간에는 말하자면 마르부르크의 약간의 비신화화론이 있고, 바젤의 약간의 교회교의학이 있다. 여기에는 "역사적" 예수의 재발견이 있고, 저 찬란한 '신 위의 신'의 새로운 발견이 있다.[1] 여기에는 세례와 성만찬에 대한, 율법과 복음에 대한, 케리그마와 신화에 대한, 로마서 13장과 디트리히 본회퍼의 유산에 대한 논의가 있고, 또 교회일치의 대화가 있다. 이 모든 것들 중 어느 하나도 하찮게 여겨지거나 나쁘다고 생각되어서는 안 된다. 많은 귀한 사람들이 많은 땀을 의심의 여지 없이, 헛되지 않게 그 모든 것 위에 흘렸다. 그러나

'주여, 구원하소서!' *Kyrie Eleison!* 이것들은 저기 밖에서 동시에 일어나는 것과 도대체 어떤 관계 안에 있는가? 신학은 일종의 사치스런 업무가 아닌가? 우리는 신학과 함께 살아 계신 하나님 앞에서 도피하고 있지는 않은가? 알베르트 슈바이처^Albert Schweitzer^와 같은 신학자가 문제가 좀 있다고는 해도—신학의 대상으로부터 직접 바라본다면—훨씬 더 나은 쪽을 선택하지 않았는가? 그리고 그와 함께 여기저기서 신학적 숙고는 전혀 없이 상처 입은 자를 치료하고 굶주린 자를 먹이고 목마른 자를 마시게 하고 부모 잃은 아이들에게 고향을 마련해 주었던 사람들이 최선을 택한 것이 아닌가? 세상의 (그리고 세상 안에 있는 교회의) 저 큰 곤경의 그림자 안에서 모든 신학은 시간이 너무 많아 유유자적하는 듯이 보이지 않는가? 또 예수 그리스도의 재림을 직접 부정하지는 않지만 그 구원의 재림에 다만 피상적으로 몰두하며, 그래서 눈에 띄게도 너무 쾌적하게 재림을 향해 나아가고 있지 않은가? 정신이 좀 불안정한 한 독일 청년이 얼마 전에 나를 찾아와 친절한 어투로 말했다. 그는 내가 나의 모든 책들을 (그 밖에도 루돌프 불트만^Rudolf Bultmann^과 에른스트 푹스^Ernst Fuchs^와 몇몇 다른 사람들의 책들도) 전적으로 무가치한 것으로 여기고 불태워 버려야 한다고 권했다. 나는 그와 같은 결론을 내리지는 않는다. 나는 다만 **질문들**을 던질 뿐이다. 그러나 그것은 긴급한 질문들이며, 버려지지 않고 제기된다는 자체로 이미 하나님의 진노의 형태를 표현한다. 그 진노 안에서 우리가 신학이라고 수행하는 것은 뿌리에서부터 공격을 당할 수밖에 없다.

(4) 신학은 자신에게 가장 본질적인 과업^Leistung^의 관점에서도 비난받을 수 있고, 하나님의 시험을 당할 수 있다. 신학이 사실상 교회를

155

알맞게 인도해서 세상 안에서 교회의 봉사를 촉진시켰던 것이 몇 번이나 되는가? 오히려 신학 자신이 성서의 학교 안에 머물지 않고 다른 사람들이 성서에 접근하는 것을 막음으로써, 오히려 신학 자신은 알지도 못한 채 지 시대적 늑대들과 힘께 울부짖거나, 혹은 자의적 및 독단적으로 대처해서 한 무리의 늑대들은 내쫓지만 다른 무리에게는 대문과 현관문까지 활짝 열어 줌으로써, 얼마나 자주 교회를 **잘못 인도**하고 교회의 봉사를 방해했던가? 아타나시우스, 아우구스티누스, 토마스 아퀴나스, 루터, 츠빙글리, 칼뱅 등의 저 위대하고 널리 인정된 신학들조차도 그들의 많은 긍정적인 결과들과 영향들 곁에 진실로 구제받기 힘든 것들을 함께 남긴 것을 볼 때, 우리는 대단히 놀라지 않을 수 있는가? 키르케고르Søren Kierkegaard와 콜브뤼게Hermann Friedrich Kohlbrügge도 두말할 필요도 없이 그러하지 않은가? 신학이 성서를 해석하면서 어떤 낯선 것 더 나아가 정반대의 것을 성서 안에 주입하며, 하나를 인식하면서 다른 하나를 근본적으로 오해하며, 한쪽에서는 고백하면서 다른 쪽에서는 부인하며, 이쪽에서는 진리를 등경 위에 올려놓으면서 다른 쪽에서는 축제를 벌이며 단호하게 말 아래 두었던 적이 도대체 몇 번이었으며, 이러한 일로부터 자신을 방어했던 적이 다만 몇 번이라도 있었던가? 예수께서 서기관들에게 하신 "화 있을지어다!"라는 말씀이 신학자들이 즐겨 행하는 것처럼 상대를 향하기보다는, 오히려 우선 자기 자신에게 관계시키는 일이 필요하지 않았던 어떤 신학 형태가 있었는가? 신학이 "화 있을지어다!"라는 말씀 아래 있다는 것은 하나님의 시험 아래 위치해 있음을 뜻한다. 그러한 신학에게는 "혹시 예수 그리스도가 아니라 오히려 적그리스도에게 봉사하고 있지 않은가?"라는 심판의 질문이 제기되어야 한다.

여기서 잠시 멈추자. 신학에 대한 이러한 최종 및 최고 형식의 위협이 약간 날카롭기는 하지만 그러나 지나가는 것이며, 많은 신학 중 일부에만 해당하는 위기에 불과하다면, 사태는 그다지 심각하지 않을 것이다. 날카롭기는 해도 일시적인 그러한 위기들은 알아볼 수 있는 신학사의 불운한 사건들 안에서 때때로 등장하며, 여기저기서 실제로 터져 나온다. 그러나 진정한 신학적 위기는 잠재적으로 **항상** 그리고 **모든 곳에서** 신학 위에 드리워지는 위기다. 그러므로 신학은 오직 하나님의 긍휼에 의해 살아갈 수밖에 없으며, 하나님의 심판을 경험하면서 올바르고 쓸모 있게 만들어져 가는 수밖에 없다.

신학적 위기가 다만 마귀에 의한 것이라면, 마찬가지로 사태는 그렇게까지 심각하지는 않을 것이다. 마귀의 위협은 신학적 고독과 의심 정도여서, 완전히는 아니라고 해도 어느 정도는 이해될 만하다. 신학자는 때로는 마귀를 향해 루터의 저 훌륭한 모범에 따라 잉크병을 집어 던져야 할 것이며, 다른 모든 방법이 실패했을 경우에는 반드시 용감하게 그렇게 해야 할 것이다. 그러나 하나님의 시험에 대해서는 그러한 조치들이 아무런 의미가 없다. 하나님의 시험은 신학자와 그의 놀라운 작업을 향하신 하나님의 행동 내지는 은혜의 순간이기 때문이다. 그 행동과 순간은 경악할 정도로 가혹하기는 하지만, 다시 말해 하나님의 뜨겁게 사르는 사랑의 불길이지만, 그러나 신학자와 신학 작품을 구원하며 순화시킨다. 이 사랑의 시험으로부터의 도피란 있을 수 없다. 그 시험은 오직 참고 견딜 것을 요구한다. 이 시험을 참고 견디지 못할 경우 신학은 기쁨의 학문이 될 수 없다.

13

희망

"**참고 견디는 것!**" 이것이 신학을 위협하는 세 가지 형식에 대한 우리의 대책, 아니 더 낮게 말하자면 해법이었다. 우리는 앞의 세 강의를 마쳤으니 이제 이 해법이 좀 가볍거나 편안하게 들리는 다른 해법으로 건너가서 대체되리라고 기대해서는 안 된다. 그렇게 된다면 신학에 관해 그리고 신학을 위협하는 고독, 의심, 시험에 관해 말해진 것이 최종적으로는 그다지 심각한 것은 아니었다고 나중에 밝히는 셈이 될 것이다. 우리가 문제의 중심에 놓인 그 어두운 측면을 반드시 숙고해야만 한다는 최선의 방책 앞에서 우리 마음을 닫아 버린다면 더욱 나쁜 결과다. 이제 이 노선에서 우리에게 허용된 것 아니 명령된 것은 신학 안의 고독, 의심, 시험을 마주하는 저 가혹한 참음과 견딤이 어떤 긍정적인 의미를 갖는지 숙고하는 일이다. "참고 견디라!"는 해법이 우리가 할 수 있는 최종적인 말일 때, 바로 그 순간 우리는 그 긍정적인 곳을 향하게 된다. 그때 다른 어떤 더 나은 해법으로 건너가거나 대체되는 일은 불필요해진다.

"참고 견디라!"는 우선 다음을 생각하게 한다. 신학이 관련되는 곳에서 **핍박**^{Bedrängnis}은 회피되거나 제거될 수 없고, 우리는 그것을 감수해야 한다. 우리가 신학 그리고 신학적 실존이라고 알고 있는 것은 저 세 가지의 위협 안에 있고, 시간이 지속되는 한 언제나 어디에서나 그 위협 안에 있게 될 것이다. 이 위협이 고통과 아픔을 주고 최고 및 최종 형식으로 치명적이기 때문에, 우리는 그 사실을 다르게 이해하고 싶어 한다. 신학은 일종의 질병이라는 저 대담하고 멋진 문구가 전혀 근거가 없는 것은 아닐지도 모른다! 우리는 신학의 최종 및 최고의 정점에서 그 위협을 "죽음에 이르는 병"이라고 말할 수도 있다. 그리고 이 병의 결과는 예측되지 않는다. 우리는 적절한 치료나 어떤 자연적인 치유 과정에 의해 그 병으로부터 놓이게 될 것이라고 기대해서는 안 된다. 그런 입장에 서려는 사람, 즉 신학과 신학자의 위협이 고난과 핍박을 뜻하기 때문에 그 위협을 인정하지 않으려 하거나 피해 가려는 사람, 고개를 흔들며 그것을 잊어버리려고 하는 사람은, 또 그렇게 해야 하고 할 수 있다고 생각하는 사람은 차라리 이 일에서 손을 떼는 편이 낫다. 신학이 아닌 다른 많은, 겉으로 보기에도 덜 해롭고 덜 위험한 직업들이 있다. 그러나 신학자에게는 처음부터 끝까지 저 세 가지의 특이하고도 날카로운 **불쾌함**^{Unannehmlichkeit}이 주어지며, 신학은 그 불쾌함 안에서 착수되고 실행될 수밖에 없다. 신학자는 그것을 다만 참고 견디는 수밖에 없다.

신학자가 그것을 참고 견디려고 할 때, 그가 저 불쾌감 때문에 피하고 도망하고 항복하거나 자신의 신학 작업을 중단해서 더 이상 행하지 않거나 신학적 문제의식을 던져 버리는 일이 있어서는 안 될 것이다. 참고 견디는 일은 피로, 탄식, 신음소리 아래서 그리고 고통, 눈물, 비명소리 아래서 일어나지만, 그러나 이것은―모든 사정이 생각했던 것보다 더욱 악화된다고 해도―잃는 소리를 하며 항복하거나 포기하는 것과는 정반대의 일이다. 견딘다는 것^{Ertragen}은 신학자에게 부과된 짐을 던져 버리거나 어떤 곳에 내려놓는 것이 아니라, 그 아픔에도 불구하고 계속 운반해 나가는 것을 뜻한다. 참는다는 것^{Aushalten}은 배수진을 치고 버티는 것이고, 어떤 대가를 치르더라도 놓아 버리지 않는 것이며, 어떤 상황에서도 굳게 붙드는 것이다. 참고 견디는 것은 녹초가 되는 것이 아니라, 오히려 하나님의 이름으로 약간 용감해지는 것이다. 신학자가 되어서 이렇게 약간 용감해지지 않으려는 사람은 이 일에서 손을 떼는 편이 나을 것이다. 그러나 그렇게 용감해지려고 하지 말아야 할 이유, 또 그렇게 할 수 없는 이유가 무엇이겠는가?

앞의 세 강의를 되돌아보면서 다음을 알파와 오메가로 확정할 수 있겠다. 많은 핍박이 없이는 신학이 있을 수 없으며, 또 그 핍박 안에서 약간의 용기 없이도 신학은 있을 수 없다. "참고 견디라!"는 이러한 이중적 의미에서 이해된다.

이제 우리는 '그럼에도 불구하고' 계속 나아간다. 이것은 시편 73편의 '그럼에도 불구하고'^{dennoch1}와 조금도 다르지 않다. 신학의 위협과 핍박은 희망 즉 신학 작업을 향한 지치지 않는 추진력을 자신의 곁 혹은 뒤편이 아니라 오히려 자신 안에 가지고 있다. 이 말이 핍박을 알파와 오메가로 확정하는 것을 약화시키는 것은 아니다. 우리는 그 확정된 명제에서 아무것도 감하거나 더하지 않는다. 오히려 우리는 그 핍박의 명제의 완전한 내용 전체를 반복하고 있다. 신학자가 그 핍박을 참고 견딜 때(참고 견디는 시간이 끝난 후가 아니라, 바로 그 **진행** 중에) 신학 작업은 희망과 함께 수용되고 수행된다. 이 점이 좀 더 상세하게 이해되어야 한다.

신학은 모든 내용에서 하나님의 **사역**의 현실성 그리고 신학 자신보다 철저히 우위에 있는 하나님의 **말씀**의 진리를 바라보며 작업한다. 말씀의 진리는 신학에게 주어지지만 신학보다 철저히 앞서면서 주어지고, 그래서 언제나 어디서나 신학의 미래가 되며, 신학의 손에 잡히지 않으며, 신학적 사유와 진술의 처리 능력 안에 들어오지 않으며, 그래서 신학자가 그 진리를 마음대로 처리하거나 위탁받을 수 없다. 신학은 말씀의 진리를 언제나 어디서나 다만 멀리서 바라보고 멀리서 그쪽으로 나아갈 수 있을 뿐이다. 신학은 높은 위엄 안에 있는 하나님의 사역과 말씀에 의해 공동체에 봉사하는 한 기능으로 일깨워지고 요청된다. 그러나 그 신학은 **인간의** 행위이며, 그래서 자명하게도 필연적으로 의문시되고 위협을 당한다. 그러므로 이 행위에 붙들린 사람이 고독해지고, 그 행위 자체에 대한 의심에 사로잡히고, 마지막으로 바로 그 위엄에 찬 현실성과 진리로부터 오는―자신이 바라보는 바로 그곳으로부터 오는―시험과 굴욕을 당하고 비난받고 정죄당하는 일이 어떻게 없을 수 있겠는가? 인간적 사역과 말은 하나님의 사역과 말씀 앞에서 스스로 존속할 수 없으며, 그 대상과의 관계에서 다만 좌초하고 파괴될 뿐이며, 먼지와 재가 될 뿐이다. 우리는 지난 세 강의에서 신학에게 이러한 일이 일어난다는 사실에 몰두했다. 신학이 다른 어떤 인간적인 일 앞에서―특별히 다른 인간적 학문들 앞에서―어떤 영광을 취한다면, 그것은 아마도 신학에게 그 위협이 다음과 같이 너무도 뚜렷하고 명백한 역설적 경우로 주어질 때다. 말하자면 그것은 누구든지 언제라도 신학의 상처를 손가락으로 가리킬 수 있게 되어, 마지막으로 신학 자신도 자신에게 그러한 상처가 주어졌다는 것을 간과하고 부정할 수 없게 되는 경우다. 그때 그 대가로, 그 대상을 향하고 바라보며 진리 질문을 제기하고 대답하는 신학 작업은 탁월하게 고귀한 작업이 된다.

신학은 그와 같은 세 가지 위협이 자신과 또한 모든 타자에게 주어진다는 사실에 불평할 수 없다. 어떻게 신학이 그 사실을 벗어나겠는가? 이제 당연히 그래야 하는 것처럼 하나님의 우월한 사역과 말씀을 향할 때, 신학은 다음 사실을 알게 되며, 그것을 계속 숙고하게 되며, 공개적·규정적으로 인정하지 않을 수 없게 된다. 그것은 하나님의 사역과 말씀으로부터 (비도덕적이거나 혹은 도덕적인, 불경건하거나 혹은 경건한!) **모든** 육체, 그리고 (덜 뛰어나거나 혹은 가장 우월하다는) 모든 인간적 사고, 의지, 행동이 고소되고 정죄되고 극단적으로 공격받는다는 사실이며, 하나님의 사역과 말씀으로부터 시작되는 불꽃 안에서 먼지와 재가 되지 않을 수 있는 어떤 인간적 사역과 말은 없다는 사실이다. 이제 신학이 어떻게 자신의 사역과 말만 그중에서 예외가 되기를 바라거나 요청할 수 있겠는가? 그렇게 잘못 바라고 잘못 요청하는 만큼 신학은 하나님의 사역과 말씀을 외면하는 셈이 될 것이며, 자신의 대상을 잃어버리고 공허한 사변과 언어유희에 빠진 셈이 될 것이다. 또 신학은 그러한 만큼 소외될 것이고, 자신이 봉사해야 하는 공동체와 세상 안의 사람들로부터 스스로를 고립시키고 분리시키는 셈이 될 것이며, 그래서 신학의 과제는 이 측면에서도 쓸모없게 될 것이다. 신학이 쓸모 있게 될 때는 **오직** 다음 경우다. 즉 신학이 다른 모든 인간의 작업들과 함께 자신의 작업도 하나님의 심판 아래 세우며, 오히려 무전제로 그 시험에 넘기고 굴복시키며, 주어진 위협에 몸을 사리거나 반항하지 않으며, 오히려 그 시험의 정당성을 인정하며, 그것을 기뻐하며, 시험의 돌입을 참고 견디는 경우다. 바로 이것을 행할 때, 신학은 (자신의 대상과 학문적 근거인) 하나님의 사역 및 말씀과 자신과의 만남이 현실적이고 참된 것임을 예증하게 된다. 바로 이것을 행할 때, 신학은 자신을 둘러싼 공동체와 인류의 한가운데서 자신의 적법한 자리를 갖고 봉사하게 된다. 신학이 모든 육체 그리고 세상 전체와 연대해서 하나님의 심판에 **굴복**할 때, 하나님의 **은혜**의 희망이 신학에게 주어진다. 은혜가 심판의 비밀이며, 은혜가 희망으로 현재한다. 신학은 은혜에 참여할 지분을 갖고 있으며, 은혜 안에서 신학은 자신의 작업을 수행할 수 있다.

이제 신학은 하나님의 사역과 말씀으로부터 오는 위협 아래서 다른 견해, 의지, 성취를 가진 다른 일반적인 사람과 비슷한 것이 아니라, 오히려 어느 정도 더 많은 고통을 겪어야 한다는 것에 대해서도 불평할 수 없다. 더 많은 고통이라는 것은 말하자면 다음과 같은 점에서 그러하다. 하나님께서 그 일반적인 사람들과 대립Widerspruch하실 때, 그 고통스런 대립 안에는 하나님의 은혜로우신 권고Zuspruch 그리고 인간과 세계 전체의 희망이 숨어 있다. 또 하나님께서는 (하나님과 인간 사이의 교제를 공적으로 드러내면서 인간 그리고 하나님에 몰두하는) 신학자에게도 마찬가지로 고통스럽게 대립하신다. 이제 신학자에 대한 대립은 의사, 기술자 혹은 예술가, 농부, 장인, 일용 노동자, 상인, 혹은 사무원 등의 일반적 행위에 대해서보다는 훨씬 더 명확하고, 더 나아가—장관壯觀이라고 말할 수 없지만—훨씬 과중한 것임이 분명하게 드러나야 한다. 모든 인간적 본질을 관통하는 〔심판과 은혜 사이의〕 저 기괴한 '단절'Bruch 중 얼마나 큰 부분이 신학적인 일 자체의 완고함과 뻔뻔함 그리고 또 성공을 추구하는 인간적 의도와 수행 등을 통해 신학 작업 안에 상대적·잠정적으로 은폐되어 있겠는가? 이제 신학자가 착수하고 수행하는 일에 그러한 은폐성이 없어야 함이 당연하기 때문에—그렇지 않다면 신학자나 주변 세계 둘 중 하나가 속이는 셈이 된다!—신학자가 자신이 감행하는 모든 걸음마다 그의 질문과 대답, 그의 연구와 발표, 그의 발견과 공식화 등이 지닌 부분적 한계의 특성을 새롭고 명확하게 의식해야 하는 것도 당연하다. 신학자가 생각하는 어떤 사상, 그가 감행하는 어떤 명제는 그 신학자 자신을 깨워야 한다. 즉 그에게 (물론 다른 사람에게도) 오직 하나님만 선하시며, 인간의 최고의 의지와 사역도 전혀 선하지 않다는 사실을 반드시 깨우쳐 주어야 한다. 어떤 "좋은" 성서 주석, "좋은" 설교, "좋은" 신학책이라고 말해지는 것이 도대체 무슨 소용인가? 어떤 "유명한" 혹은 "천재적인" 신학자라고 말하는 것은, 자기 자신을 그렇게 여기는 것은 말할 필요도 없이, 개념 없는 어리석은 짓이 아니겠는가? "주님만 홀로 왕이시며 나는 시드는 꽃입니다"[2]라는 찬송가 가사를 자기 자신과 자신의 저작들에게 직접 적용해야 할 단서와 이유를 신학자보다 더 많이 갖는 사람이 또 있겠는가? 그러나 바로 그 적용이 희한하게도 신학자들로 하여금 다른 사람들보다 앞서게 만든다! 그러므로 신학자는 그 점을 부끄러워 말아야 한다. 그것을 부끄러워한다면, 그에게 특별하게 맡겨진 복음을 그리고 그가 마주 향하고 있는 그의 학문과 특별한 봉사의 대상을 부끄러워하는 셈이 되며, 또 그가 봉사할 때 동반해야 하는 저 특별한 희망을 부끄러워하는 셈이 될 것이다. 신학의 그 특별한 **희망**은 신학의 특별한 위협이다. 바로 그 희망 때문에 신학자는 고독, 의심, 시험에 의해 다른 사람들보다 더 두드러지게 고난을 받는다. 그가 그 희망을—그의 특별한 위협의 곁이 아니라 바로 그 한가운데서—붙들 때, 아브라함과 함께 "아무것도 희망할 수 없는 중에 희망할 때"(롬 4:18) *contra spem in spem* 그는 그 위협을 참고 견딜 수 있으며 당연히 및 마땅히 그렇게 하게 된다. 그는 알지 못하는가? 그는 듣지 못했는가? 다음이 그의 가장 본질적인 주제가 아닌가? 하나님께서 당신의 아들 안에서 세상에 오신 것은 병자들을 건강하게 하려 함이며, 잃어버린 자들을 찾아 구원하려 하심이다. 그가 신학에 몰두할 때, 그 일 그리고 바로 자기 자신을 특별하게 병들고 잃어버려진 것으로 여길 수 있다면, 그는 다음을 알아채지 못할 리가 없다. 신학을 수용하면서 당할 수밖에 없는 고난을 참고 견딜 때, 바로 그 신학자 자신은 하나님께서 너무도 특별하게 찾고 치료하고 구원하시려는 그 사람이다.

여기서 한 걸음 더 나아가서 신학의 극단적 위협과 희망 사이의 관계를 좀 더 구체적으로 이해하고자 한다.

하나님의 심판 아래서 모든 인간적 본질과 모든 신학적 본질 전체는 어떤 의도도 명분도 존속도 가질 수 없으며, 그 앞에서는 오직 먼지와 재가 될 수밖에 없다. 그러나 하나님의 진노는 바로 그분의 사랑의 불꽃이기 때문에, 모든 인간적·신학적 본질에 대한 그분의 **심판**의 대립성contrarium 안에는 그분의 **은혜**가 은폐되어 작용하며, 그 은혜는 계시됨을 향해 나아가기 때문에 그 하나님은 또한 인간적 사역과 말의 희망이 되시며, 약속과 추진력도 되신다. 그 하나님 아래서 인간적 사역과 말은 그 심각한 위협 안에서도 감행될 수 있고 또 감행되어야 한다. 그 하나님께서는 온갖 특성의 인간적 사역과 말이 무력함과 의문에 빠진 것으로 드러날 때, 그곳에 계신다. "아무것도 희망할 수 없는 상황에서 희망하는" 바로 그곳에서 이제야 비로소 올바르게 하나님을 향한 희망이 생성되며, 이제야 비로소 그분의 말씀을 의지해서 그물이 던져진다. 이 의미에서 이해될 때, 하나님으로부터 오는 (모든 인간적 본질과 특수하게는 신학적 본질에 대한) 극단적 위협은 다만 상대적이고 절대적이 아니며, 그래서 참을 수 있고 견딜 수 있는 위협이다.

우리는 지금 인간이 고안해 낸 자칭의 어떤 신에 대해 말하고 있는 것이 아니다. 인간이 고안해 낸 어떤 신의 은혜는 보통 인간이 마음속에 노심초사하는 것에 상응할 뿐, 자신을 자유롭게 선사하는 참된 은혜가 아니다. 오히려 그런 은혜는 인간이 자칭 선하다고 하는 사역 안에서 대가를 주고 획득될 수 있는 조건부의 것이다. 그런 어떤 은혜라는 것은 보통 대립성 아래*sub contrario* 은폐된 것이 아니며, 극단적 위협과 심판으로 인간에게 다가오지도 않으며, 오히려 인간에게 어떤 방식으로든 직접 제공되고 도달이 가능하며, 비교적 다루기 쉽고 값싸고 쉽게 소유할 수 있는 소위 '은혜'에 불과하다. 그러므로 이러한 우상들을 향한 신학자들은 우리가 지금 개신교신학에 대해 말했던 것 중 어느 하나도 공유할 수 없다. 개신교신학은 하나님에 의해 극단적 위협을 받는 인간적 사역이다. 그 인간적 사역은 그분의 판결과 심판 안에서 잃어버려진 것이며, 자신의 목적에 도달하지 못하며, 오히려 목적에 도달하기 오래전에 이미 좌초하며, 그러나 동시에 하나님의 찾으심, 치유, 구원에 대한 희망 안에서 추진된다. 우리는 처음부터 복음의 하나님에 관해서 말했다. 그분이 그렇게 위협을 받는 신학의 대상이시다. 바로 그분이 신학을 위협하신다. 그러나 그분은 그렇게 위협하시는 동시에 또한 신학의 희망이시다. 그분이 신학을 가장 깊은 곳에서 부끄럽게 만드신다. 그러나 신학의 희망이신 그분 그리고 그분을 향한 희망은 바로 그 신학을 결코 수치당하도록 버려두지 않으신다.

우리는 이 희망을 복음의 하나님께서 예수 그리스도 안에서 행동하셨고 자신을 계시하셨다는 관점에서 말한다. 예수 그리스도께서 하나님의 사역과 말씀이시다. 예수 그리스도께서 모든 인간적인 또한 신학적인 본질을 불사르는 하나님의 사랑의 불꽃이시다. 예수 그리스도 앞에서 모든 인간의 지식과 행위는—그분을 가장 가깝게 알고 있는 사람은 이것을 가장 잘 알 것이다—다만 침몰하고 몰락한다. 그분은 그러한 심판자이시다. 이 사람을 보라!*Ecce homo!* 그분의 인격 안에서 아담이—누구보다도 우선 경건하고 학식 있고 현명한 아담이—범죄자로 표식되고 벌거벗겨지고 유죄판결을 받고 채찍질당하고 죽임을 당하는 사건이 발생했다. 이러한 심판이 성취되면서 극단적 위협의 폭풍 즉 고독, 의심, 시험의 곤경이 그분 위로 강력하게 몰아닥쳤다. 그런 강력함은 그분 이전에도 없었고 이후에도 없었다. 예수 그리스도 안에 계신 하나님께서 신학의 대상이라면, 그리고 그 신학이 복음적 개신교신학이라면, 이제 예수 그리스도께서 신학의 대상이 되신다. 신학이 예수 그리스도 안에서의 하나님 인식이라면, 그것은 골고다의 십자가에서 실행된 인간의 **심판**의 그늘 안에서 일어날 수밖에 없다. 다른 모든 인간적 행동과 공동체의 행동도 그러하지만 특별히 신학적 인식의 행동은 더욱 그러할 수밖에 없다. 또 신학의 행동은 그 심판의 그늘 아래서 우선 결정적으로 그분에게 일어났고 또 그분에게서 공개되었던 저 위협의 표징과 특징을 짊어지지 않을 수 없다. '신학 교수란 무엇인가?'라고 키르케고르는 냉소적으로 묻고 대답했다. 그는 다른 어떤 이가 십자가에 못 박히셨기 때문에 교수인 것이 아닌가? 그렇다. 이제 신학 교수는 빚진 것을 갚아야 한다. 그가 이 의무를 회피하려고 한다면, 고독, 의심, 시험의 핍박으로부터 벗어나려고 한다면, 그는 그분과 무슨 관계가 있겠는가? 그분 안의 하나님을 안다는 것 안에는 명백하게도 다음의 순종과 뒤따름이 포함되어 있다. 그것은 그분 안에서 행동하시며 세상을 그분 안에서 자신과 화해시키시는 하나님께 대한 순종이고, 그렇게 그분을 뒤따르는 것이다. 신학은 십자가의 신학*theologia crucis*으로서 그분의 것에 비교한다면 겸허한 곤경에 불과한 십자가, 즉 신학 안에서 당할 수밖에 없는 자신의 작은 십자가를 그분과의 연합 안에서 아무 불평과 거부 없이 참고 견디는 것을 어떻게 기뻐하지 않을 수 있겠는가?

그러나 이것이 전부는 아니다. 그 회피될 수 없는 '아니오' 아래 깊이 은폐된 '예'는 하나님의 사역과 말씀의 의미, 즉 세상의 하나님과의 **화해**와 인간과 맺은 계약의 **성취**라는 의미를 갖는다. 그 화해를 하나님께서는 예수 그리스도 안에서 완성하시고 계시하셨다. 이제 예수 그리스도께서는 모든 인간 그리고 그들의 본질과 행위에 대한 심판을 다음의 방식으로 완전하게 실행하셨다. 즉 심판자이신 그분 자신이 심판당해야 하는 자들의 자리로 내려가시고 그 자리에 서시며, 자기 자신을 그들, 곧 그들의 해방을 위해 심판당하도록 하셨다. 이제 골고다에서 실행된 심판의 비밀은 실제로는 비非은혜가 아니라 오히려 하나님의 **은혜**이며, 인간의 멸망이 아니라 오히려 **구원**이며, 더 나아가 **새 창조**다. 하나님의 신실하심에 동일한 신실로써 상응하는 인간들, 평화 안에서 그분과 함께 그분의 명예를 위해 살아가는 자유롭게 된 인간들의 새 창조다. 사랑하는 아들의 죽음 안에서 행동하시면서 자신을 계시하시는 하나님께서는 치명적인 위협도 되시지만, 그러나 또한 인간적·그리스도교적·신학적 본질을 살리는 희망도 되신다. 예수 그리스도께서는 최종적으로—사람들은 이것을 믿지 않을 수도 있지만 그러나 사실이다—또한 신학자들을 위해서도 죽으셨으며, 계시 안에서 또한 그들을 위해 부활하셨으며, 또한 그들의 희망이시다. 거룩한 십자가만이 나의 유일한 희망이다!*Ave crux unica spes mea!* 그러므로 신학자들은 다음을 굳게 붙들어야 한다. 신학의 근거 및 대상이신 살아 계신 예수 그리스도께서는, 신학을 가능하게 하고 다스리고 유지하시는 그분은, 다름이 아니라 바로 **십자가에 못 박히신 분**이시다. 신학자가 이것을 굳게 붙든다면, 그때 신학은 십자가의 신학으로서 동시에 영광의 신학*theologia gloriae*일 수 있다. 영광의 신학은 하나님 자녀들의 영광을 바라보는 희망의 신학이다. 하나님 자녀들의 영광은 예수 그리스도의 부활 안에서 이미 계시되었으며, 최종적으로 모든 피조물들 그리고 또한 신학과 신학적 행위에 새롭게 계시된다. 신학의 총체적 위협에도 불구하고 아니 바로 그 총체적 위협 안에서 신학의 희망이 되시는 그분을 바라볼 때, 신학자들은 다른 모든 인간들과 함께 머리를 들 수 있다. "만일 우리가 그리스도와 함께 죽었으면, 또한 그와 함께 살 줄을"(롬 6:8) 믿는다. 첫째의 죽음이 없을 수 없다. 물론 그것은 그리스도와의 연합 안에서 발생한다. 마찬가지로 둘째의 부활도 없을 수 없다. 그것 또한 그리스도와의 연합 안에서 발생한다. 신학은 깊이 경악하며 작업하지만 또한 깊은 생명을 맛보며, 깊은 굴욕 안에 있지만 또한 **그분을 통해** 그리고 그분의 뒤따름 안에서 깊은 위로를 받는다. 그때 신학은 단단한 반석 위에 있게 된다. 그때 주님에 대한 신학자의 희망이 그의 신학적 행위 안에 은폐되기 때문에, 신학자는 고독, 의심, 시험으로 인해 참고 견디는 일을 기꺼이 행할 수 있게 된다. 말하자면 신학자는 "약간 용감해지는" 정도가 아니라, 오히려 칼뱅이 말한 것과 같이 성령의 열정과 기쁨과 즐거움 안에서 참고 견딜 줄 알게 된다. 그 안의 '아니오'는 오늘 여기서 이미 효력이 있는 '예'의 껍질일 뿐이다. 이 껍질은 마지막에는 결국 파열될 것이다.

IV

신학적 작업

14

기도

"개신교신학 입문" 강의의 마지막 제IV부의 주제는 신학적 **작업** Arbeit이다. 우리는 제I부에서 신학의 대상에 의해 지시되는 신학의 특별한 장소를, 제II부에서 신학을 대하는 신학자들의 실존 방식을, 제III부에서는 신학과 신학자에게 닥치는 위협을 논했다. 이제 여기서는 신학이 수행하고 만들어 내고 성취해야 하는 것을 논의하기로 한다.

바로 앞에서 우리는 두 가지를 분명히 했다. (1) 모든 신학 작업은 오직 저 거대한 **핍박** 안에서만 착수되고 실행될 수 있다. 이 핍박은 신학의 안팎으로부터 오지만, 그러나 가장 집약적·결정적으로는 바로 신학의 대상으로부터 온다. 심판과 죽음이 없다면 신학 안에는 어떤 은혜도 생명도 없을 것이며, 겸허가 없다면 용기도 없을 것이며, 굴복 없이는 일어섬이 없을 것이며, 여기서 우리의 힘으로 할 수 있는 것이 아무것도 없다는 것을 알지 못하면 어떤 용기 있는 행동도 있을 수 없을 것이다. (2) 그러나 신학 작업이 힘차게 착수될 수 있는 것은 (신학 안에서 발생하지 않을 수 없는) 그 큰 핍박 안에 그보다 더 큰 **희망**과 신학적 **추진력**이 숨어 있기 때문이다. 심판 안에서 은혜가 활동하며 선사된다. 죽음 안에서 생명이 일깨워지며 살아난다. 겸허 안에서 당연히 및 마땅히darf und soll 용기가 취해져야 한다. 굴복하는 자만이 당연히 및 마땅히 여기서 일어설 수 있다. 우리 힘으로 할 수 있는 것이 아무것도 없다는 앎 안에서 우리는 당연히 및 마땅히 용감하게 행동하게 된다. 신학이 자신의 대상에게 충실하게 향할 때, 양자(핍박과 희망)의 진지한 수용은 거부될 수 없다. 모든 고독과 의심에도 불구하고 신학이 바로 자신의 대상에 의한 시험을 기쁘게 여길 때, 그 수용은 거부될 수 없다. 이제 우리는 (1)을 시야에 그대로 두면서, (2)에 관심을 돌린다. 그것은 강하게 위협받지만 그러나 더 큰 희망 안에서 신학 작업을 수용하는 것이 우리에게 허용되어 있고 또 명령되어 있음을 뜻한다.

신학 작업의 첫째 근본적 행위는 **기도**다. 이 사실은 계속해서 전개될 이후의 내용에도 낮은 화음으로 깔리게 될 것이다. 물론 신학 작업은 시초부터 그리고 중단 없이 계속해서 연구Studium이며, 신학 작업 전체는 봉사Dienst다. (이 둘이 다음 두 강의의 주제다.) 또 신학 작업은 그것이 사랑(이것이 마지막 마치는 주제다)의 행위가 아니라면 아무 소용도 없을 것이다. 그러나 신학 작업은 기도와 함께 시작되고 기도를 동반해야 할 뿐만 아니라, 반드시 기도 안에서 수행되어야 하는 작업이다. 이것이 신학 작업의 특별한 특성이다. (우리는 저 위협을 뒤돌아보면서 그리고 그 위협 안에 포함된 희망을 이끌어 내면서 그렇게 말한다.) 우리는 잘 생각해야 한다. 기도 그 자체는, 비록 우리가 기도할 때 손을 움직이지 않고 수동적으로 모으기는 하지만, 그래도 대단히 힘써야 하는 작업이다. 보통은 이렇게 이야기된다. "기도하라! 그리고 일하라!"*ora et labora!* 신학과 관련해서 이것은 유효하다. 그러나 기도로 시작한 후, 일해 나가는 중에 가끔씩 기도하자는 것이 아니다. 오히려 일한다는 것 자체가 근원적으로 이미 기도이며, 일의 행동은 모든 차원, 관계, 운동 안에서 기도의 특성과 의미를 갖는다. 우리는 이 사실을 몇 가지 중요한 관점에서 이해하고자 한다.

1. 올바르고 쓸모 있는 신학 작업은 **열려 있는** 공간에서 진행된다는 특징을 갖는다. 그 신학 작업은 자신 주변의 교회와 세상의 삶에 (물론 좋을 수도 있고 나쁠 수도 있지만) 열려 있는 창문을 가질 뿐만 아니라, 더 나아가 천장에 빛이 들어오는 천창을 갖는다. 다시 말해 하늘로부터, 하나님의 사역과 말씀으로부터 빛이 비치도록 열려 있으며, 그 자신도 하늘을 향해, 하나님의 사역과 말씀을 향해 열려 있다. 신학 작업이 이렇게 열려 있는 공간 안에서 진행된다는 것은 제대로 이해되지 않을 수도 있다. 그 공간은 신학의 대상, 근원, 목적을 향해 열려 있지만, 또한 저 큰 위협과 그 안에 근거된 더욱 큰 희망을 향해서도 열려 있어야 하기 때문이다. 때로는 그 공간이 이 방향을 향해 닫히고 폐쇄되어 캡슐에 갇힌, 그래서 빛이 없는 공간이 될 수도 있다. 그 공간 자체가 다만 인간적 질문과 대답, 인간적인 연구, 사고, 진술의 공간에 불과해질 수도 있다. 이제 다음 사실에 놀라지 않을 신학자가 어디 있겠는가? 신학자는 성서 메시지를 잘 듣고, 신조들과 교부들과 동료들의 음성을 잘 이해하고, 또 필요한 만큼 자신을 세상에 개방해서 그 결과 비교적 올바르고 중요한 통찰과 진술들로 나아가려는 아마도 대단히 진지한 노력 전체에도 불구하고, 다만 어떤 인간적인, 너무도 인간

적인 영역에 갇혀 덫에 잡힌 생쥐처럼 맴돌게 될 수도 있다. 그는 여기 혹은 저기에 머물면서 혹은 다시 서두르면서 어떤 흥미로운 문제들 곁을, 물론 틀림없이 숙고할 만하고 흥분하게 하는 인식들 곁을 지나간다. 다만 그때 신학적 핵심의 전체성과 그에 따른 세부사항들은—비록 그가 문제의 중심에 머물렀고 창문은 좌우의 모든 방향을 향해 열려 있었다고 해도—그 어느 곳에서도 본질로부터 조명되지는 않으며, 어떤 윤곽과 연속성을 제시하지 않으며, 자신의 통일성, 필연성, 유익함, 아름다움 등을 드러내 주지 않을 수 있다. 무엇이 문제인가? 바로 이것이다. 그는 자신의 작업 전체에서 아무리 열정적으로 노력했다고 해도, 비록 그 작업이 넓은 영역에 걸쳐 있다고 해도, 근본적으로는 다만 자기 자신 안에 갇혀 있었을 뿐이다. 다시 말해 그의 신학 작업은 바로 위를 향해서는 닫혀 있는, 위로부터는 빛을 받을 수 없는, 위를 쳐다볼 수는 없는 공간 안에서 진행되었다. 그렇다면 우리는 무엇을 할 수 있으며, 무엇을 해야 하는가? 한 가지 특별하고 단호한 조치가 저 맴도는 순환운동을 잠시 정지시키기 위해서 취해져야 한다. 즉 안식일이 그곳에 끼워 넣어지고 축제로 거행되어야 한다. 이것은 일하는 날들을 제거하거나 노동의 과제를 회피하려는 것이 아니라, 오히려 바로 그 일하는 날들에 결여되어 있는, 위로부터 오는 빛을 선사하기 위한 것이다. 이러한 안식일 사건은 어떻게 발생할 수 있는가? 즉 신학자는 자신의 믿음의 지성*intellectus fidei*의 성취를 위한 총체적 노력을 단번에 외면하고, 신학의 대상 그 자체로 단번에 향해야 한다. 여기에서 안식일 사건이 발생할 수 있고 또 발생해야 한다. 이제 신학자의 인간적 사역의 존속과 진행에 꼭 필요한 외면과 향함, 즉 그 노력들 전부를 건너뛰는 '외면' 그리고 하나님을 '향함'은 **기도**의 시작이 아니고 무엇이겠는가? 모든 경우에 기도는 다음에서 시작된다. 즉 한 사람이 자기 자신을, 자신의 행위를 비록 그것이 최고이며 가장 뛰어난 것이라고 해도 자기 자신 안에 근거되어 있었기 때문에 뒤로 던져 버리며, 그다음에 새롭게 (신학자에게 이 새로움이 필요하지 않은 때란 없다!) 나음 사실을 분명하게 마음에 새길 때 기도는 시작된다. 그는 저 사역과 말씀 안에서 그의 주님, 심판자, 구원자이신 하나님 앞에 서 있으며, 그리고 바로 그 하나님께서 그의 앞에 서 계신다. 더 나아가 하나님께서는 그분의 사역과 말씀 안에서 강하고 거룩하게 긍휼을 베푸시면서, 저 큰 위협과 함께 그러나 그보다 더 큰 희망이 되시면서 그에게 다가오신다. 기도는 한 사람이 "통치하시는 분은 바로 하나님이시다"[1]라는 사실을 다시 한 번 분명하게 이해하려고 움직일 때 시작된다. 이것은 그의 작업을 포기하거나 소홀히 하려는 것이 아니라, 오히려 그 작업에 결실 맺지 못하는 부분이 없도록 하려는 것이며, 그가 그 작업을 하나님의 통치와 축복의 밝은 빛 아래서 행할 수 있도록 하려는 것이다. 기도가 시작되는 의식적 운동 안에서 신학 작업도 시작될 수 있으며, 또 그렇게 시작되어야 한다. 신학 작업이 책임 있게 약속과 함께 진행되려면, 신학은 자신이 누구에 의해 위협을 당하는지 그러나 또한 누가 자신의 희망이 되시는지를 분명히 알아야 한다. 바로 그 '누구'의 질문과 찾음은 언제나 한 특수한 운동Bewegung의 문제이며, 이 문제의 뒤편에서 다른 (예를 들어 안식일 다음에 오는 주중의 일들과 같은) 문제들은 잠시 동안 뒤로 물러나야 한다. 그래야 그 다른 주중의 일들도 저 특별한 운동에 의해 열려 올바른 빛 안에 놓이면서 올바른 사역들이 될 수 있다.

2. 신학 작업의 대상은 어떤 중립적 사물Etwas이 아니고, ("존재의

근거" 등과 비슷한) 어떤 최고의 절대적 사물도 아니며, 오히려 인격적인 **한분**Einer이시다. 바로 이 한분은 어떤 한가롭고 말 없는 '자기 안의 존재'In-sich-sein가 아니다. 오히려 그분은 **사역**하시며, 그 사역은 곧 그분의 **말씀**이시다. 신학 작업의 과제는 바로 그 한분 곧 사역 안에서 말씀하시는 분을 듣는 것이며, 그리고 자기 자신, 교회, 세상 앞에서 바로 그 말씀을 해명하는 것이다. 그렇게 하기 위해 신학은 우선 결정적으로 다음 사실을 인식하고 명백하게 강조해야 한다. 그 한분의 말씀은 어떤 중립적인 공고가 아니며, 오히려 하나님과 인간 사이의 역사, 더 나아가 교제의 비판적 계기다. 즉 그 말씀은 하나님께서 인간에게 **말을 건네시는** 사건Anrede이다. "나는 너를 애굽 땅, 종 되었던 집에서 인도하여 낸 네 하나님, 여호와니라. 너는 나 외에는 다른 신들을 네게 두지 말라!"(출 20:2-3). 그 말씀은 오직 이러한 '말 건넴'으로써 말해졌고, 그렇게만 인지될 수 있으며, 오직 '말 건넴'으로써 하나님의 사역의 진리의 말씀이며, 하나님 자신의 말씀이다. 그러므로 이제 하나님과 관련된 모든 인간적인 사고와 진술은 다만 그분의 말씀에 대한 대답의 성격을 갖게 된다. 이제 그것은 하나님에 관한 어떤 사고나 진술일 수 없다. 오히려 그것은 인간에 대한 하나님의 생각과 말씀하심을 통해 요청되며 하나님의 것에 뒤따르고 상응하는 사고와 진술, 즉 **하나님을 향한** 인간적 사고와 진술이다. 하나님께서 어떤 사물이 아니고 한 인격Einer이시기 때문에, 인간의 사고와 진술이 어떤 신적 '사물' 혹은 신적인 '것'에 관계된다면 그것은 틀림없이 잘못된 것이다. 하나님께서 인간에게 말씀하실 때 본질상 자신을 1인칭으로 인간을 2인칭으로 부르시기 때문에, 인간의 사고와 진술이 3인칭에 관계된다면 그것은 마찬가지로 잘못된 것이며, 어떤 경우든 하나님에 관한 비본질적인 사고와 진술일 수밖에 없다. 인간은 공개적으로나 비밀리에나, 명시적으로나 암묵적으로나 언제나 하나님께 대답하면서 오직 2인칭 안에 있을 때, 그의 사고와 진술이 참되고 본래적이 된다. 이것은, 신학 작업은 3인칭으로 덮이는 자신의 사고와 진술의 수선을 언제나 반드시 통찰하면서, 본래적으로 그리고 진심으로 예배 행위liturgische Akt의 형태여야 한다는 것을 뜻한다. 신학 작업은 하나님을 향한 외침, 즉 그분께 드리는 기도로서 진행되어야 한다. 안셀름은 『혼자 하는 말』Monologion, 1076이라는 제목의 신론 첫 번째 책에서보다, 두 번째 책인 『마주 보고 하는 말』Proslogion, 1078에서 이 문제를 더욱 확실히 드러낸다. 『마주 보고 하는 말』에서 안셀름은 하나님의 존재와 본질에 관해 진술하며, 사실상 처음부터 끝까지 하나님께 직접적으로 말을 건네는 형식으로, 즉 전체를 하나의 기도로 전개한다. 18세기 초 루터주의자 다비트 홀라츠David Hollaz는 분명히 이 문제를 생각하면서 자신이 쓴 교의학의 모든 장들의 서술을 밖으로 드러나는 '탄원적 기도'인 'Suspirium'과 함께 마쳤다. 이러한 "나-너 관계"의 문제를 (이 관계 안에서 하나님은 인간의 하나님이 되시고 인간은 하나님의 인간이 된다) 모든 경우에 깊이 숙고하고 날카롭게 눈앞에 두지 않는 신학은 비본질적인 것을 본질적이라고 여기는 셈이며, 그래서 다만 잘못된 신학일 수밖에 없다. 올바른 신학은 하나님께서 오직 행동하고 말씀하시는 주체로서만 신학의 객체가 되신다는 사실을 숙고하며, 그래서 암묵적·간접적으로 반드시 '마주 보고 하는 말'인 탄원 즉 기도일 수밖에 없다. 만일 신학이 시초부터 예배적 운동이 아니라면, 경배하면서 일해지지 않는다면, 그때 교회 안의 다른 모든 예배적 운동은 너무 늦은 셈이 될 것이다.

3. 신학 작업은 다음과 같은 점에서 다른 것들과 구분되지만, 그러나 바로 그 점에서 모든 정신적 작업에 대해 모범이 될 수도 있다. 신학을 수행하려는 사람은 어떤 경우에도 이미 완결된 질문들, 이미 완성된 결과들, 이미 확실해진 결론들을 배경으로 해서 출발할 수 없다. 그는 어제 이미 놓인 기초 위에서 오늘 계속 건축할 수 없으며, 어제 모아 놓은 자본의 이자를 받으며 오늘을 살아갈 수 없다. 오히려 그는 매일, 매시간 처음부터 새롭게 **시작**해야 한다. 과거의 기억은 그것이 과거에 처음부터 새롭게 시작했어야 했으며 희망을 가지고 실제로 그렇게 시작했다는 사실을 오늘 신학을 시작하는 사람에게 알려 줄 수 있을 때, 신뢰될 수 있고 용기를 줄 수 있다. 신학의 학문성이 앞으로 나아간다는 것은 언제나 또다시 처음부터 시작하는 것을 뜻한다. 신학이 극단적 위협에 직면할 때, 사정은 다음과 다를 수 없다. 그 위협은 너무도 강력해서 신학자의 발밑의 근거를 치워 버리며, 그래서 그가 발을 딛고 일어설 새로운 근거를 마치 그가 한 번도 그런 근거를 가져 본 적이 없는 것처럼 두리번거리며 찾도록 만든다. 또 사정은 다음과 같다. 비록 신학자가 성경의 증거에 귀를 기울인다고 해도, 모든 시대 성도들의 공동체communio sanctorum와 같이 보호해 주는 결속 관계 안에 있다고 해도, 그리고 이전에 이미 획득된 본질적 인식에 감사하는 기억 안에 있다고 해도, 오직 살아 계신 하나님 자신만이 그분의 자유로우신 은혜 안에서 신학의 대상이 되신다. 그분은 이스라엘을 지키시는 자이시며 졸지도 주무시지도 않으신다. 그분의 선하심은 매일 아침 새로우며, 그것은 매일 아침 새롭게 공로 없이 주어져서 우리가 새롭게 감사해야 하고 새롭게 열망해야 하는 선하심이다. 그러므로 신학 작업의 모든 행위는 모든 차원에서 (주석학 혹은 교의학의 가장 작은 문젯거리

에 관계될 때도, 예수 그리스도의 교회의 역사 중 가장 보잘것없는 한 부분에 관계될 때도, 그리고 각각의 설교, 가르침, 성경공부의 준비 안에서는 반드시) '양도'Übergabe의 특성을 가져야 한다. '양도'란 지금까지 작업되었던 모든 의지, 지금까지 얻어졌던 모든 지식, 무엇보다도 시금까지 실전되고 자칭 확증되었다는 모든 방법들을 손에서 떠나보내며, 다시 한 번 용광로에 넣으며, 그래서 살아 계신 하나님 앞에 넘겨 드리며, 통째로 드리는 희생제물로 바치는 것을 뜻한다. 신학 작업은 어떤 단계 어떤 방향에서도 다음과 달리 수행될 수 없다. 즉 사람이 인식하고 산출하고 성취한 모든 것에 대해, 또 사람이 만들어 낸 종교적·도덕적·지성적·정신적·영적 꾸러미들에 대해 하나님께서 자유롭게 처리하실 수 있는 각각의 자유로운 공간이 하나님께 드려져야 한다. 또 어제 획득된 것을 오늘 계속하는 일과 함께 어제와 오늘, 오늘과 내일 사이의 연속성도 그분의 염려, 평가, 계획 아래 굴복해야 한다. 바로 이러한 자발적 양도를 언제나 새롭게 실행할 때, 신학은 참으로 자유로운 기쁨의 학문일 수 있다. 신학이 동맥 경화증, 결실 없음, 자기만 옳다는 지루함 등에 빠지지 않으려면, 신학 작업은 어떤 걸음에서도 판에 박힌 반복이어서는 안 되며, 자동 실행 기능처럼 행해져서는 안 된다. 이것은 신학이 이 관점에서 볼 때에도 기도의 행동이며, 신학의 성취란 오직 다음과 같은 유일한 기도일 뿐임을 뜻한다. "나의 원대로 마시옵고 아버지의 원대로 하옵소서"(마 26:39). 그러나 이 사실이 신학적 추구, 탐구, 사고를 위한 용기, 그리고 믿음의 지성을 실행하며, 단단한 호두 껍질을 부수고 곁가지들을 쳐내는 용기를 해치지는 않는다. 오히려 바로 그 기도에 의해 믿음의 지성은 건강하고 신선하고 흥미를 주고 도움을 주는 인간적 작업이 되며, 그렇게 지속되며, 언제나 또다시 그런 작업이 된다. 신학은 자신의 대상을 향해 무장할 때가 아니라, 오히려 그 대상 앞에서 두려움 없이 무장해제하고 항복할 때, 즉 기도하는 수고 안에서 실행될 때 건강할 수 있으며, 오직 그때에만 언제나 또다시 건강하게 된다.

4. 우리는 실천적으로 가장 구체적이고 내용적으로도 결정적인 지점에 와 있다. 신학 작업은 하나님의 사역과 말씀에 관한 인간적 질문과 대답의 형식, 찾음과 발견의 형식으로 진행된다. 이러한 신학의 실행 가능성에 관련해 두 가지 문제가 간과될 수 없다. 하나는 "주관적" 측면으로부터, 다른 하나는 "객관적" 측면으로부터 온다. 양자는 서로 관계되며 함께 연결되어 있다. 양자는 하나님과 인간, 인간과 하나님 사이의 살아 있는 교제의 문제이며, 오직 그 교제의 역사 안에서 실천적으로 해결될 수 있고 이론적으로는 해결될 수 없다. 한쪽은 (주관적으로) 신학적 문제에서 인간의 행동이 적합하고 유용한가의 문제다. 그것은 신학 작업이 그 작업에 적절하고 작업 자체에 전망을 밝혀줄 수 있는 순수한 마음, 진지한 의지, 분명한 머리, 선한 양심과 함께 인간에 의해 착수되었는지의 문제다. 모든 경우 모든 신학자에게 이 질문은 다음 의미에서 긍정적으로 대답될 수밖에 없다. 하나님의 은혜는 너무도 강력해서 인간의 순수하지 못한 마음, 주저하는 의미, 약한 머리, 나쁜 심성에게도 능력을 주실 수 있다. 그래서 그 인간도 그분을 바라보며, 그분의 사역과 말씀에 관해 질문하고 대답할 수 있게 된다. 그러나 하나님께서 신학자에게 그 은혜를 **베푸실**erweisen 것인가? 그리고 이제 다른 한편 스스로 계시하시는 하나님의 현재라는 다른 문제가 (객관적으로) 놓여 있다. 이 질문 없이는 하나님을 향한 가장 진지한 질

문과 대답도 무의미하고 헛된 것이 될 것이다. 마찬가지로 여기서도 다음과 같이 긍정적으로 대답될 수밖에 없다. 하나님의 은혜는 인간의 신학적 행동에 대해 그 행동의 관점에서도 충분히 자유로우며 강력하다. 문제는 그 은혜가 이 의미에서 사건으로 발생할 수 있는가이다. 하나님께서는 인간을 하나님 자신을 향해 열리도록 만들며, 하나님 자신을 인간을 향해 열어서 보여주신다. 만일 하나님께서 이 일 자체를 기뻐하신다는 것이 두말할 필요도 없이 자명하다고 전제되지 않는다면, 은혜는 이쪽에서나 저쪽에서나 전혀 은혜가 아닌 셈이 될 것이다. 그러나 그 일의 발생이 은혜이기 때문에, 우리는 은혜를 구하면서 하나님께 말을 건넬 수 있으며, 그 은혜 베푸시길 구하면서 외칠 수 있으며, 마침내 그 은혜를 그분께 기도해서 얻을 수 있다. 오직 그 간구로써 시작할 때, 그 간구에 의해 진행되고 그 간구로 언제나 또다시 되돌아갈 때, 신학 작업은 저 양쪽의 문제에 직면해서도 감행될 수 있고 실현 가능성 있는 전망과 함께 수행될 수 있다. 그 간구는 **기적**에 관계된다. 인간의 보이지 않는 눈과 들리지 않는 귀가 하나님 자신에 의해 그분의 사역과 말씀을 향해서 열리게 된다. 그러나 그보다 더 큰 기적은 하나님의 사역과 말씀이 그 사람의 눈과 귀를 비켜 가지 않으며, 오히려 열어 주신다는 사실이다. 안셀름은 자기 자신에 대해서는 이렇게 기도했다. "내 눈을 열어 당신을 보게 해주소서!"*Revela me de me ad te!* "내가 이해할 수 있도록 해주소서!"*Da mihi, ut intelligam!* 그러나 하나님을 향해서는 이렇게 기도했다. "당신을 내게 직접 전달해 주소서!"*Redde te mihi!* "당신 자신을 내게 주소서, 나의 하나님!"*Da te ipsum mihi, Deus meus!* 신학 작업의 전 과정에는 하나님의 이러하신 이중적 행동의 사건이 필요하다. 그래서 이중적 간구가 필요하다. 왜냐하면 그 이중적 사건은 양쪽 모두에서 다만 하나님의 자유로우신 은혜의 행동과 기적의 행동으로만 발생할 수 있기 때문이다. 바르게 이해한다면 그 이중적 행동은 하나의 유일한 행동이다. 우리는 그것을 5강('성령')의 마지막에서 언급했었다. 그것은 "오소서, 창조자 성령이시여!"*Veni, Creator Spiritus!*이다. 성령은 인간을 향한 하나님의 개방 그리고 하나님을 향한 인간의 개방이다. 성령의 오심 안에서, 성령의 위로부터 아래로 그리고 아래로부터 위로의 운동 안에서 그러하다. 그러므로 신학 작업은 성령의 오심의 간구로부터 그리고 그 간구 안에서 살아간다. 그래서 신학의 모든 질문, 연구, 숙고, 명제들은 다만 그 간구의 **형태들**Gestalten일 뿐이다. 신학 작업이 총체적인 위협과 하나님의 자유로운 은혜에 대한 총체적인 의존 안에서 실패하지 않고 쓸모 있고 하나님의 영광과 인간의 구원에 봉사하는 작품이 될 수 있는 것은 오직 하나님께서 그 간구를 들으실 때뿐이다. 바로 그 진정한 간구를! 진정한 간구의 기준은 그 간구가 하나님께서 그것을 들으신다는 확신 안에서 행해졌는가에 놓여 있다. 아들의 이름으로 아버지께 성령을 간구하는 사람이 자신의 간구에 회의적이라면, 그는 자신이 무엇을 행하는지 알고나 있겠는가? 그 간구의 확실성은 그것이 당연히 및 마땅히 신학 작업 안에서 용기 있게 수용되고 또 행해질 때, 바로 참된 확실성이 된다.

15

연구

　기도 안에서 수행되는 신학 작업은 아래에서 위로 수직으로 진행하는, 인간의 내적인 영의 운동이다. 그러나 연구Studium하는 신학 작업은 외적이고 수평으로 진행되며, 인간의 정신 그리고 (육체적이라고는 할 수 없지만) 영혼과 몸의 운동이다. 신학 작업은 오직 양쪽 구성요소의 분리될 수 없는 통일성 안에서만 수행될 수 있다. 연구 없는 기도는 공허하다. 기도 없는 연구는 눈먼 것이다. 우리는 이제 신학 작업을 (적절하게도 제IV부의 둘째 주제의 자리에서) **연구**라고 이해할 수 있다.

　"연구"는 우리의 관심사 안에서는 다음의 한 특정한 노력을 뜻한다. 그것은 한 당사자 혹은 다른 사람들에게 주어진 앎의 과제를 추구하면서 진지하고 열정적으로 열심히 활동하는 노력이다. 연구자는 자신의 고유한 추진력과 충동에 의해 움직이면서, 자유로운 성향과 욕망을 가지고 그 앎의 과제의 대답을 얻으려는 시도에 수고스런 작업을 통해 참여한다. 이제 누가 연구자인지 아닌지, 특별히 신학의 연구자인지 아닌지의 과제가 생긴다. 연구자와 다른 사람들에게는 성서가 증거하는 그리고 (모든 시대와 지역의 성도들의 공동체 안에서) 선포되는 하나님의 사역과 말씀이 제시되며, 그에게는 복음을 통한 한 특정한 앎의 과제가 제시된다. 그 앎의 과제가 그에게 제시되지 않았다면 혹은 그가 그 과제를 다른 사람들의 과제, 예를 들어 철학자, 역사가, 심리학자의 것과 혼동하거나 호환한다면, 그는 어떻든 연구자이기는 하지만 **신학의** 연구자는 될 수 없다. 또한 그가 연구자가 아니라면, 즉 위에서 열거했던 특징적인 내적 동인을 가지고 저 과제로 향하지 않는다면, 이때도 그는 신학의 연구자가 아니다. 게으른 연구자는 신학자로서도 전혀 연구자일 수 없다.

계속해서 유익하게 고려될 수 있는 두 가지 초보적 문제를 먼저 제시해 보겠다. 첫째, 신학적 연구 그리고 저 내적 동인은 인생이 거쳐가는 여러 단계 중 어떤 특정 단계에서의 일거리가 아니다. 신학 연구의 형식은 세월의 흐름에 따라 조용히 바뀔 수 있고 또 바뀌어야 한다. 우리는 죽을 때까지 신학자여야 한다. 노년의 슐라이어마허도 자신이 여전히 신학자라는 데 동의했다고 한다. 그렇지 않은 사람은 과거에도 신학자가 아니었던 셈이다. 다른 한편으로 우리는 목사라는 직업을 위한 시험 준비로 신학을 공부해서는 안 되며, 또 대학 교수의 진로를 내다보며 학위를 취득하려고 신학을 공부해서도 안 된다. 시험을 친다는 것은 양쪽 측면에서 바르게 이해한다면 노년의 신학 연구자들이 젊은 연구자들과 어떤 공통적인 주제에 대해 화기애애하게 대화하는 것이다. 이 대화는 노년의 연구자들이 그 문제에 관해 지금까지 어떻게 노력해 왔고, 어떤 점에서 앞으로도 계속 연구할 것인지를 젊은 연구자들에게 제시하고 또 기회를 제공한다는 의미를 갖는다. 그러므로 최고

점수로 획득한 박사모자의 참된 가치는 그가 어느 정도 배움의 자세를 가졌고 또 그 자세를 계속해서 증명해 줄 것인가에 달려 있다. 그때 비로소 그는 가르치는 자의 자격을 예시하는 셈이 된다. 신학을 연구하는 사람은 그런 자세를 갖는다. 왜냐히면 그가 부르심을 받은 봉사의 맥락에서 볼 때, 다른 목적들을 제외하더라도 신학을 공부한다는 것 자체가 필수적이고 선하고 아름답기 때문이다. 신학 자체가 다만 열심 있는 연구자로서 신학과 관계하도록 그렇게 그를 사로잡는다.

신학 연구는 학생들과 선생들의 직접적인 혹은 문서적인 만남이며, 의미 있는 '함께함'Zusammensein이다. 학생들의 선생님들에게는 자신의 선생님이 있을 것이며, 그 선생님들도 학생이었을 때 선생님이 있었을 것이다. 그렇게 거슬러 올라가면 저 특정한 선생님들이 있다. 그들은 이스라엘의 역사를 목적으로 인도하는 예수 그리스도의 역사에 대한 직접적 증인들의 학생들이다. 신학 연구는 하나님의 사역과 말씀에 대한 저 직접적 증인들의 학교에 속해 가르치고 배우는 행동의 포괄적 연합체에 적극적으로 참여한다. 그 증인들은 가르치고 배우는 자들 모두를, 그리고 가르치고 배우는 자들 모두는 그 증인들을 과거에도 대면했고 지금도 대면한다. 그러므로 오늘 여기서 우리가 강의, 세미나, 강독, 혹은 책을 통해 주고받는 수업은 다만 이차적이고 잠정적인 것에 지나지 않는다. 오히려 신학 연구는 저 학교 안에 들어가는 것이다. 그곳에서는 오늘의 연구자가 듣고 읽는 것 이전에 이미 저 많은 사람들이 들었고 말했고 기록했고 깨달음을 얻었고, 그것을 서로 교환했고 서로 계속 전달했고 또 서로로부터 수용했다. 신학 연구는 최종적·결정적으로는 성서의 증거 안에 있는 그것들 전부의 원천과 규범으로 인도되는 것이다. 가르치고 배웠던 그들 모두는 성서를 자신의 시대에 맞게, 각각 자신의 방법으로, 또 자신의 한계 안에서 이해하고 해석하려고 시도했다. 신학을 연구한다는 것은 저 모든 앞서 갔던 연구자들과 논쟁auseinandersetzen하기보다는 오히려 의기투합 zusammensetzen하는 쪽으로—신참에게 어울리는 제일 낮은 의자에 앉아서— 자신을 개방하는 것이며, 앞섰던 그들이 말하는 것을 (그들은 오래전에 세상을 떠났지만 아직도 여전히 말한다) 경청하고, 그들이 얻었고 알렸던 견해들과 통찰들 그리고 용기를 주는 혹은 깜짝 놀라게 하는 그들의 사례들을 자기 것으로 만들 준비를 하는 것이며, 하나님과 사람 앞에서 책임질 수 있는 시각, 사고, 진술의 가르침을 받는 것이다. 무엇보다도 신학 연구는 앞선 연구자들이 거쳤던 길을 뒤따르면서 그들을 양육했던 저 **원천**을 향하는 것이며, 그들이 옳든 그르든 굴복했던 저 **규범**을 향하는 것, 즉 그들의 근원적인 증거를 오늘 인지하는 것이다. 그 증거의 학생이 되었기 때문에 그들은 또한 선생이 되었으며, 그 증거가 그들 각각에게 주어졌을 때 그들은 그것을 따랐고, 그것과 자신을 합치시켰다.

이제 신학 연구는 중심적 대화와 부차적 대화로 나누어진다. **중심적** 대화 안에서 젊은 혹은 노년의 연구자는 자신보다 앞섰던 이들이 행했던 것처럼, 구약의 예언자들과 신약의 사도들이 세상과 현재 공동체와 공동체의 한 지체인 자기 자신에게 말하고자 했던 것을 **직접적으로** 질문한다. 그리고 **부차적** 대화는 그 연구자가 그 직접적 질문을 던지는 첫째가 아니라 어떻든 지금은 말째에 불과하기 때문에 생긴다. 부차적 대화 안에서 그 연구자는 자신보다 앞섰던 고대, 근세, 그리고 최근의 신학적 인물들을 통해, 지금 그가 기대하는 대답에 관련된 앞선 이들의 성서 주석과 교의학을 통해, 그들의 역사적·실천적 연구들을 통해 필요한 가르침과 연구 과정에 주어지는 경고들을 **간접적으로** 받는다. 여기서 누가 부차적 대화를 중심적 대화라고 여긴다면, 많은 나무들 앞에서 숲을 못 보는 셈이 될 것이며, 많은 교부들, 학자들, 종교개혁, 그리고 무엇보다도 현대 신학자들의 음성들 때문에 성서 안의 하나님 계시의 울림을 듣지 못하는 셈이 될 것이다. 다른 한편 어느 누구도 스스로 중심적 대화를 이끌 수 있고, 그래서 교부들과 형제들과의 부차적 대화는 불필요하다고 여길 정도로 자신이 재능이 있고 영리하고 현명하다고 자처해서는 안 될 것이다! 신학 연구가 저 중심적 대화와 부차적 대화 안에서 진행될 때, 양쪽 대화는 지속적으로 올바르게 구분되어야 하며, 그러나 또한 올바르게 결합되어야 한다는 것은 두말할 필요도 없다. 여기에는 깨어 있고 날카로운 주의력과 조심성이 요청되는데, 그 주의력과 조심성을 어느 정도 얻고 그것과 함께 작업하려고 할 때, 인생은 너무도 짧게 느껴질 것이다.

이제 신학 연구의 "과목들" 혹은 "각론들"이라고 말해지는 여러 분야들과 영역들의 개관을 시도해 보자.

신학 연구 중 단연 첫째는 명백하게도 **성서적·주석적** 과제다. 그러나 이것은 방금 우리가 신학 안에서 수행되어야 한다고 말했던 중심적 대화와 두말할 필요도 없이 일치하지는 않는다. 왜냐하면 성서적 메시지의 인지, 이해, 주장은 신학 작업에 부차적 전제일 뿐만 아니라, 연구 작업 전체의 근본적 과제이기 때문이다. 즉 성서 본문들을 읽고 설명하는 것은 [중심적 대화'와 구분되는] 한 별개의 문제다. 그러나 이 문제가 항상 새롭게 제기되기 때문에, 신학은 우선 특별히 구약

성서 및 신약성서의 학문이어야 한다. 신구약성서란 예수 그리스도의 공동체가 하나님의 사역과 말씀에 대한 근원적이고 독특한 증거의 목소리를 그들의 삶과 가르침에 대해 예로부터 전해진 원천과 규범으로 인지하고 선포했던 문서들의 모음이다. 그러나 공동체는 독창성, 다양성, 통일성 안에 담긴 그 목소리를 매 시대마다 새롭게 인지해야 하며, 저 본문들을—이것 때문에 성서신학이 필요하다—매 시대마다 새롭게 읽어야 한다. 그 본문들에서 너무도 많은 것이 부정확하게 더 나아가 거꾸로 들려졌을 수도 있었으며, 또 전적으로 간과되었던 적도 있다. 그러므로 성서신학적 학문은 그 본문들 안에 기록된 것 그리고 그 기록된 것들이 말하는 것을 언제나 새롭게, 선입견 없이, 세심하게 밝혀야 한다. 이 작업에 두 가지 전제가 항상 적용되어야 한다. 첫째는 성서신학과 모든 역사비평학에 당연히 공통되는 전제인데, 성서 본문들도 역사비평학의 영역에 속한다. 성서신학은 본문들을 읽고 이해하기 위해 알려지고 사용 가능한 모든 역사비평학적 보조수단, 규칙, 척도들을 성실하게 적용해야 한다. 이것은 언어학과 언어양식, 그리고 서로 비교되는 세계사, 문화사, 문학사 등에 관련된 기술들이다. 역사비평 방법은 둘째 전제도 갖는다. 유감스럽게도 둘째 전제는 그 밖의 역사비평학에 의해 일반적으로 인정되지는 않는다. 그러나 신학적 주석 작업에는 본질적이기 때문에 소외를 감수하며 적용할 수밖에 없다. 그것은 보통의 문서들 곁에 다음의 특별한 성서적 본문들이 존재한다는 일반적 전제다. 저자들의 의도 그리고 문서적·사실적 속성에 따르면 성서적 본문들은 다른 역사들의 한가운데서 (자칭 혹은 현실적으로) 발생한 '하나님의 행동과 말씀하심'의 증거와 선포이며, 그래서 그렇게 읽히고 설명될 수밖에 없다. 누가 성서 본문들의 이 성격을 평가하지 않으려 한다면, 그는 그 본문들을 간과하는 셈이 된다. 물론 비슷하게 말하는 것들 가운데는 성서 본문들 외에 전혀 본질적이지 않고 중요하지도 않은 본문들도 있다. 그러한 것들은 자신의 메시지의 배후에 놓여 있고 그 메시지 안에서 처음으로 "해석된" 사실들, 그래서 그 진술과는 독립되어 구분되어야 하는 '사실들'Fakten을 소급해서 질문하지 않으며, 그 대답을 아예 불가능하게 만든다. 또 본문의 진술이 독자들을 (그들이 그것을 이해했다고 한다면) 우선 불신앙에, 다시 말해 가볍거나 혹은 다소 날카로운 회의에 부딪치도록 하는 것도 있지만, 그러나 그와 달리 독자들이 믿음을 발견하게 되는 본문들도 분명히 있다. 냉정한 역사비평학의 판단에 따른다고 해도 그와 같이 순수하게 케리그마적인, 오직 케리그마적으로만 적절하게 해석될 수 있는 본문들이 왜 없겠는가? 성서신학적 학문은 그러한 본문들이 실제로 존재하며, 그것들이 특별히 신구약성서와 관련이 있다고 전제한다. 이 본문들이 말하고자 하는 것은 다른 본문들처럼 우선은 객관적으로 알려지지만, 그러나 오직 불신앙의 '아니오' 혹은 본문의 의미에 상응하는 믿음의 '예'와 함께 이해될 수 있다. 그렇기 때문에 이 본문들은 이러한 케리그마적 성격을 계속 고려할 때만 적절하게 설명될 수 있다. 성서신학은 어떤 공허한 공간 안이 아니라, 오직 예언자적·사도적 증거를 통해 근거된 예수 그리스도의 공동체에 봉사하면서 작업한다. 그렇기 때문에 성서신학은 예언자적·사도적 증거를 만나게 될 것이라고 **기대**Erwartung하면서 그 본문들에게 다가간다. (기대 그 이상은 아니지만 그 이하도 아니다!) 그렇게 다가갈 때 성서신학은 소위 "해석학적 순환" 안에서 다음 질문에 전적으로 열려 있어야 한다. 그 기대는 어떤 형태 혹은 어떤 구체적 진술 안에서 과연 성취될 수 있을 것인가? 그리고 본

문들이 공동체를 위해 보유하고 있는 그 탁월한 영광은 과연 확증될
수 있을 것인가? 그러나 "**교의학적 주석?**" 이것은 처음부터 그 기대
를 금지시키고 처음부터 저 기대의 성취를 불가능하다고 설명하는 경
직된 교의를 거부할 때만 가능하다. "**성령론적 주석?**" 주석자가 자칭
성령을 받았다고 하면서 성서를 좌지우지하려고 하는 한, 그것은 틀림
없이 불가능하다. 그러나 주석자가 성서 자체로부터 근거되는 자유를
취할 때, 성서 안에서 들을 수 있는 성령의 자기 증거를 본문에게 최종
적·결정적으로 진지하게 질문할 때, 그것은 성령론적 주석이라고 말
할 수 있다.

　신학의 둘째 과제는 앞에서 신학이 수행하는 '부차적 대화'라고
말했던 것과 특별히 관계가 있으며, 이것 없이는 성서 주석과 다른 신
학적 영역의 연구도 실행될 수 없다. 그것은 **교회사** 연구다. 교회사는
역사 안의 교회들의 이론적·실천적 삶의 표현들과 신앙고백들, 또 그
들의 신학을 연구한다. 그리고 또 예언자들과 사도들의 시대로부터 공
동체적 삶의 근본요소였던 그리스도교적 인식을 간직한 역사의 길을
연구한다. 의심의 여지 없이 그 역사 전체는 세속사이고 세계사이며,
그래서 이것들과 동일한 방식으로 연구될 수 있다. 그러나 마찬가지로
의심의 여지 없이 그 역사는 특별한 주제들에 의해 형성된, 다시 말해
바로 그 역사의 기원이 되는 성서적 메시지에 의해 형성된 (세계사의)
한 부분이다. 그 역사는 신앙과 불신앙의 역사이며, 잘못된 신앙과 미
신의 역사이며, 예수 그리스도의 선포와 부인의 역사이며, 복음의 왜
곡과 갱신의 역사이며, 예수 그리스도께 대한 순종을 그리스도교가 수
행하기도 했지만, 공개적 혹은 비밀리에 거부하기도 했던 역사다. 그

때그때마다의 개별 공동체Gemeinde가 무리를 이루고 또 스스로 그 일원이 되었던 (성도들과 죄인들의) 그 큰 연합 공동체Gemeinschaft의 관점에서 볼 때, 교회사, 교리사, 신학사는 필연적으로 신학적 연구의 대상이다. 이 연구가 성과를 내기 위한 두 가지 조건이 있다. 첫째는 연구자의 눈이 저 거대한 사건의 세부요소와 함께 움직일 수 있는 애정으로써 열려 있어야 하고, 그래서 그 사건의 빛과 그림자들 중 어느 것 하나도 놓쳐서는 안 되며, 모든 것을 꿰뚫고 그 사건의 가장 구체적인 주제를 흔들림 없이 응시해야 한다는 것이다. 만일 누가 이 주제를 알지 못하고 또 염두에 두지 않는다면, 어떻게 교회사를 이해하고 서술할 수 있겠는가? 둘째 조건은 고트프리트 아놀트Gottfried Arnold의 "편견 없는 교회와 이단의 역사"[1]라는 멋진 프로그램을 아놀트 자신보다 우리가 더 잘 실행해야 한다는 데 놓여 있다. 그는 (그 시대까지 보통 사용되던 방법을 역전시켜서) 이단에 반대하면서 교회를 옹호하는 것이 아니라, 교회를 반대하면서 이단의 편을 들었다. 신학적 역사학은 세상을 심판하려고 해서는 안 되며, 주님의 첫 재림〔부활〕과 마지막 재림 사이의 중간시대에 있는 공동체의 역사를 자신이 선택한 철학적 이념을 해결의 실마리로 삼아 정복하려고 해서도 안 된다. 그것은 특별히 저 훌륭한 페르디난트 크리스티안 바우르Ferdinand Christian Baur의 시도였다.[2] 오히려 신학적 역사학은 다음을 순전하게 보고 제시해야 한다. 그 역사 안에서 모든 육체들은 풀과 같고 풀의 꽃과 같으며, 모든 것은 거대한 지나가는 것에 불과하다. 그러나 그 모든 것이 근원에서 목적으로 나아갈 때 죄의 용서의 약속이 없지 않으며, 육신의 부활의 희망이 결코 없지 않다. 이것은 과거의 그때에도 그러했고, 오늘에도 마찬가지다. 신학적 역사학은 즐거워하는 자와 함께 즐거워하고 우는 자와 함께 울면서, 역사의 한 곳을 전적으로 칭송하거나 어떤 다른 곳을 전적으로 실격시키는 일을 침착하게 거부하며, 우리보다 앞서 살았던 그 사람들이 생각했고 말했고 만들어 냈던 것 자체가 **스스로 말하도록** 허용해야 한다. 신학적 역사학은 연구하고 깨닫게 되면 될수록 미래를 향해 나아가는 현재 공동체의 모음, 건립, 파송에 이차적·보조적으로 더 많이 봉사한다. 이렇게 신학은 교회사의 관점에서도 공동체에 도움이 되어야 한다.

신학의 주요과목 중 셋째는 소위 "조직신학"Systematische Theologie이다. 조직신학은 이 분야의 주제인 교의학과 윤리학을 연구할 때, 어떤 경우에도 한 특정한 개념을 기초로 전개되는 (그리스도교적 진리의) 체계를 건립하거나 선포하려고 해서는 안 된다. 그렇게 할 때 조직신학은 '나무로 만든 철'[3]에 불과할 것이다. 공동체를 통치하는 것은 어떤 개념 혹은 어떤 원칙이 아니라, 오직 성서가 증거하는 그리고 성령을 통해 살아 운동하는 하나님의 말씀이다. 이제 하나님의 말씀은 자신을 향하는 학문 안에서 다만 성서 연구를 통해서 그리고 앞선 시대의 인식들과의 대화를 통해서 연구되고자 하지 않는다. 오히려 하나님의 말씀은 그 말씀이 그때그때마다 스스로 제공하는 내적인 맥락, 통찰력, 일목요연함 안에서 **숙고**되고자 하며, 그것도 정규적으로ordentlich 숙고되고자 한다. "정규적"은 우리가 쉽게 추정하듯이 "체계적"systematisch 이라는 단어와 같이 포괄하고 재단하고 배제한다는 뜻이 아니다. 정규적 교의학과 윤리학은 포괄하지 않으며 재단하지 않으며 배제하지 않는다. 오히려 그것은 성서 주석학이나 교회사처럼 열려 있는 그리고 열어 주는 학문이다. 말하자면 정규적 교의학과 윤리학은 작업하는 현재의 매 순간에 하나님의 말씀에 대한 미래적 숙고를 기대하고 희망하는데, 미래적 숙고는 각각의 현재에 가능한 것보다 더 나을 수 있으며, 더 충실하고 보편적이고 심층적일 수 있다. 또 정규적 교의학과 윤리학은 하나님의 말씀을 어떤 시대에 일반적으로 인정된 철학에서 얻는 척도에 따라 혹은 각각의 시대마다 유효하다고 공표되는 교회지도부의 소원, 요구, 명제의 어떤 척도에 따라 숙고하거나 해석하지 않는다. 오히려 정규적 교의학과 윤리학은 각각의 시대에 다음과 같이 작업한다. 그것은 하나님의 말씀을 숙고하면서 그 말씀 자체가 처방하는 질서, 형식, 기술, 목적성 등을 굳게 붙들며, 바로 이 질서를 자신의 시대 내지는 그 시대의 공동체의 '인식의 길'에 제시하고 적용한다. 정규적 교의학과 윤리학은 **자유롭게** 사고하며, 공동체에게도 하나님의 말씀을 통해 각각 주어지는 자유 안에서 마찬가지로 자유롭게 사고하고 진술하라고 요청한다. 소위 조직신학의 목표는 바로 그 정규적 질서Ordnung의 끊임없는 새로운 인식이며, 그 질서에 근거된 자유의 획득, 유지, 확산이다. 그렇기 때문에 신학은 조직신학적 과제에 몰두할 때에도 여전히 공동체 안팎을 위한 봉사다. 신학은 공동체의 선포가 실행해야 하는 표현들의 적절성에, 즉 그 표현의 적절한 갱신, 순화, 집중, 상세화에 봉사한다.

마지막으로 **실천신학**은—명칭이 말하는 것처럼—공동체의 실천 즉 선포로 건너가는 학문이다. 우리가 실천신학을 제일 마지막에 언급하는 것은 슐라이어마허처럼 그것이 신학 연구의 "왕관"을 쓰고 있기 때문이 아니며, 혹은 그것을 다른 신학 과목들에 대한 임의의 부록으로 취급하려는 것도 아니다. 인간적 노력의 관점에서 본다면 여기서도 우리는 외곽에 있는 셈이지만, 그 노력의 대상에서 본다면 여기서도 다른 신학 과목들과 마찬가지로 문제의 중심에 있다. 실천신학의 특별한 문제영역은 "언어사건"이다. 오늘날 사람들은 이 단어를 폭탄 퍼붓듯 쏟아내면서, 대단히 부적절하게도 그것이 주석과 때로는 교의학의 근본문제라고 주장하곤 한다. 그러나 이곳 즉 실천신학 안에서 언어사건은 자기 자리를 찾는다. 여기서 질문은 다음과 같다. "성서와 교회사 안에서 증거되어 알게 된 그리고 현재의 '자기 제시' 안에서 숙고되는 하나님의 말씀에 대해 어떻게 인간의 말이 (공동체 안에서 그리고 공동체를 통해) 공동체 주위의 세상에 봉사할 수 있는가?" 그러므로 실천신학은 어떻게 말씀의 선포자가 이러저러한 사람에게 가까이 "다가가서" 하나님의 말씀을 그들에게 도달하도록 만드는가? 하는 허황된 질문에 관계되지 않는다. 오히려 하나님의 말씀은 그 자체의 고유한 자유와 능력 안에서가 아니면 어떤 사람에게도 "도달하지" 않는다. 그러므로 질문은 다음과 같다. 어떻게 말씀의 선포자는 말씀의 오심을 지시함으로써 그 말씀에 봉사할 수 있는가? 이것은 바로 **언어**의 문제다. 말씀의 선포를 감행하는 사람은 현장에서 이 언어의 문제를 실행하지 않을 수 없다. 이 과제를 위해 두 가지 조건이 성취되어야 한다. 말씀의 선포는 한편으로 인간에 대한 "하나님"의 말씀을 지시하기 위해서 "권위적 발언"Aussprache의 성격을, 다른 한편으로 "인간"에게 오시는 하나님의 말씀을 지시하기 위해서 "말 건넴"Ansprache의 성격을 가져야 한다. 언어가 하나님의 말씀을 선포하는 언어가 되려면, 선포의 근원의 관점에서는 최고로 비범하게 그러나 선포의 목적의 관점에서는 대단히 평범하게 표현되어야 한다. 다시 말해 선포의 언어는 축제적인 동시에 일상적으로, 성스러운 동시에 세속적으로 말해야 하고, 이스라엘과 예수 그리스도의 역사를 뒤따라 이야기하는 동시에 오늘의 그리스도인과 일반 사람들 안으로 이야기해야 하며, 중심적으로는 주석과 교의학의 가르침을 받지만 동시에 형식적으로는 각각의 때에 가장 필요한 심리학, 사회학, 언어학 등의 새치를 쉬어 넣은 언어이야 하며, 가나안의 언어인 동시에 또한 애굽의, 바벨론의, 각각 "현대적인" 일상 언어여야 한다. 그 언어는 언제나 하나님으로부터 출발해 인간 안으로 진입하는 말씀을 지시해야 하기 때문에 전자로부터 후자에 이르는 낙차 큰 경사 안에서 말해지며, 이 순서는 역전될 수 없다. 그러나 후자 없는 전자는 없으며, 마찬가지로 전자 없는 후자도 없다. 언제나 '하나님 그리고 인간'이다! 설교, 가르침, 기도, 복음적 사역에 관련된 공동체의 선포에 본질적인 그러한 언어를 찾고 발견하기 위해, 그리고 배우고 연습하기 위해 우리는 실천신학을—때로는 평생 동안—연구한다.

마지막으로 오늘 강의 전체에 대한 주변적 평가를 하려 한다. 신학 연구에서 한편으로 좌파든 우파든 너무 즐거워하는 소박한 심성의 사람들은 이 모든 문제들이 자신이 생각했던 것보다는 약간 더 복잡함을, 다른 한편으로 너무 우울하고 세심한 지성적 심성의 사람들은 이모든 것들이 자신이 잔뜩 찌푸린 인상으로 만나려고 기대했던 것보다는 훨씬 더 단순함을 발견할 것인데, 그것은 당연하고 마땅한 일이다.

16

봉사

신학 작업은 봉사다. 봉사한다dienen는 것은, 일반적으로 정의한다면 한 사람이 자기 일이나 자기 계획의 관점이 아니라 타자의 관점에서, 타자의 필요와 재량권에 맞추면서 그의 지시에 따라 행하는 의지, 활동, 행위를 가리킨다. 이 행동의 자유는 그 타자의 자유에 의해 제한되고 규정되며, 또 이 행동의 행위자의 명예는 그 행동이 자기 것이 아니라 타자의 명예를 더 크게 할수록 그만큼 더 커진다. 그렇게 봉사하는 행동이—그것이 기도든지 연구든지 혹은 둘 다든지 관계없이—신학자의 작업이다. 그 작업은 다시 일반적으로 정의하자면 "하나님의 말씀에 대한 봉사"ministerium Verbi divini다. "봉사"Bedienung라는 표현에 관련해서 우리는 신약성서의 디아코노스diakonos의 개념이 원래는 '식탁에서 식사 시중을 드는 하인'을 가리켰음을 생각하게 된다. 신학자는 하나님의 말씀의 높은 존엄 앞에서 (말씀은 행동 안에서 말하시는 하나님 자신이다!) 시중들기 위해 기다려야 한다. 신학자의 명예와 자유에 대해 시편 123편만큼 잘 서술하는 것은 없다. "상전의 손을 바라보는 종들의 눈같이, 여주인의 손을 바라보는 여종의 눈같이, 우리의 눈이 여호와 우리 하나님을 바라보며 우리에게 은혜 베풀어 주시기를 기다리나이다"(2절). 신학 작업은 자신의 외부에 있는 목적점을 지향하면서 그 곳에 집중하는 작업이다. 신학 작업에 그와 같이 절대로 포기될 수 없는 특징적인 방향 지향성이 있다는 것을 염두에 두면서 이제 그 작업을 이해하고자 한다.

칼뱅의 유명한 '교회적 직무'의 분류에서 "봉사"Diakon는 마지막 넷째 자리에 위치하며, 그 내용은 공동체의 가난한 자와 병든 자를 돌보는 것만 "겨우" 서술한다. 이것에 앞선 셋째는 "장로"Presbyter이며, 장로는 공동체적 삶의 외적인 인도에 책임이 있다. 이보다 앞선 둘째는 "목사"Pastor이며, 목사는 공동체의 설교자, 가르치는 자, 교구 목회자다. 이보다 앞선 가장 첫째는 "가르치는 자"Doktor이며, 그는 공식적으로 성서를 해석하고 설명하는 교회의 선생이다. 특별히 그는 명백하게도 신학자다. 칼뱅은 이 분류를 겉으로 얼핏 보이는 것처럼 그리고 빈번하게 실천적으로 적용되었던 것처럼 그렇게 고정된 것으로 말하지 않았다. 오히려 '교회의 선생' 즉 신학자에게는 복음에 따르면 모든 경우에 다음이 권장될 만하고 더 나아가 필수적이다. 그는 첫째 자리로부터 속히 말째 자리로 옮기며, 다른 모든 사람들을 위한 봉사자, 시중드는 자, 곧 '디아콘'이 되는 것이 좋다. 반대로 다음 사실도 주목되어야 한다. 사도행전에서 홀로 높여진 두 명의 "디아콘" 즉 빌립과 순교자 스데반은 누가에 의해 성경의 연구와 해석에서도 확실한 합격점을 받았던 것으로 서술된다. 신학 작업이 기술적으로 다른 모든 것들보다 앞선 특별한 직무라고 해도, 그것은 다만 봉사 곧 '디아코니'Diakonie여야 한다. 만일 신학 작업이 대단히 특수한 방식으로 또한 공동체의 가난한 자와 병든 자를 돌보지 않는다면, 그것은 아무 소용이 없다. 마찬가지로 후자와 같은 실천적인 그리스도교적 돌봄도 진지한 신학적 작업의 봉사가 없다면 가능하지 않을 것이다.

신학 작업의 이러한 **봉사**의 성격에 관련해서 첫째로 다음 제한이 있을 수 있다. 신학은 예술이 마치 예술 그 자체를 위해 수행되듯이 신학 그 자체를 위해서 수행될 수 없다. 신학에 진지하게 몰두해 본 사람은 모든 측면에서 다가오는 신학의 유혹이 적지 않다는 것을 안다. 신학은 특별히 교의학의 형태일 때 매우 매혹적인 학문일 수 있다. 왜냐하면 그 작업에는 사변적 건축구조와 그에 따른 아름다움의 추구가 저항할 수 없이 요청되기 때문이다. 신학은 교회사 안의 밝고 어두운 또 애매모호한 형태들과 사건들의 연구로서, 순수하게 인간적으로도 매 순간 최고의 흥분을 주는 학문이다. 그리고 또 주석학도 대단히 세심한 주의력과 대담한 상상력을 요청하기 때문에 동일한 매력을 갖는다. 그러나 신학을 수행할 때 우리는 "무엇 때문에?"의 질문을 너무도 쉽게 잊는다. 그 질문은 뒤로 미뤄지고 구석으로 밀린다. 물론 신학 연구에서 연구자가 매 단계마다 "이것 혹은 저것이 어디에 쓰일 수 있을까?"를 반드시 알아야 하는 것은 아니며, 그것을 조급하게 매 순간 질문해야 하는 것도 아니다. 그러나 나는 이 신학 작업으로써 무엇을 시작하는가? 내가 신학을 한다는 것이 공동체 그리고 세상에 무슨 소용인가? 나는 나의 신학 작업을 사람들에게, 특히 현대인들에게 어떻게 설명해야 하는가? 등의 질문을 계속해서 마음에 담고 입에 올리는 사람이 있다. 반면에 어떤 사람은 결코 신학적 문제 그 자체에 의해 진지하게 움직여져 본 적이 없으며, 오직 그러한 질문에 관해 나중에 어떤 해답을 발견해서 신학을 향해 달리려는 말馬 위로 훌쩍 뛰어 올라타려고만 한다. 그러한 사람은 기도에서도 연구에서도 진지한 신학적 작업자일 수 없고, 나중에도 틀림없이 사람들에게 아무런 올바른 것도 말할 수 없을 것이며, 바로 저 **유일한 의**를 말하기란 더욱 불가능할 것이다. 그 유일한 의를 말할 수 있게 되는 것은 우리가 이러저러한 실천적 적용을 미리 곁눈질할 때가 아니라, 오히려 어떤 올바른 것을 직접 경험해서 알려고 노력할 때다. 덧붙여서 말하자면 신학을 시작하는 사람이 몇 년 안 되고 다시는 돌아오지 않을 학창시절에 온 힘을 다해서 공부 그 자체에 몰두하지 않고 정신없이 분주하게 온갖 그리스도교적 활동으로 달려가거나, 혹은 더 나아가 일부 국가에서 흔한 일이 된 것처럼 교회적 직무에 이미 한 발을 들여놓기까지 하는 것은 위험하다고는 말할 수 없겠지만 틀림없이 현명하지는 못하다. 물론 신학생이 학문적인 자기 자리를 지킬 때에도 신학 작업의 의미, 지평, 목적이 '하나님께 대한 봉사' 그리고 '사람에 대한 봉사'라는 사실은 조금도 달라지지 않는다. 즉 신학의 의미, 지평, 목적은 자유롭게 떠돌며 지성적·미적인 갈망에 봉사하는 신학자의 어떤 영지Gnosis, 비밀스런 영적 지식가 아니다. 신학 작업의 영지는 1세기의 크고 작은 이단들의 것과 같은 사변적·신비주의적 영지도 아니며, 어떤 역사비평학적 종류의 영지도 아니다. 후자는 18세기에 유일하게 참된 신학이라고 확산되기 시작했으며 오늘날 새로운 승리의 축제를 준비 중인 것으로 안다. 1세기 영지 뒤에 낯선 신들의 선포와 숭배가 잠복해 있었다면, 18세기의 영지 뒤에는 회의주의 즉 무신론이 잠복해 있다. 프란츠 오버베크Franz Overbeck는 이러한 현대적 영지주의의 길을 끝까지 걸어가면서 섬김과

봉사로서의 신학에는 철저히 무관심했으며, 그 결과 그는 신학 단과대
학에 속했지만 신학자로 불리는 것을 원하지 않았고, 오히려 그의 묘
비에 적혀 있는 것처럼 다만 "교회적 역사학 교수"이고 그렇게만 불리
기를 원했다. 이것은 그 나름대로는 일관성이 있는 태도였다. 그러나
아니다. 신학의 대상은 하나님의 말씀이다. 신학 작업은 그 말씀을 항
상 가장 가까이 두지는 못해서 다만 멀리서 바라본다고 해도, 그러나
반드시 말씀을 최종적이고 본래적인 목표로 삼아야 한다. 신학이 이러
저러한 각론 안에서 (이것들이 아무리 번듯하게 이곳저곳에서 전개된다고
해도) 열매 맺지 못하는 것이 되지 않으려면, 다음 사실을 시야에서 놓
치지 말아야 한다. 즉 신학의 대상인 하나님의 말씀은 신학 안의 이러
저러한 관점에서 알려지고 숙고되고 묵상되기를 원할 뿐만 아니라, 더
나아가 신학 안에서 섬김의 봉사 즉 '디아코니'를 원하신다.

　　신학 작업의 봉사의 성격에 대한 둘째 제한은 다음과 같다. 말씀
안에서 세상과 공동체의 주님이신 하나님께 봉사하고 그리고 하나님
께서 사랑하셔서 그분의 말씀 안에서 말을 건네시는 인간에게 봉사
할 때, 신학은 지배하려고 해서는 안 된다. 하나님과의 관계에서도 인
간과의 관계에서도 그래서는 안 된다. 우리는 이미 첫 강의에서 신학
에 적절한 **겸손**에 대해 말했다. 이제 그 겸손의 마지막은 신학이 봉사
해야 한다는 것이다. 봉사한다는 것은 신학 작업이 당연히 그리고 마
땅히 냉철한 자의식 안에서 수행되어야 한다는 사실을 배제하지 않으
며 오히려 포함한다. 신학자들의 무리가 하이든의 「천지창조」의 합창
에 맞추어 바닥만 기어가야 하는 벌레들의 긴 행렬을 뒤따라야 한다고
는 어디에도 적혀 있지 않다. 복음을 부끄러워하지 않는다면 신학자의

실존은 누구에게도 미안해할 필요가 없으며, 신학자의 행동은 어떤 존재론적 하부구조나 다른 호교론적 혹은 교육학적 기술들을 통해 자신을 정당화할 필요도 없다. 세상에 대해서도 그러하고 공동체에 대해서는 더욱 그러하다. 우리는 봉사로서의 신학을 머리를 들고 수행해야 한다. 그렇지 않다면 안 하는 편이 낫다! 그러나 신학을 하는 목적이 공동체 안에서 복음의 문제에 관련해 좀 덜 아는 학자와 지식인들이나 혹은 다른 분야의 학자와 지식인들 앞에서, 혹은 누구보다도 다른 신학자들 앞에서 내가 확실하게 더 잘 아는 사람이 되어 성과를 거두려는 것이 아니며, 최고가 되려는 것은 더욱 아니다. 하나님의 말씀이 신학자에게 봉사를 요구할 때, 그 말씀은 신학자가 말씀 자체를 손에 넣는다거나, 그가 이 문제에 정통한 자가 되어 교회 안팎의 무지한 자들에 대해 우월한 자 내지 권위자로 사칭하고 행세하는 것을 허용하지 않는다. 말씀이 그에게 그렇게 명령한다는 것은 더욱 있을 수 없다. 그렇게 된다면, 신학자가 그와 그의 학문의 대상을 장악해 버린 셈이 될 것이다. 그때 그 대상은 신학의 대상이기를 그친다. 그때 신학자의 노력 전체는 무의미하고 헛된 것이 될 것이다. "너희 말을 듣는 자는 곧 내 말을 듣는 것이요"(눅 10:16). 물론 이것은 맞다. 그러나 그것이 아돌프 슐라터Adolf Schlatter가 언젠가 표현했던 "교황 행세를 하는 서기관들"의 등장을 뜻하지는 않는다. 왜냐하면 예수께서 말씀하셨던 "너희"는 승리주의적인 성직자들이 틀림없이 아니며, 하물며 왕관을 쓴 혹은 안 쓴 교황은 더욱 아니기 때문이다. 오히려 "너희"는 그분이 초대하셨고, 그분의 식탁에서 가장 낮은 자리에 앉았으며, 최선의 경우에야 그분에 의해 조금 더 높은 자리로 옮길 수 있었던 사람들이었다. 말씀의 문제에 관련해서 "잘 아는 자" 그리고 "바르게 아는 자"는

오직 그 말씀이 그들을 다루는 것이며, 그들이 그 말씀을 다루는 것이
아니라는 사실을 눈앞에 두고 있는 사람이다. 그들이 말씀에 봉사해
야 하며, 말씀이 그들에게 봉사하는 것이 아니다. 말씀은 그들의 어떤
공개적인 혹은 비밀스러운 권세의 요구가 (아무리 좋은 의미에서의 권세
라고 해도) 성취되도록 하지는 않는다. 그들은 다음 상황이 벌어질 수
있음을 고려해야 한다. 그것은 공동체 안의 어떤 작은 인물이 (성서의
저 유명한 "늙은 과부"가) 혹은 어떤 이상하고 낯선 외부인이, 이슈가 되
는 중요한 맥락에 대해 그들의 모든 각론적인 학문 지식들 전체보다도
더 많이 알고 있음이 갑자기 밝혀질 수 있으며, 그래서 그들이 가르치
기보다는 오히려 여러 가지를 배워야 하는 상황이다. 그렇게 할 때 저
"잘 아는 자" 그리고 "바르게 아는 자"는 기도와 연구에서 잠정적으
로 최선을 다하는 셈이 되며, 머리를 들고 자신의 행동을 기뻐하는 용
감한 자로서 행하는 셈이 된다. 왜냐하면 그들은 자신의 행위를 **봉사**
Diakonie로 행하기 때문이다. 그들은 바로 그들에게 주어진 저 특별한 자
유 안에서 그리고 바로 그들의 것이 된 저 특별한 명예 안에서 그렇게
행한다. 바로 이 봉사는 이제 다른 모든 봉사들과 마찬가지로 무조건
적으로 그들의 작은 신학에게 맡겨진 봉사다.

신학 작업의 의미가 "하나님의 말씀에 대한 봉사"*ministerium verbi
divini*라는 것은 무엇을 뜻하는가? 다음을 확실하게 눈앞에 두도록 하
자. 하나님의 사역이 자유로우신 은혜의 사역인 것처럼, 이 사역과 함
께 말해지는 그분의 말씀도 역시 자유로우신 은혜의 말씀이며, 그 말
씀은 그분에게 고유한 말씀으로서 그 자체의 능력으로 들려지고 또
들음을 창조하는 말씀이다. 어떤 인간도, 그분의 공동체도, 신학도 그

말씀을 점유하거나 따라 말하거나 반복할 수 없다. 하인리히 불링거 Heinrich Bullinger가 작성한 제2스위스 신조 중 제1장 둘째 단락의 간결한, 많이 인용되는 개요는 다음과 같다. "하나님의 말씀의 설교는 하나님의 말씀이다."Praedicatio verbi Dei est verbum Dei 여기서 주어와 술어는 동등하지 않으며, 오히려 문맥에 따르면 다음과 같다. "오늘날 하나님의 말씀이······교회 안에서 통고될 때, 우리는 그곳에서 하나님 자신의 말씀이 통고되며 믿는 자들에 의해 인지된다고 믿는다." 믿음 안에서 인식되는 통일성 안에서도 하나님 자신의 말씀과 그 말씀을 선포하는 사람이 말하는 말씀은 서로 구분된다. 전자가 후자로, 후자가 전자로 '실체적 변화'[화체]를 일으키는 일은 생각될 수 없다. 인간의 선포 행위 안에서 발생할 수 있고 발생해야 하는 것은 그 말씀의 **통고**annuntiatio, Ankündigung다. 통고 안에서 말씀 자체가 반사되고 반향을 울린다. 설교가 지향하는 것은 말씀의 통고이며, 바로 이것이 **일반적**인 봉사의 의미, 또한 신학적 봉사의 의미다.

하나님의 말씀에 봉사하는 신학의 **특별한** 섬김은—공동체 안에서 일어나는 다른 직무들과는 구분되면서—다음에서 가장 잘 이해될 수 있다. 하나님의 말씀의 봉사는 설교와 달리 교육과 상담에 기여한다. 교육과 상담의 경우 특정한, 상황에 따라 가능하고 필요한 설명을 함으로써 도움이 된다고 진리 문제를 제기하는 것은 그 본래 소임, 직접적인 소임이 아니다. 하나님 자신의 말씀을 직접 등장시키는 것은 교육과 상담의 사명이 아니며, 이들의 능력 안에 있지도 않다. 오히려 이들의 사명은 교회의 선포 전체에 대한 이차적 등급의 증거로서 그 선포를 지원하고, 하나님의 말씀을 반사하는 가능한 한 깨끗한 거울이 되

며, 가장 맑게 울리는 반향이 되는 것이다. 이러한 이차적 등급의 증거
는 결코 완벽할 수도, 완벽할 필요도 없을 것이다. 진리 문제와 대면하
는 일이 불필요하고, 필수적인 것이 아니기 때문이다.

공동체가 온갖 사업들과 시설들로써 하나님의 말씀에 봉사해야
하며, 거꾸로 하나님의 말씀이 공동체와 공동체적 사업과 시설들에 봉
사하는 것이 아님은 당연하지만, 그러나 이것조차도 교회적 삶 안에서
분명하지 않을 때가 많다. 그래서 신학은 지속적으로 다양한 목소리를
통해 공동체를 깨워 이 점을 기억하도록 해야 한다.

교회의 선포가 신구약성서의 증거에 근거해야 한다는 사실은 근
본적으로 인정되어야 할 뿐만 아니라 항상 실천적 효력도 가져야 한다.
그러나 이 점도 실제로는 분명하지 않을 때가 많다. 신학은 지속적으로
공동체가 선포와 말씀의 결합을 생각하도록 해야 하며, 말씀이 아닌 다
른 어떤 것과의 결합을 벗어나 자유로워지도록 용기를 주어야 한다.

계속해서 공동체가 세상에 통고한 것은 하나님의 말씀이며, 세상
안에서 통용되는 그리고 공동체 안으로 침입해 오는 많은 어떤 '유사
말씀들'이 아니다. 그 말씀은 인간에게 향해진 하나님의 말씀이며, 자
유로우신 은혜의 말씀으로서 그 인간에게 가장 진지하고 궁극적으로
와 닿는 말씀이다. 이 사실의 한 측면 혹은 다른 측면이 공동체의 행
위, 방임, 진술, 침묵 안에서 쉽게 약화되고 불분명해지고 더 나아가
부인되는 일이 있을 수 있다. 이에 대해 신학은 모든 면에서 명확한 이
해를 확산시켜야 한다.

공동체의 하나님의 말씀의 선포는 그 말씀이 이스라엘과 예수 그
리스도의 역사 안에서 하나님께서 선언하신 것임을 명확하고 명시적으
로 이해하고 또 표현해야 한다. 그렇지 못할 때 공동체의 선포는 중심과

205

윤곽을 잃게 된다. 신학은 선포가 그 말씀에 집중하도록, 그리고 전체적으로 바로 그 구체적인 말씀을 언어로 표현할 수 있도록 지원해야 한다.

교회적 선포가 정규적 선포이려고 한다면, 우리가 앞에서 자주 언급했던 경사 큰 **높낮이** ['예'의 높음과 '아니오'의 낮음] 안에서 진행되어야 한다. 이것은 위에서 아래로의 낙차, 하나님의 밝은 생명으로부터 집합적·개인적 인류 삶의 어둠과 여명 안으로 기울어진 낙차다. 신학은 이 운동을 모범적으로 보여주어야 하며, 공동체에게 그 운동이 '믿음의 지성'*intellectus fidei*의 법칙과 자유임을 각인시키고 기꺼이 수용하도록 만들어야 한다.

교회의 선포는 한편으로 자신의 주제의 지나친 다양성과 건강하지 못한 확장성 때문에, 다른 한편으로는 마찬가지로 건강하지 못한 일면성과 협소성 때문에 병이 들 수 있다. 한편으로 자유주의적 이완과 분산이, 다른 한편으로 교단적, 성서 문자주의적, 혹은 제의적인 융통성 없음과 협소성이 위협한다. 신학은 이쪽 혹은 저쪽의 위협에 반해, 보통은 동시에 함께 오는 양쪽의 위협에 반해 집중과 개방을 권고해야 한다.

교회의 선포는 언제 어디서나 지역적·국가적·대륙적·계급-인종적 전통들과 자명한 편견들에 의해 직접 영향을 받는다. 우연적·자의적이고 순수한 개인적 편견의 상황은 말할 필요도 없다. 신학은 이러한 편견에 반해 그리스도교적 메시지의 순수함을 깨어 지켜야 하며, 그 메시지의 교회 일치적, 전체 교회적, 보편적 의미와 특성을 보존해야 한다.

신학이 행해지는 곳에서는 어디서나─교회적 본질의 전진과 진행에 어떤 유익한 긴장이 일으켜지고 누구에게 유리하거나 누구에게 고통을 주지 않으면서—위의 혹은 그와 비슷한 상황들이 불가피하게 설명되지 않을 수 없다. 왜냐하면 신학은 비판적 질문들을 통해 하나님의 말씀에 봉사해야 하기 때문이다. 우리는 각각의 교회의 삶과 활동에 대해 (국가교회와 자유교회 모두에게!) 교회 안에서 그러한 설명이 발생하는지, 그 안에서 신학 작업이 수행되는지 아닌지, 그 교회가 신학의 봉사를 기꺼이 원하는지, 혹시 교회 안에 모인 큰 무리나 작은 무리들 그리고 권위적 성직자나 그 밖의 말씀 인도자가 자칭 영적 생명성과 타당성을 갖고 있다고 주장하면서 신학을 변질시키지는 않는지, 신학이 없어도 잘할 수 있고 경우에 따라서는 더 잘할 수 있다는 견해를 갖고 있지는 않은지 질문해야 한다. 마지막 경우에 그리스도교와 소위 교육이 서로 갈라지는 분리의 사건이 발생할 수 있고 (슐라이어마허는 그렇게도 열정적으로 이 분리를 경고했다!) 또 틀림없이 발생하게 되겠지만, 그러나 발생한다고 해도 그것이 발생할 수 있는 최악의 것은 아직 아니다. 최악은 신학적 봉사(디아코니)의 지원이 없을 때 그리스도교 안의 진리 질문이 필연적으로 잠자게 되는 경우이며, 그 결과 **진리 자체**—진리가 질문되어야 하며 인식되어야 하며 알려져야 한다—가 그리스도교로부터 분리되는 일이다. 교회의 공간 안에서 신학의 책임은 막중하다. 그리고 교회가 자신의 공간 안에서 신학을 진지하게 수행해야 할 책임도 그보다 적지 않다.

마치면서 한 가지 질문이—질문 그 이상은 아니지만—남아 있다. 신학 작업이 공동체 안에서의 봉사라고 할 때, 그것은 간접적으로는 또한 **세상**에 대한 봉사다. 공동체의 사명은 세상에 복음을 선포하는 것이기 때문이다. 신학 작업은 이것을 넘어서서 세상에 대한 직접적 봉사일 수도 있는가? 교회가 공동체를 돕기 위해 행했던 해명들은 약간 변경시킨다면 또한 일반적인 사람들의 문화적 삶에도, 예를 들어 신학 밖의 인간적 학문의 수행에도 어떤 의미를 가질 수 있는가? 신학 작업이 예를 들어 예술, 정치, 혹은 학문에도 필요하며, 어떤 것을 말해야 하며, 도움이 될 수 있는가? 이것은 신학이 아니라 그 문제에 각각 관계가 있는 사람만 의미 있는 대답을 할 수 있다는 전제 아래서 질문될 수 있다. 신학이 몰두하는 대상은 의식적, 반쯤 의식적, 혹은 무의식적으로 교회의 담장 밖에서도 최소한 어떤 문제로 의식될 수는 있다. 사람들은 예를 들어 철학에서 이 문제를 진지하게 취급하지는 못했지만, 그러나 최선의 경우 멀리서 바라보기는 했다. 일반 사람들이 몰두하는 많은 문제들 아래서 혹은 그 곁에서 신학 작업이 또한 시도되고 있다고 한다면, 이것은 (고개를 저으며 취급되든지 혹은 존경과 함께 언급되든지 상관없이) 다음 현실을 생각하게 한다. 즉 전적으로 인간적인 의지, 행동, 견해, 지식의 곁에 그리고 그것들과 관련해 이제 하나님의 사역과 말씀이라고 하는 어떤 [신학적인] 것이 그러한 인간적인 것 전체의 한계, 근거, 목적으로, 또 동기와 진정제로 질문되려고 한다. 아마도 공동체의 선포와 관계가 없지는 않으면서, 공동체 주변의 세계 안에도 하나님의 어떤 사역과 말씀이라는 중심 문제에 대한 밝거나 불분명한 지식이 있고 또 해명을 필요로 하고 있다고 가정한다면(이 가정은 아마도 허용되어야 할 것이다), 그때 종합대학 안의 신학대학의 존재는(원래 대학은 신학대학으로부터 생겨 나온 것이다) 오늘날에도 그리고 미래에도 의미 있는 현상일 수 있다.

17

사랑

이 강의의 제IV부에서 우리는 기도, 연구, 봉사의 제목 아래서 신학적 작업에 관해 서술했다. 이제 지금까지 말해진 모든 것을 마치면서 우리는 '**원칙**'Prinzip을 지시하는 한 단어를 생각해야 한다. 신학 작업은 오직 이 원칙의 지배 아래서만 약속을 가지며, 하나님께서 기뻐하시고 인간에게 도움을 주는 좋은 사역일 수 있다. 그 원칙의 적용 없이는, 신학 작업은 좋은 사역이 될 수 없고 그렇게 존재할 수도 없다. 우리는 앞에서의 제I부, 제II부, 제III부도 그러한 원칙을 지시하면서 마쳤다. 제I부의 마지막에서 그것은 **성령**이었으며, 제II부의 마지막은 **믿음**, 제III부의 마지막은 **희망**이었다. 이것들은 각각 다른 관점에서 신학적 학문에 대한 특정한 조건을 지시했는데, 신학은 그 조건이 오직 자신의 대상으로부터 주어지는 것임을 알아야 하고, 그것을 자신에게 자유롭게 주어지는 선물로 취급해야 한다. 신학은 그 조건에 감사할 뿐이다. 그러나 감사에 그쳐서는 안 되며, 오히려 단호하게 그 조건을 신학 작업에 적용해야 한다. 그렇게 할 때 신학은 다음을 잘 알게 된다. 만일 그 조건이 없어서는 안 될 전제조건으로 자신에게 주어지지 않는다면, 신학이 행하는 모든 것은 그것이 아무리 완전하다고 해도 차가운, 열매 없는, 죽은, 좋지 않은 것이 될 수밖에 없다. 즉 성령이 홀로, 믿음이 홀로, 희망이 홀로 **영원하다**. 지금까지 이것을 이야기했다.

이제 제IV부의 특별한 관점에서 다시 한 번 신학의 저 근본조건을 바라보자. 그것은 신학의 대상으로부터 신학에게 다가오며, 그 대상으로부터 신학이 수용해야 하며, 신학이 오직 대상의 자유롭게 하는 권능 안에서 행할 때만 성취되는 근본조건이다. 이에 관련해 우리는 다음과 같이 과감하게 말할 수 있다. 신학 작업은 그곳에서 (오직 그곳에서! 그곳에서는 확실하게!) 좋은 사역이 될 수 있다. 그곳은 신학이 **사랑** 안에서, 결단코 그 안에서 행해지는 곳이다. 그러므로 사랑만이 홀로 **영원하다**. 그리고 사랑만이 현실적으로 중요하다. "사랑은 덕을 세우나니"(고전 8:1)라고 바울은 위로의 편지를 썼다. 그리고 사랑은 그치지 않으며, 믿음과 희망과 함께 사랑은 ("그 가운데 으뜸으로"(고전 13:13 참조)) 남아 있을 것이다. 바울은 또한 경고했다. 지식 그 자체, 추상에 빠진 지식, 신학적 노력과 작업 그 자체는 건립하는 것이 아니며, 오히려 **자랑**할 뿐이다. 그리고 사도인 그조차도, 가장 뛰어난 사람의 말과 더 나아가 천사의 말을 할지라도, 사랑이 없으면 다만 소리 나는 구리와 울리는 꽹과리일 뿐이며, 그가 예언하는 능력을 가지고 모든 비밀을 알고 모든 지식을 얻고 향유한다고 해도, 사랑이 없으면 그는 아무것도 아니다! 우리는 이 경고를 받아들이고 신뢰해야 한다. 사랑이 없는 신학 작업이란—아무리 열심히 기도한다고 해도, 아무리 넓고 깊게 연구한다고 해도, 아무리 열정적으로 봉사한다고 해도―헛된 논쟁과 헛수고에 불과하다. 신학 작업은 오직 사랑이라는 자유로운 은사를 받고 그것을 행동으로 보일 때, 좋은 작업으로 착수되고 진행되고 목적으로 인도될 수 있다. 신학에게 이것은 당연하며 마땅하다. 이제 우리 강의의 제Ⅳ부만이 아니라, "개신교신학 입문" 전체를 종결하면서 이 문제를 논의하고자 한다.

"사랑"이라는 단어에서 우리는 플라톤 철학이 대단히 높게 칭송하는 **에로스**ᴱʳᵒˢ를 먼저 떠올리지 않을 수 없다. 에로스로서의 "사랑"은 (일반적으로) 원초적 본능의 갈망, 압박, 충동, 추구를 뜻하는데, 이것들 안에서 한 피조적 본질은 타자와의 관계 안에서 자기주장, 자기만족, 자기실현, 자기성취 등을 추구한다. 다시 말해 그 피조적 본질은 타자에게 접근하며, 자신을 위해 그 타자를 획득하고 그 타자를 취하며, 가능한 한 명확하고 결정적으로 그 타자를 자신의 것으로 만들기를 추구한다. 그리고 학문적 에로스로서의 "사랑"은 (특수하게) 지적형태 안에서의 동일한 갈망이다. 그것은 일종의 '정신적 활력'으로, 그 안에서 인간적 인식은 대상들을 마주하고 인식하며, 그 대상들에게 서둘러 접근하며, 그다음에 자신을 그 대상들과 그리고 그 대상들을 자신과 결합시키고, 그렇게 해서 그것들을 자신의 소유 혹은 힘 안으로 옮겨 놓으며, 마침내 그것들을 향유한다.

학문적 에로스가 없다면―'연구'에 대해 말했던 것을 기억해 보라―어떤 신학 작업도 있을 수 없다. 신학 작업도 인간적·지성적인 운동이며, 또한 육체적 하부구조에서도 인간적 생명력의 운동이기 때문에 그러하다. 인간의 자기주장과 자기성취를 위한 에로스는 **객체**ᴼᵇʲᵉᵏᵗ를 갈망하는데, 신학적·학문적 에로스의 객체는 옛날부터 시계추처럼 흔들리는 운동을 했고 지금도 그러하다. 말하자면 이 에로스는 압도적으로 (아마도 거의 배타적으로) 하나님만, 혹은 압도적으로 (마찬가지로 거의 배타적으로) 인간만 객체로 삼으려고 했다. 인식 주체는 일차적으로 하나님에 혹은 일차적으로 인간에 관심을 둘 수 있으며, 우선 하나님을 혹은 우선 인간을 통찰하고 자신의 능력 안으로 옮기고 향유하며, 이 의미에서 인식하려고 할 수 있다. 고대와 중세시대의 학문적 에로스가 대체로 전자의 신 중심적 방향을 추구했다면, 근세 이후 데카르트에 의해 규정되는 학문적 에로스는 대체로 후자의 인간 중심적 방향을 추구했다. 양자의 신학적 대상이 사실상 하나님을 혹은 인간을 향하고 있다는 점에서 양자 모두에게 신학적 근거가 없다고 할 수는 없다. 다만 신학적 에로스의 역사 안에서 분명하게 드러나는 것과 같은, 그 대상들의 이분화 그리고 양자 사이의 저 시계추 운동과 비틀거림은 발생하지 말았어야 했다! 만일 신학자가 신학의 대상의 지배를 받지 않고 대상에 의해 추진되지 않는다면, 그는 떠돌게 될 수밖에 없다. 어제는 관념론 혹은 실증주의 혹은 실존주의의 영역에서, 오늘은 신구약 성서의 영역으로 갈아타면서, 그리고 내일은 (누가 알겠는가?) 어떤 인지학人智學, 점성학, 영성학의 분야에서 방황하게 된다. 이런 일은 신학의 대상으로부터 오지는 않으며, 오히려 학문적 에로스의 본질에 놓여 있다. 그런 방황 안에서는 무엇이 "흥미롭지" 않겠으며 무엇이 긴급한 "관심사"가 아니겠는가? 그래서 학문적 에로스가 신학의 영역에서 일할 때 하는 일이란 신학의 대상을 다른 대상들과 계속해서 혼동하고 바꾸는 일뿐이다. 다음은 학문적 에로스의 본성으로부터 너무도 잘 설명된다. 에로스가 신학 작업의 동기가 될 경우 하나님을 위해 하나님이,

인간을 위해 인간이 추구되는 것이 아니라, 오히려 제대로 이해한다면 하나님이나 인간이나 다 마찬가지로 신학을 수행하는 주체의 가장 깊은 관심사, 즉 그 주체의 자기사랑에 의해 선호되고 인식될 뿐이다.

우리는 다음에 속아서는 안 된다. 인간성과 마찬가지로 신성도 필요로 하고 그래서 갈망하는 그러한 자기사랑은 그것이 신학을 수행하는 살과 피의 본질이라는 점에서 신학 작업이 행해지는 곳이라면 언제 어디서나 등장할 수 있다! 그러나 이러한 종류의 자기사랑도 인간적 상황의 내부에서—인간의 정신적 삶의 한 탁월한 현상으로서—또한 그것만의 특징적인 가치, 능력, 중요성을 갖는다는 사실은 당연하고 마땅하게 즉시 부정되어야 하는 것은 아니다. 그러한 자기사랑이 자신만의 고유한 관심 안에서 하나님을 혹은 인간을, 혹은 하나님과 인간을 사랑하고 인식해야 한다고 또 그렇게 하기를 원한다고 말할 때, 그것은 사소한 일에 불과한 것만은 아니다.

그러나 그러한 종류의 자기사랑이 신학 작업을 좋은 것으로 만든다든가, 그것 없이는 신학 작업이 좋은 작품이 될 수 없다고는 어떤 경우에도 말해질 수 없다. 에로스에 대해서 그것이 성령을 통해 우리 마음속에 부어졌다거나(롬 5:5 참조), 그것이 "건립"한다거나, "그치지 않는다"거나, 아무것도 우리를 그것으로부터 끊을 수 없다거나(결국 죽음이 우리를 에로스로부터 분리시킬 것이다), 그것을 믿음과 소망과 함께 부른다거나, 일반적인 모든 것이 사라질 때 그것이 믿음과 소망과 함께 마지막으로 남는다고 말할 수 있는 사람은 (그런 짜증나는 결합 자체를 도외시하더라도!) 없을 것이다. 그런 사람은 바울과 신약성서가 사랑이라는 단어로써 생각하고 말하는 것을 전부 지나쳐 버린 눈먼 사람 아니면 파렴치한 사람일 것이다.

"에로스" 혹은 그와 비슷한 단어가 바울과 그 밖의 신약성서 안에서 한 번도 등장하지 않는다는 것은 우연이 아니다. "사랑"에 대한 신약성서적 단어는 "**아가페**"다. 그리고 이 단어가 등장하는 맥락들에 따르면, 그것이 에로스의 운동과 성확하게 정반내 방향으로 운동한다는 것은 명확하다. 아가페의 사랑도 또한—이것이 아가페와 에로스 사이의 유일한 공통점이다—타자를 향한 총체적 추구다. 그러나 아가페의 사랑에 있어서 사랑하는 사람에게 사랑의 근원은 결코 자신의 고유한 필요성이 아니며, 오히려 자유다. 이 자유는 그에게 다만 선사될 뿐이며, 그 자신에게 근원적으로 **낯선** 것이며, 어떤 전적으로 새로운 자유 곧 그 타자를 향한 **자유**다. 그는 자기 자신으로부터는 타자를 전혀 사랑할 수 없고 그렇게 해서도 안 된다. 그러나 그는 그 타자를 사랑하도록 허락을 받으며, 그래서 그는 사랑할 수 있게 되고 실제로 사랑한다. 그는 '그 타자에 대해' 자유롭기 때문에 그 타자를 사랑하며, 허공을 향하거나 방황하지 않고, 분산된 것이 아니라 대상에 집중해서 사랑한다. 그리고 그는 그 타자에 대해 '자유롭기' 때문에, 자신을 위한 이유에서 혹은 자기주장과 자기성취의 수단으로써 그를 추구하지 않는다. 사랑하는 자는 오직 그 타자 자신을 위해 그를 추구한다. 그러므로 그는 그 타자를 자신을 위해 획득하거나 소유하지 않으며, 그 타자 그리고 그에 대한 자신의 지배적 힘을 즐기려고 하지 않는다. 그는 그 타자의 자유를 전혀 침해하지 않으며, 오히려 그 타자의 자유를 존중한다. 그는 오직 그 타자의 편에서 그를 향해 전적으로 자유롭다. 그는 그 타자를 보상 없이 사랑한다. 말하자면 그는 그 타자에게서 아무것도 바라지 않는다. 그는 아무런 대가를 기대하지 않는다. 그는 다만 그 타자를 위해 그곳에 있으며, 오직 그를 위해 헌신하고 전력을 다하며, 그에게 다만 준다. 이것은 그를 사랑할 수 있게 된 능력이 그에게 오직 선사되었을 따름인 것과 마찬가지다. 이제 아가페의 사랑도 어떤 추구라고 한다면, 그것은 어떤 흥미에 따른 것이 아니라 오히려—"주는 것이 받는 것보다 복이 있다"(행 20:35)—타자에 대한 **주권적**^{souverän} 추구다. 사랑하는 자의 것이 아니라 오히려 사랑받는 자의 주권성을 목표로 그쪽을 향한다는 점에서, 아가페의 사랑은 주권적이다. 다시 바울과 함께 말한다면 아가페의 사랑은 오래 참고 온유하며 시기나 자랑하지 않으며 교만하지 않으며 무례한 일을 행하지 않으며 자기 유익을 추구하지 않으며……진리를 기뻐하며 모든 것을 참으며 믿으며 바라며 견딘다. 아가페의 에로스에 대한 관계는 모차르트의 베토벤에 대한 관계와 같다. 여기서 혼동될 만한 것이 무엇이겠는가? 아가페는 모든 스스로 의로운 자 그리고 더 많이 아는 자를 지나쳐서, 모든 거래 관계들을 지나쳐서 오직 타자를 긍정적으로 추구한다.

이제 다음 질문이 열려 있다. 혹시 다른 학문들에서도 학문을 추진하는 지배적 동기가 에로스가 아니라 아가페일 경우 더 유익할 것인가? 신학 작업에 대해서 에로스적 상위 질서는 생명에 관계되며 필수적이다. 신학 작업 안에서도 물론 인간적 인식 주체의 저 관심이, 그 주체가 인식되는 대상을 자신의 고양을 위해 인식하고 그것을 향해 서둘러 나아가는 정신적 활력이, 단순하게 억압되거나 혹은 소멸될 수는 없을 것이다. 그러나 에로스는 주도적이 아니라 다만 봉사하는 동기에 그친다. 신학 작업에서는 대상을 지배하려는 갈망과 욕망은 대체로 대상을 향할 때 불가피한 첫 출발이라는 의미만 갖는다. 이것은 대상과의 관계 안에서 그 대상에 적절하게 그 대상을 향한 방향으로 처음에는 시도되지만, 그러나 전혀 다른 한 시도와 마주하면서 퇴각하며, 그 다른 시도에 의해 정화되고 통제되고 변형되며, 마침내 그 다른 시도와 통합된다. 그러므로 신학 작업에서 학문적 에로스 그 자체는 아니라고 해도 그 에로스의 통치만큼은 작업의 미래에 반드시 사라져야 한다. 신학 작업을 지배하는 사랑은 인간적 인식 주체와 그의 에로스에 대해 그 작업 안에서 인식되어야 하는 대상으로부터 새롭고 낯설게 등장하는 아가페여야 한다.

신학 작업의 **대상**은 하나다. 그 대상은 신학이 온갖 가능한 깊고, 높고, 넓은 곳에서 방황하고 흩어지는 것을 금지한다. 또 그 대상은 분열을 금지하며, 실제로 너무도 자주 발생했던 것처럼, 신학이 한때는 하나님과 더 친해져서 이쪽으로 다른 때에는 인간과 더 친해져서 저쪽으로 반응하면서 이리저리 흔들리는 것을 금한다. 신학의 대상은 한 분이신 참 하나님이시다. 그러나 그 하나님은 즉자성 혹은 고립성 안에 계신 것이 아니라, 오히려 저 한분 참 인간과의 결합 안에 계신다. 또 신학의 대상은 한분이신 참 사람이다. 그분도 고립되어 계시지 않으며, 오히려 저 한분 참 하나님과 결합되어 계신다. 신학의 대상은 예수 그리스도, 다시 말해 하나님과 인간 사이의 **계약** 성취의 역사다. 이 역사 안에서는 일회적으로, 영원히 유일회적으로, 모든 능가하는 것들을 비웃으며 다음이 발생했다. 크신 하나님께서 자신에게 근원적으로 고유한 자유 안에서 작은 인간의 하나님이 되시기까지 내려오시고 낮아지셨으며, 작은 인간은 하나님께서 주신 자유 안에서 크신 하나님의 인간이 되기까지 자신을 버려 헌신하셨다. 신학적 인식의 대상은 바로 이러한 계약의 사건이다. 그 안에서 인간을 하나님과 그리고 하나님을 인간과 결합시키는 **완전한 사랑**이 발생했다. 그 사랑 안에는 두려움이 없고, 오히려 그 사랑이 모든 두려움을 내어 쫓는다. 왜냐하면 그 사랑 안에서 하나님은 인간을 인간 자신을 위해 그리고 인간은 하나님을 하나님 자신을 위해 사랑했기 때문이며, 양쪽에서 모두 어떤 결핍, 소원, 갈망이 아니라 오히려 오직 자유만이 서로에 대해 무조건적으로 현존하고 작용했기 때문이다. 그것은 인간을 향한 하나님의 **근원적** 자유이며, 동시에 인간에게 **선사된** 하나님을 향한 인간의 자유다. 또 그 사랑은 위에서 아래로 내려왔지만, 그 내려오는 권능 안에서 다시 아래에서 위로 상승하는 아가페이며, 양자 아니 그 하나는 동일한 주권성 안에 있다.

신학적 인식의 대상이 예수 그리스도 즉 저 완전한 사랑이라면, 오직 그 사랑만이 그 인식을 지배하고 형성하는 원형과 원칙일 수 있다. 신학적 인식은 대상과 결코 동등하지 못하며, 오히려 대상과의 관계에서 언제나 불완전하고 부적절한 인식에 불과하다. 왜냐하면 그것은 속박되지 않고 회개하지도 않은 온갖 종류의 에로스가 같이 끼어든 혼탁한 인식이기 때문이다. 죄인인 동시에 의인인 도상의 신학*theologia viatorum*은 지금 여기서 서든지 가든지 그 사실을 고려해야 한다. 그러나 이것은 신학적 인식이 저 완전한 사랑의 통치와 형태화를 벗어날 수 있다거나 혹은 그 사랑이 지시하는 길이 아닌 다른 길에서 한 걸음이라도 행할 수 있다는 것을 뜻하지는 않는다. 신학적 인식 즉 진리 질문을 신학적으로 제기하고 대답하는 일은, 그 인식이 거울과 같이 되어—비록 아직은 혼탁한 거울이지만—저 완전한 사랑의 생명성과 통치력을 눈에 보이게 드러낼 때 최고로 잘 수행된다. 그때 신학적 인식은 예수 그리스도의 행하신 일*opus operatum Jesu Christi*을 바라보면서 자유롭게 되고 또 언제나 새롭게 더욱 자유로워질 때, 그 자신도 '작업자의 작업'(하나님이 행하시는 작업의 수단—옮긴이)*opus operantis*으로서 하나님과 인간에게 쾌적하고 교회와 세상에 치유를 주는 좋은 행위가 될 수 있다. 그 자유 안에서 하나님께서는 인간에게 무조건적으로 헌신하셨으며, 그리고 인간도 자신에게 주어진 자유 안에서 마찬가지로 무조건적으로 하나님께 자신을 헌신했다. 그러므로 개신교직(복음직)·신학적 인식은 자신의 어떤 소원, 명제, 요청 안에서가 아니라, 오직 대상에 의해 자신의 고유한 원형으로써 주어진 그 사실을 승인하고 확정하는 가운데 성취된다. 우리가 모든 각론에서의 신학 작업의 적절성이라고 대강 말할 수 있는 것은, 저 완전한 사랑에 종속되고 그것을 따르고 그것에 상응하면서 모든 불완전성에도 불구하고 그것을 모방하는 방향성에 놓여 있다. 이 적절성 안에서 배양되고 추진될 때, 신학은—첫 강의의 요점을 다시 환기하면서 말하자면—겸손하고 자유롭고 비판적이고 기뻐하는 학문이 된다.

신학이 정말로 그렇게 될 것인가? 그렇게 되리라는 보증을 신학을 하는 사람이 떠맡을 수는 없다. 이것은 신학하는 사람들이 성령, 믿음, 희망을 보증하거나 노력으로 얻거나 혹은 만들어 낼 수 없는 것과 마찬가지다. 이러한 신학 작업의 결정적 **전제**가 바로 모든 점에서 신학의 **한계**다. 그러나 이 사실은 신학에게는 좋은 일이다. 왜냐하면 그것은 신학이 자신의 작업 전체에 걸쳐서 언제나 자기 자신을 넘어서는 먼 곳을 바라보도록 요청됨을 뜻하기 때문이며, 그렇게 할 때 그만큼 더 올바른 신학이 되기 때문이다. 완전한 사랑에 관련해서도 이 관계는 마찬가지다. 오늘 우리는 그 개념 아래서 신학의 결정적 전제를 다시 한 번 구체적으로 파악하려고 시도했다. 에로스는 어떤 형태와 힘에 의해서든 모든 사람에게 이미 작용하고 있지만, 그러나 아가페는 어느 누구에게도 그렇게 작용하지 않는다. 아가페는 모든 시대와 모든 공간의 각각의 사람뿐만 아니라 또한 각각의 신학자에게도 다만 선물로 주어질 수 있을 뿐이며, 선물로 작용할 수 있을 뿐이다. 아가페는 "우리 주 그리스도 예수 안에"(롬 8:39) 있다. 아가페는 그분이 오셔서 역사하시고 말씀하시는 곳에 있다. 그분이 우리의 **주권적** 주님이시기 때문에, 루터가 하나님의 말씀에 관해 말한 것이[1] 아가페에도 적용된다. 하나님의 말씀은 "지나가는 소나기"와 같다. 그것은 지금 여기는 쏟아지지만, 그다음에는 여기가 아닌 다른 곳에 쏟아진다. 그와 같이 신학적 인식은 언제나 저 사랑 안에서 다소간 발생할 수 있으며, 때로는 좋은 작품이 될 수도 있다. 저 사랑은 오직 그분 안에서 신적 그리고 인간적으로 참되고 현실적으로 존재한다. 바로 그분으로부터 이제 다음이 실현된다. 그분의 이름을 부르는 자는 구원을 얻을 것이며, 그는 저 소나기를 맞으면서 혹은 맞지 않으면서 **약속** 아래서 살고 일하고 기도하고 연구하고 봉사하고 인식하고 사고하고 말하고 그리고 마지막으로 죽게 될 것이다. 저 완전한 사랑은 그것이 그에게 열려 있든지 혹은 가려져 있는 것으로 보이든지 상관없이 그의 머리 위에 펼쳐져 있는 하늘이다. 만일 우리가 어디서 그 사랑을 찾아야 하는지 알기만 한다면, 그 사랑을 향하고 그 사랑을 통해서 약간의 앎을 얻는 일은 결코 헛되지 않을 것이다. 땅에서 신학자들이 오고 가며 신학이 한때는 밝았다가 또 어두워져 간다고 해도, 저 사랑은 하나님과 인간 사이의 계약의 성취가 발생한 그분 안에 지속적으로 **머문다**. 이것은 태양이 구름의 뒤편에서 아니 구름보다 훨씬 높은 곳에서 승리하는 "황금빛 태양"[2]인 것과 마찬가지다. 이 완전한 사랑이 올바른 신학에 '없어서는 안 될 필수조건'임을 아는 것은 중요하다. 우리가 아무리 그 사랑에 못 미쳐서 탄식하게 된다고 해도, 그것을 모르는 것보다는 낫다. 그 사랑을 아는 것은—우리의 신학 작업은 모든 경우에 그 사랑을 궁극적으로 알기 위한 것이다—하나님 찬양에, 자신이 바로 사랑이신 하나님 곧 '계약의 하나님'의 찬양에 저 잘 알려진 옛 교회의 예식문[3]을 통해 함께 참여함을 뜻한다. 그 구절이 바로 이 강의의 최후 진술이다.

영광을 돌려 드려라!
아버지와 아들과 성령께
태초에 계셨던 것처럼 이제도 계시고
항상 계시고 영원무궁토록 계신 분께!
Gloria Patri et Filio et Spiritui sancto,
Sicut erat in principio et (est) nunc et (erit) semper
et in saecula saeculorum!

머리말

1 서양 고대 신화에 따르면, 백조는 죽기 전에 노래를 부른다고 한다. 그래서 '백조의 노래'Schwanengesang라고 하면 (시인이나 작곡가의) '최후의 작품'을 말한다.

2 아브라함 칼로브Abraham Calov, 1612-1686. 17세기 비텐베르크Wittenberg에서 루터교 정통주의 신학을 이끌어 학문적 전성기에 이르도록 했다.

3 Mixophilosophicotheologia. 폴 틸리히의 조직신학을 가리킨다.

01 | '개신교신학'이란 무엇인가?

1 레싱의 희곡 『현자 나탄』에 나오는 '반지의 우화'를 가리킨다. 3형제가 임종하는 아버지에게서 각각 반지를 받았다. 그중 진짜는 하나인데, 각각 자기 것이 진짜라고 주장한다. 하지만 재판관은 대대로 덕이 높은 후계자가 반지를 소유해 왔으므로, 세 명의 아들은 각각 자신의 행실을 통해 진정한 반지의 주인이 자신임을 입증해야 한다고 충고한다.

2 "die evangelische Theologie"는 일반적으로 가톨릭신학 그리고 희랍 정교회 신학과 구분되는 '개신교신학'을 뜻한다. 그러나 이 책에서는 '개신교적'이라는 일반적 의미에 더해 '복음적'이라는 단어의 원래 의미가 강조된다. 그래서 일반적 의미로 쓰일 때는 '개신교신학'으로 번역하고, '복음'이라는 원의가 강조될 때는 '복음적 개신교신학' 혹은 '복음적 신학'이라고 번역했다.

3 Kurze Darstellung des theologischen Studiums. 슐라이어마허가 1810년 겨울학기 신학의 학문 이해와 목적, 구조를 논한 강의 제목이자 개론서 제목. 슐라이어마허는 신학을 크게 철학적 신학, 역사적 신학, 실천적 신학으로 구분했다.

02 | 말씀

1 『파우스트』의 비극 제1부에 나오는 표현이다. 파우스트는 하늘의 계시가 가장 존귀하고 아름답게 빛나는 곳은 신약성서라고 하면서 그 원전을 펼쳐 놓고 독일어 번역을 시도한다. "기록하여 가로되, '태초에 말씀이 있었느니라!' 여기서 벌써 막히는구나! 누가 나를 도와 계속토록 해줄까? 나는 말씀이라는 것을 그렇게 높이 평가할 수는 없다. 정령으로부터 올바른 계시를 받고 있다면, 나는 이 말을 다르게 번역해야만 하겠다. 기록하여 가로되, 태초에 의미가 있었느니라." 파우스트는 다시금 그것을 '힘' 또는 '행위'로 번역해 보려고 한다. 요한 볼프강 폰 괴테 지음, 이인웅 옮김, 『파우스트』(문학동네, 2006), 38–39쪽 참조.

2 "Ich bin, der Ich sein werde ; Ich werde sein, der Ich bin ; Ich werde sein, der Ich sein werde."

07 | 당황

1 루돌프 오토는 『거룩함』*Das Heilige*, 1917에서 '두렵고 떨리는 감정'mysterium tremendum과 '매혹적으로 끌리게 되는 감정'mysterium fascinosum으로 거룩한 대상 앞에서 인간이 느끼게 되는 두 가지 감정을 설명했다.

08 | 의무

1 북부 독일에 있는 산지 이름. 「겨울의 하르츠 여행」Harzreise im Winter은 괴테의 시 제목.

2 1667년 파울 게르하르트Paul Gerhart가 쓴 찬송가 가사. 현재, 스위스 찬송가RG 683장, 독일 찬송가EG 371장.

09 | 믿음

1 fides creatrix divinitatis in nobis.

2 프리드리히 폰 실러가 1801년에 쓴 시 「그리움」Sehnsucht 4연의 일부.

10 | 고독

1 노발리스가 쓴 시, 「그분을 만날 수만 있다면」Wenn ich ihn nur habe 2연의 일부.

2 14세기에 유래한 대림절과 성탄절의 성가聖歌 「비할 데 없는 기쁨」In dulci jubilo 가사의 일부.

3 원형적 신학은 하나님이 자기 자신에 관해 갖는 신학을 가리키며, 모사적 신학은 이성적 피조물이 하나님에 관해 사유하는 신학을 가리킨다.

11 | 의심

1 1704년 요한 멘처가 쓴 찬송가 「천 개의 입이 내게 있다면」O daß ich tausend Zungen hätte 가사의 일부. 현재, 스위스 찬송가RG 728장 10절, 독일 찬송가EG 330장 7절.

2 마리 뒤랑Marie Durand, 1711-1776이 18세기 프랑스의 개신교(위그노) 탄압 때 남편과 함께 19살의 나이로 투옥되어, 38년 옥살이 중에 감옥의 창문(일설에 의하면 감옥의 우물)에 새겼다는 단어. 마리 뒤랑은 1768년 석방되어 8년 후 사망.

12 | 시험

1 폴 틸리히가 『존재의 용기』The Courage to Be에서 현대의 가장 절박한 위기인 무의미와 불안을 극복하는 방법으로 제시한 개념. '신 위의 신'God above God은 존재의 용기를 위한 궁극적인 근거다.

13 | 희망

1 이는 독일 루터성경 시편 73:23의 첫 단어다. "그럼에도 불구하고 내가 항상 주 곁에 머물겠나이다."Dennoch bleibe ich stets an dir 이에 상응하는 단어가 한글 개역개정 성경에는 없고, 공동번역에는 "그래도"가 있다.

2 1653년 파울 게르하르트가 시편 146편을 토대로 쓴 「내 영혼아 찬양하라」Du meine Seele, singe의 일부. 현재, 스위스 찬송가RG 98장 6절, 독일 찬송가EG 302장 8절.

14 | 기도

1 1787년 살로몬 볼프Salomon Wolf, 1752-1810가 시편 92편을 바탕으로 쓴 찬송가 제목이자 1절 도입부 가사. 칼 바르트가 당시 사용한 스위스 찬송가GERS, 1952 24장.

15 | 연구

1 경건주의 신학자 고트프리트 아놀트1666-1714는 동일한 제목의 책*Unparteiische Kirchen-und Ketzerhistorie*을 썼다. 이 책은 기독교 역사를 타락의 역사로 해석한다.

2 페르디난트 크리스티안 바우르1792-1860가 쓴 다섯 권짜리 『그리스도 교회의 역사』 *Geschichte der christlichen Kirche*를 말한다.

3 '나무'와 '철' 두 낱말이 조합된, 존재할 수 없는 모순 개념. 하이데거는 1927년 3월 개신 교신학자들을 상대로 행한 튀빙겐 강연 '현상학과 신학'Phänomenologie und Theologie에서 '기독교 철학'을 '나무로 만든 철'hölzernes Eisen이라 칭한 바 있다.

17 | 사랑

1 루터의 말. "하나님의 말씀과 은혜는 지나가는 소나기와 같아서, 한 번 퍼부은 곳에는 다시 쏟아지지 않는다"(WA 15, 32)Gottes Wort und Gnade ist ein fahrender Platzregen, der nicht wiederkommt, wo er einmal gewesen ist.

2 1666년 파울 게르하르트가 작사한 찬송가 제목이자 도입부 가사. 현재, 스위스 찬송가 RG 571장, 독일 찬송가EG 449장.

3 4세기에 만들어진 소영광송*Gloria Patri*. 『21세기 찬송가』 3장과 4장, 7장이 소영광송 가사의 찬송이다. "성부 성자와 성령 영원히 영광 받으옵소서. 태초로 지금까지 또 길이 영원무궁 성삼위께 영광 아멘"(4장).

일전에 하버드 신학대학원에서 공부 중인 한 학생이 바르트 수업시간에 들었던 말을 전해 주었다. 학계에서 한 주목할 만한 인물이 나왔을 때, 그 사상을 해석하는 데 보통 50년 내지 100년이 걸리는데, "칼 바르트"가 그러한 경우일 수 있다는 것이다. 그렇다고 가정한다면 이제야 신학 분야의 사람들은 바르트 신학의 깊이를 발견하기 시작했고, 그래서 본격적인 연구 작업이 여기저기서 일어나고 있는 셈이다.

"바르트 연구소"가 있는 프린스턴 신학대학의 맥코믹McCormack 교수는 2002년 '미국에서의 바르트 르네상스'Barth Renaissance in America라는 글을 대학 간행물(The Princeton Seminary Bulletin Vol. 23 No. 3)에 실으면서, 바르트 신학에 관심이 없었던 미국의 많은 신학대학들이 바르트 연구에 나서는 최근의 동향에 주목했다. 현재 Harvard, Chicago, Princeton, Virgina, Princeton Theological Seminary, Vanderbilt, Emory 등 미국의 최고 상위권 종합대학들이 모두 1-2명 이상의 바르트 학자들을 전임교수로 두고 있으며, 영국의 대표적 학교인 Oxford, Cambridge, Edinburgh, Aberdeen, Manchester, St Andrews 등에도 모두 바르트 학자들이 있다. 또 캐나다의 명문 TST^{Toronto School of Theology} 와 McGill에도 영어 사용권에서 가장 유명한 바르트 학자들이 지리하고 있다. 이제 우수한 한국 학생들이 이러한 훌륭한 교수들 아래서 박사논문을 쓰게 될 미래를 기대해 본다.

　최근 출판되었거나 출판 예정된 바르트 관련 영어 서적들을 조사해 본 사람이면, 누구라도 그 숫자가 자기가 생각했던 것을 넘어서는 것을 발견하게 될 것이다. 저널에 실린 논문이 아닌 바르트 번역서와 연구서의 숫자가 이렇게 많다는 것은 대단한 일이 아닐 수 없다. 학문마저 철저히 산업화된 미국과 영국에서 많은 출판물이 나온다는 것은 그만큼의 독자층이 있음을 뜻하기 때문이다. 그러나 한국의 바르트 관련 학자들은 대부분 독일 출신이고, 영미 출신 신학자들은 대부분 "바르트 르네상스" 이전 바르트와 무관했던 학교에서 학위를 받은 경우가 많아, 한국의 신학생들은 바르트 신학이 최근 영미 종교학계에서 얼마나 주도적 역할을 하는지 아직 알아채지 못하고 있는 것 같다. 이제 우리도 시야를 넓혀 "바르트 르네상스"라는 세계 신학의 새 물결을 검토해야 할 때가 되지 않았는가 생각해 본다. 최소한 소위 보수적 관점에서 바르트 신학을 좌파-자유주의 신학으로 착각한다거나(윤봉길 의사를 친일파로 착각하는 것과 마찬가지다), 소위 진보적 관점에서 바르트 신학을 문자주의적 근본주의 신학에 속한다고 성급하게 판단하는, 중세기 암흑시대를 방불케 하는 몰지각한 신학 풍토는 이제 '지성을 찾는 신앙'으로 바뀌어야 한다.

이 책의 별명은 칼 바르트 자신이 서문에서 표현하는 것과 같이 "백조의 노래"다. 인생의 황혼기에 바르트는 신학과 교의학에 몰두했던 지난날을 되돌아보며, 긴 삶 동안 자신이 추구했고 배웠고 주장하려고 했던 방대한 신학의 중심과 윤곽을 제시해 주려고 한다. 그래서 이 책은 연대기적으로는 바르트 생애의 마지막 강연이지만, 그의 신학을 통해 하나님의 말씀의 깊이를 탐구해 보려는 사람에게는 처음 시작하기에 적당한 "입문서"가 되었다. 나중 된 것이 먼저 된 경우인가?

책의 원 제목인 "Einführung in die evangelische Theologie"를 이형기 교수는 영어 번역에 따라 "복음주의 신학 입문"으로 번역했으나, "개신교신학 입문"이 맞다고 생각한다. "die evangelische Theologie"는 가톨릭신학이 아닌 개신교신학이라는 뜻이며, 영미 혹은 한국의 복음주의적 신학을 가리키지 않는다. 물론 최근 복음주의 계열에서도 바르트를 연구하고는 있지만, 바르트가 개신교 내의 한 특정한 신학 그룹인 복음주의를 위해서 이 입문 강의를 했던 것은 아니다. 다만 "개신교적"evangelisch이라는 단어의 어원은 "복음적"이라는 의미이며("가톨릭적"의 어원이 "보편적"인 것과 비슷하다), 바르트는 "개신교적"을 말하면서 "복음적"이라는 원의를 함께 떠올리도록 강조하는 그 특유의 중의적 설명법을 사용한다. 그 내용은 첫째 강의에서 설명된다.

『개신교신학 입문』은 근본주의, 복음주의, 정통주의, 자유주의 등을 모두 포괄하는 개신교신학 전체의 전망을 열어 주려고 하며, 신학이 좌로나 우로나 치우치지 않도록 인도한다. 개신교신학이 이스라엘과 예수 그리스도의 역사로 전개되는 "하나님의 말씀" 앞에 바로 서서 그 말씀에 의해 인도되는 신학이 될 때, 그 역할은 가능하다. 우파라고 할 수 있는 근본주의 계열의 신학은 인간의 손에 붙잡힐 수 없는 하나님의 말씀을 인간이 좌지우지하는 성경 문자들로 잘못 이해했고, 좌파라 할 수 있는 자유주의 성향의 신학들은 이스라엘과 예수 그리스도의 역사 안에서 계시되는 하나님의 말씀을 상대화시켜 철학, 역사학, 사회학, 심리학 등의 인간학과 구분될 수 없게 만들었다.『개신교신학 입문』은 우로 치우친 신학들에게는 예수 그리스도의 죽음과 부활이라는 하나님의 말씀 사건을 문자가 아닌 "하나님의 사건"으로 바로 이해할 것을 권고하며, 좌로 치우친 자유주의 성향의 신학들에게는 인간의 상대적인 학문성을 넘어서서 인류를 향한 하나님의 계시의 빛을 재발견할 것을 요청한다.『개신교신학 입문』은 복음의 하나님 앞에서 계속 새롭게 발생하는 복음의 "사건"이며, 신학자와 하나님 사이의 역동적 만남과 교제의 "역사"다. 즉 한 인간이 만들어 낸 조직신학 체계가 아니다. 그것은 역사 안에서 자신을 계시하시는 하나님의 말씀에 대한 한 신학자의 일생에 걸친 진지한 응답이며, 더 나아가 "기도"다.

흔히 한국 개신교회의 부패와 타락상에 대해 말하곤 한다. 그러나 그 위기가 어디서 비롯되는지에 대한 정확한 진단은 어렵다. 위기의 근원을 알지 못하면 위기에 대처할 수 없고, 개신교회의 강점인 "항상 개혁하는 교회"로서의 추진력은 시동될 수 없다. 이 책은 한국교회의 위기를 올바로 진단하는 데 도움을 줄 수 있다. 교회의 위기는 신학의 위기에서 온다. 신학이 신학답지 못할 때, 말씀에 근거한 선포는 바로 설 수 없으며, 하나님의 말씀은 하나님의 말씀으로 들려지는 것이 아니라, 인간에 의해 왜곡되고 변질된 말로 들려질 수밖에 없다. 교회의 위기는 변질된 하나님의 말씀의 선포로부터 오며, 이것은 신학이 바로

서지 못하는 데서 온다. 이 책 제12강에서 신학의 위기는 저 유명한 아모스 5장의 변주로 표현된다.

"내가 너희의 강의와 세미나들, 설교와 강연들, 또 성경공부들을 미워하고 멸시하며, 너희의 토론과 학회들, 그리고 휴식시간의 담소들을 흠향하지 않는다. 너희가 해석학적, 교의학적, 윤리적, 목회적 지식들을 서로에게 그리고 내 앞에 펼쳐 놓더라도, 나는 그러한 희생제물을 즐겨 받지 않으며, 살찐 송아지의 제물도 돌아보지 않는다. 늙은이들은 두꺼운 책을 끼고 젊은 것들은 학위 논문을 쳐들고 벌이는 고함 잔치를 내 앞에서 치워 버려라! 그리고 너희가 신학 잡지, 계간지, 평론지 안에서, 또 교회 신문과 기독교 서평지書評誌 안에서 벌이는 비평놀음도 내가 듣지 않을 것이다."

이 책은 이러한 날카로운 비판과 함께 "개신교신학"이 어떠해야 하며, 어떤 자세로 우리가 신학의 길에 들어서야 하는지 길잡이가 되어 안내해 준다. 이 책은 한 번 읽고 뒤로 넘길 수 있는 책이 아니며, 바르트의 『교회교의학』 연구는 물론 개신교신학 전반을 탐구할 때, 우리의 삶 전체를 동반해야 할 책이라고 말하고 싶다.

번역에서 몇 가지 기술적 문제가 있었다. 예를 들어 〔홍길동〕에서 대괄호는 본문에는 없는 옮긴이의 삽입구를 뜻한다. 번역 문장이 이해하기 어렵다고 생각되는 곳에서 더 나은 이해를 돕기 위해 가끔씩 옮긴이가 보충하는 문구를 괄호와 함께 넣었다. 그리고 바르트 특유의 장문이 빠른 이해를 막을 때, 긴 수식구에 옮긴이가 임의로 ( ) 표시를

해서 문맥의 흐름이 좀 더 쉽게 파악될 수 있도록 했다. 본문의 배경이 되는 몇 가지 주변정보들은 영어 번역서와 이형기 번역 『복음주의 신학 입문』에서도 도움을 받았다.

하나님의 역사하심이 항상 그러하듯이 이 책의 번역은 전혀 예상하지 못했던 때에 아무런 계획도 없이 놀라움과 함께 시작되었다. 순종하는 마음으로 번역에 임했고, 이 책이 하나님 나라를 이루는 한 작은 벽돌이 되기를 기도하면서 좋은 번역 작품을 만들려고 노력했다. 그러나 본문의 난해한 문장을 표현하기에 힘이 부쳤고 부족한 점은 끝이 없는 듯하다. 이제 옮긴이의 역할은 여기까지고, 살아 계신 하나님께서 바르트 신학을 찾고 연구하는 사람들에게 지혜를 주시기를 기도할 뿐이다. 더 나은 번역 기술을 조언해 준 손성현 박사와 바르트 르네상스에 관해 많은 정보를 준 김진혁 박사께 감사드린다. 또 개인적으로 삶의 어려운 시기에 힘이 되어 준 인천제일교회 손신철 목사님과 여러 형제자매들에게 감사드리며, 이 책이 출간될 수 있는 귀한 기회를 마련해 준 "복 있는 사람" 출판사 박종현 대표께도 고마운 마음을 전한다.

2014년 가을, 부천에서
신준호